中学教师心理导航

职业心理健康促进与实践

宋国萍 著

东南大学出版社
·南京·

内容提要

本书全方位、深层次地聚焦于中学教师职业幸福感这一核心主题,以职业幸福感的心理学相关理论为基石,结合心理学、社会学与管理学等多学科视角,对教师职业幸福感的内涵、研究方法、现状、影响因素及干预提升进行了全面而深入的剖析。作者基于行动研究与参与式方法开展工作,整合了教师、教育管理者、学生及其家长等多个视角,邀请教师们全程参与到项目的各个环节,包括问题的收集和理解、数据收集、分析及方案设计,乃至最终成果的讨论和应用等,主张通过教师的广泛参与、同伴帮助、组织支持,共同构建和落地教师职业心理健康的促进,让幸福从"被动给予"转向"主动生长"。此外,本书还深入探讨了教师职业幸福感提升的政策环境与实践路径,并提出学校帮助计划(School Assistance Program,SAP)的整合方案。该书对于中学教师、教育研究者、教育管理者、政策制定者、职业健康心理学的本科及研究生、职业心理健康促进的从业者等都有一定的借鉴意义和价值。

图书在版编目(CIP)数据

中学教师心理导航:职业心理健康促进与实践 / 宋国萍著. -- 南京:东南大学出版社,2025.3. -- ISBN 978-7-5766-2033-7

Ⅰ. G443

中国国家版本馆 CIP 数据核字第 2025KR2102 号

责任编辑:张 煦　责任校对:张万莹　封面设计:王 玥　责任印制:周荣虎

中学教师心理导航:职业心理健康促进与实践
ZHONGXUE JIAOSHI XINLI DAOHANG: ZHIYE XINLI JIANKANG CUJIN YU SHIJIAN

著　　者	宋国萍
出版发行	东南大学出版社
出 版 人	白云飞
社　　址	南京四牌楼2号　邮编:210096　电话:025-83793330
网　　址	http://www.seupress.com
电子邮件	press@seupress.com
经　　销	全国各地新华书店
印　　刷	南京玉河印刷厂
开　　本	700 mm×1 000 mm　1/16
印　　张	14.5
字　　数	230千字
版　　次	2025年3月第1版
印　　次	2025年3月第1次印刷
书　　号	ISBN 978-7-5766-2033-7
定　　价	59.00元

本社图书若有印装质量问题,请直接与营销部调换。电话(传真):025-83791830

序　言

"教师是太阳底下最光辉的职业。"——夸美纽斯

三尺讲台，承载着教育的重量；一支粉笔，书写着生命的诗行。中学教师，被誉为"人类灵魂工程师"，在理想与现实的激烈交锋中，往往深陷疲惫与困惑的泥潭。当我们在教育改革的浪潮中反复追问"如何培养幸福的学生"时，往往忽略了一个更本质的命题：如果教师的心灵是一片干涸的土壤，教育的种子该如何生根？

当教育系统高速运转时，教师的心理能量正在悄然透支。尽管中小学教师职业倦怠整体情况并不严重，但研究显示超过60%的教师存在不同程度的职业倦怠，尤其是农村教师和中年教师。此外，虽然超过80%的教师在工作中能体验到职业幸福感，但中年教师的幸福感有所下降，身体健康和工作胜任感较低。这背后不仅是工作强度与薪酬待遇的失衡，更是价值认同的模糊、情感耗竭的累积，以及教育生态中"工具理性"对"育人初心"的侵蚀。

多年一线组织健康工作经验让我始终认为，管理者以及职业健康心理学或者员工帮助计划（Employee Assistance Programs，EAPs）从业者的工作压力观会决定我们如何认知和解决职场人士的职业压力和职业发展问题。如果我们认为压力源于个体，那么我们进行干预时，往往会强调个体的心理韧性等心理资本；如果认为压力主要来自上级领导，那我们干预方案会强调管理者的人性管理教育等；而如果认为压力来自多维度，我们就会采用更为立体的干预措施。自2012年起，我们着手为中学教师提供职业心理健康与心理咨询技能培训和督导教练，期间结识了众多教育工作者，深切体会到他们深夜里的忧虑与思考——他们为学生的叛逆焦虑，为家长的苛责委屈，为绩效考评失眠，却在"教师必须坚强"的社会期待中独自吞咽苦楚。在帮助他们的过程中，逐渐意识到，教师的职业幸福感，从来不是个人心理韧性的单兵作战，而是需要系统

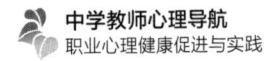

性支持的生态重建。

本书主要源于2023年到2024年的中学教师"心悦红烛——教师职业幸福感促进"的项目,我和团队对这个项目投入了大量的精力和巨大的热情,到一线进行了大量的田野调查,为一线教师提供心理支持,获得了校方及教师的高度好评。该项目荣获了2023年度中国社会心理学会员工与组织社会心理援助专业委员会及国际员工帮助协会(EAPA)中国分会颁发的年度最佳案例奖,陈悦据此撰写的论文《"心悦红烛"县级初级中学心理赋能教师职业幸福感》也荣获了2023中国EAP行业峰会暨中国社会心理学会EOA学术年会优秀论文奖。正是系统且深入地探访一线学校,同学校管理者和教师的共同工作,才有信心动笔写作本书,也是对十余年中学教师职业幸福感工作的小结。

在长期从事职场健康心理研究与干预,以及学校心理服务实践的过程中,我们提出了参与式研究(Participatory Research)方法,并积极践行,以应对复杂现实问题的分析与解决。邀请研究者或者服务对象参与到实践研究中,深刻了解和理解他们的问题、需求和观点,共同分析结果,并一起探讨如何落地职业心理健康支持。参与式研究是一种强调研究者与被研究者之间平等合作、共同参与的研究方法。它旨在通过直接接触和邀请涉及研究对象(如社区成员、利益相关者等)参与到项目中,来增强研究的合作性(我们与被研究者作为合作伙伴工作)、赋权性(增强研究对象的话语权和能力)、实用性(结果直接落地,并对研究对象有帮助)、情境性(考虑具体的工作和生活情境)和灵活性(过程和方法根据实际情况进行调整)。

本书正是基于行动研究(Action Research)和参与式方法开展的工作。与传统"头痛医头"的心理干预不同,我们没有将教师视为需要被修复的"问题个体"和调查测评上的数字,而是把他们当作有生命力和创新力的个体,是自己问题的解决专家,主张通过教师广泛参与、同伴帮助、组织支持,共同构建和落地教师职业心理健康的促进,让幸福从"被动给予"转向"主动生长"。

我们鼓励和邀请教师们同我们一起全程参与到项目的各个环节,包括问题的收集和理解、数据收集、分析及方案设计,乃至最终成果的讨论和应用等,都充分尊重教师的意见和建议,以促进对教师职业健康心理的理解和问题的解决。例如,在组织教师工作坊时,我们非单纯的知识传授或信息收集与分析，而是充分尊重教师意见和经验，营造开放、平等的交流氛围。教师们在这里畅所欲言，分享自己在日常教学中遇到的与职业幸福感和心理健康相关的实际问题，如班级管理的压力、与家长沟通的困惑、学生厌学、个人职业生涯发展、教学创新和感觉自己被困到现实中的阻碍等。这些真实且鲜活的案例成为研究的重要素材，也让研究更具针对性和现实意义。在实地观察活动中，我们深入教师的课堂、办公室和校园生活，以"参与者—观察者"的身份，近距离感受教师的工作节奏和心理状态。同时，鼓励教师们主动反思自己的行为和情绪，与我们共同探讨背后的原因和可能的解决方案。通过研讨会，我们组织教师分组讨论，针对特定的教育现象或问题进行头脑风暴。教师们凭借丰富的教学实践经验，提出了独到的见解与创新思路，为干预研究增添了新的活力与深度。通过这些深度的参与式研究活动，我们有幸收集到了大量一手资料，这些资料涵盖了教师们在日常教学、师生关系、职业发展等各个方面的真实经历。根据对中小学教师工作压力和职业倦怠的研究，我们发现这些问题对教师的心理健康产生了显著影响。这些宝贵的信息成为我们创作本书的坚实基石，也让我们深刻认识到深入探究中学教师职业幸福感以及促进教师心理健康的紧迫性与必要性。

而这个项目的成功和这本书的撰写，也让我进一步迭代了参与式心理服务或者参与式 EAPs 的概念，并将进一步推广这个理念。而且进一步理解了"入世治学"（Engaged Scholarship），并加深了对"解放思想，实事求是"的认识，坚定了实践（Practice）到科学（Science），再到实践（Practice），即 PSP 的应用研究之路。

本书内容涵盖广泛，主要源自一线教师的深度访谈、实地观察与人物画像，综合多所学校教师的测评调查数据，并基于近十年来国内外关于教师职业心理健康的研究成果，全面整合了教师、教育管理者、学生及其家长的多元视角。本书试图全方位、深层次地聚焦于中学教师职业幸福感这一核心主题。从剖析关注其幸福感的多元根源，到阐释与之紧密相连的心理学理论架构；从介绍科学严谨的研究方法，到刻画高、低职业幸福感教师的鲜明特征；从梳理影响教师职业幸福感的复杂因素，到探寻切实可行的提升策略与综合方案，我们都将教师心理健康促进贯穿其中。我们深入探讨如何帮助教师应对压力、缓解职业倦怠，提升心理韧性，为教师们提供维护心理健康的有效途径和方法，助力他们在教育工作中保持积极乐观的心态，最后提出整体方案，即学校帮助计划（School Assistance Programs，SAPs）。

一次次奔赴学校的路上，一次次校园里与教师、学生的对话，一次次激烈的方案讨论，一次次的复盘会议，在整个项目过程中，我们团队投入了很多心血。本项目和本书的完成离不开整个团队，她们是车春艳、陈悦、李木子、张济英、和子湲和赵苑，我们齐心协力，不仅共同分析问题、深入探讨解决方案，还携手投入一线访谈、团体辅导、一对一教练、工作坊及培训等各项活动中。正是她们的耐心、细心、不懈努力和卓越创造力，项目才得以圆满完成，而在后期也是她们的督促和努力，促成了本书的完成。在这个过程中，车春艳负责项目的对接和组织管理；陈悦带着以前教育培训工作的经验，提供了大量的工具和建议，并组织大家一起进行项目分析；李木子、张济英与和子湲在项目中进行大量细致工作，包括测评、访谈、工作坊、团体辅导；赵苑后续参与，给我们带来了新视角和创新性观点。书籍撰写过程中，她们进行了文献搜集和初稿撰写等工作，并且陈悦在整个过程中，进行了组织和审核。共同的努力才让本书最后完成。

另外，特别感谢合阳三中的领导和各位教师，他们的积极参与和认真反馈对本书的终稿非常有价值。同样感谢所有参与到项目中的各学校的领导、教师和同学，为我们提供了大量案例和反馈，丰富了本书的内容。也是他们，让我们感受到了工作的意义和价值，并且希望能够为中学教师做更多。

还要感谢本书的责任编辑张煦老师，凭借她的专业素养、勤勉态度以及高效的执行力，促使本书得以在寒假期间迅速且高质量地完成。她给予的著书鼓励和一丝不苟的编辑工作，其价值无法估量！

教育的本质是生命与生命的相互照亮。当我们要求教师成为学生的"燃灯者"时，请先让教师心中的火种永不熄灭。此书不仅面向教育工作者，更致力于触达每一位教育生态的参与者，涵盖学校管理者、政策制定者、家长乃至社会公众，同时也为职业健康心理学和EAPs从业者提供了宝贵视角。重建教师的职业幸福感，本质上是在守护教育的根系：唯有教师眼中有光，教育的森林才能生生不息。

我们衷心期望，本书能够成为广大中学教师的得力助手，激励他们在教育的舞台上持续绽放光彩。无论是怀揣梦想、初涉教坛的新手教师，渴望在职业初期寻得幸福指引；还是经验丰富、在教育一线默默奉献多年的资深教师，正面临职业倦怠，渴望重燃职业热情与满足感；抑或是学校的教育管理者，希望通过提升教师幸福感来促进学校教育质量的整体提升；以及教育领域的研究者，试图在这一重要课题上深入探索创新，本书都将为他们提供丰富的思路、实用的方法和深刻的启示。如同车尔尼雪夫斯基所讲："教师要把学生造就成一种什么人，自己就应当是什么人。"愿每位中学教师都能从本书中汲取灵感与力量，持续提升职业幸福感，满怀激情与正面态度，矢志不渝地引领学生在成长之路上前行。同时，本书旨在搭建一座桥梁，促进社会各界对中学教师群体的理解与支持。让我们携手并肩，致力于提升中学教师的职业幸福感与心理健康，共同推动教育事业繁荣发展，培养出更多德才兼备的社会精英。

　　愿这本书成为一扇窗，让更多人看见教师心灵世界的星芒与尘埃；愿它化作一把钥匙，开启教育系统中关于"人"的觉醒。当我们深刻认识到教师幸福感对于教育质量的基石作用时，教育的活力和创新或许将得到真正的激发。

谨以此书，献给所有在教育的田野上默默耕耘的教师。
你们值得被光照亮，也终将成为光本身。

宋国萍
陕西省西安市

目 录

第一章 为什么关注中学教师职业幸福感？ ······ 001
第一节 主观动因 ······ 002
一、对县级中学教师访谈结果的思考 ······ 002
二、EAPs 在学校的探索 ······ 009
第二节 客观原因 ······ 011
一、社会和文化背景的变迁 ······ 012
二、教师职业压力增加 ······ 018
第三节 对职业幸福感越来越关注 ······ 020
一、《2023 年心理学领域 11 大新兴趋势》对我们的启发 ······ 020
二、职业幸福感定义的发展 ······ 021
三、APA 对职业心理健康和职业幸福感的定义 ······ 024
小结 ······ 025

第二章 教师职业幸福感的心理学相关理论 ······ 027
第一节 幸福感的起源：积极心理学兴起 ······ 028
一、积极情绪（Positive Emotions） ······ 030
二、投入（Engagement） ······ 031
三、关系（Relationships） ······ 032
四、意义（Meaning） ······ 033
五、成就（Accomplishment） ······ 035
第二节 幸福感与组织：社会交换理论 ······ 037
第三节 幸福感的影响因素：工作需求-资源模型 ······ 040
第四节 幸福感的增益：双因素理论 ······ 043
第五节 幸福感的动力：自我决定理论 ······ 046

小结 ·· 049

第三章　中学教师职业幸福感的研究方法 ················ 052
　　第一节　概论 ·· 052
　　第二节　文献法 ·· 053
　　　　一、定义 ·· 053
　　　　二、文献法的作用 ·· 054
　　　　三、文献法的实施步骤 ···································· 056
　　　　四、应用 ·· 056
　　第三节　访谈法 ·· 059
　　　　一、定义 ·· 059
　　　　二、访谈的类型和实施 ···································· 059
　　　　三、访谈的分析 ·· 060
　　　　四、访谈法的作用 ·· 060
　　　　五、应用 ·· 061
　　第四节　问卷调查 ·· 069
　　　　一、定义 ·· 069
　　　　二、设计问卷 ··· 069
　　　　三、问卷的发放和数据处理 ······························· 070
　　　　四、优势与局限 ·· 071
　　　　五、应用 ·· 071
　　第五节　案例分析法 ·· 072
　　　　一、定义 ·· 072
　　　　二、实施步骤 ··· 072
　　　　三、案例分析法的意义 ···································· 073
　　　　四、案例分析法的应用 ···································· 073
　　第六节　日记法 ·· 074
　　　　一、定义 ·· 074
　　　　二、实施 ·· 074
　　　　三、日记法的优缺点 ······································· 076

四、应用 ··· 077
　小结 ··· 078

第四章　什么样的教师在职业中拥有幸福？ ··············· 080
　第一节　高职业幸福感教师的特点 ···························· 081
　　一、工作态度与成就感 ·· 081
　　二、人际关系 ··· 084
　　三、教学能力 ··· 088
　　四、心理状态 ··· 090
　　五、工作-家庭平衡 ··· 093
　　六、外部环境 ··· 099
　第二节　低职业幸福感教师的特点 ···························· 104
　第三节　高低职业幸福感教师与其表现特点的关系 ······· 110
　小结 ··· 115

第五章　是什么在影响教师职业幸福感？ ···················· 117
　第一节　个体因素 ··· 118
　　一、人口统计学因素 ··· 118
　　二、心理与认知因素 ··· 119
　　三、专业能力 ··· 125
　　四、工作压力与职业倦怠 ····································· 126
　第二节　家庭因素 ··· 130
　　一、家庭支持和家庭经济状况 ······························· 131
　　二、工作家庭平衡和工作家庭冲突 ························ 132
　第三节　工作相关因素 ··· 134
　　一、工作负担 ··· 134
　　二、收入与保障 ··· 135
　　三、学生与教育资源 ··· 137
　　四、职业发展机会 ·· 138

第四节 组织相关因素 ······ 139
 一、管理与领导 ······ 139
 二、决策与自主权 ······ 140
 三、同事与团队 ······ 140
 四、评价与激励 ······ 141
第五节 社会因素 ······ 142
 一、社会期望与压力 ······ 142
 二、教育政策与改革 ······ 143
 三、社会地位与认可度 ······ 143
 四、家长支持与合作 ······ 144
 五、媒体舆论 ······ 145
小结 ······ 146

第六章 如何提升教师的职业幸福感 ······ 147

第一节 教师职业幸福感的干预现状 ······ 148
 一、国外教师职业幸福感的干预现状 ······ 148
 二、国内教师职业幸福感的干预现状 ······ 150
第二节 干预方案的设计 ······ 151
 一、干预要素 ······ 151
 二、干预特点 ······ 155
 三、干预方案案例 ······ 159
第三节 干预技术 ······ 162
 一、积极心理学干预 ······ 162
 二、认知行为疗法 ······ 164
 四、正念疗法 ······ 167
 五、团体辅导 ······ 169
 六、OH卡牌 ······ 171
小结 ······ 173

第七章　教师职业幸福感提升整体方案——学校帮助计划 …… 174

第一节　基础逻辑：SAP 模式 …… 175
一、职业健康心理学的三级预防模式 …… 175
二、SAP 模式 …… 176
三、SAP 常用技术 …… 178
四、SAP 发展的挑战 …… 184
五、SAP 干预计划方案 …… 188

第二节　实施流程：从需求评估到效果评估 …… 191
一、需求评估 …… 192
二、目标设定 …… 196
三、流程规划 …… 198
四、具体工作-培训 …… 198
五、具体工作-团体辅导 …… 202
六、效果评估 …… 206

第三节　未来趋势：技术革新与干预创新 …… 207
一、技术发展趋势与中学教师职业幸福感 …… 208
二、干预趋势 …… 213

小结 …… 214

参考文献 …… 216

第一章 为什么关注中学教师职业幸福感？

为什么关注中学教师的职业幸福感，这一议题不仅触及教育领域的核心脉络，更是社会进步与人文关怀的重要体现。我们关注这个话题，既有主观动因，也离不开客观环境的深刻影响。

我们长期致力于职场健康心理的研究与实践，在接触学校心理服务领域后，更加聚焦于中学教师的职业健康与职业发展。通过心悦红烛项目，我们有机会走近中学教师群体，进行了细致的观察与深入的访谈，那些真实动人的故事深深触动我们的内心。在访谈中，教师们分享了他们在教书育人过程中的喜怒哀乐，从孩子们成长的点滴喜悦到面对挑战时的坚韧不拔，每一个故事都是对职业幸福感复杂而细腻的诠释。这些宝贵的第一手资料使我们深刻认识到，教师的职业幸福感不仅关乎其个人情感的满足，更是推动教育质量提升、保障学生健康成长不可或缺的精神源泉。因此，关注并提升中学教师的职业幸福感，成为我们内心最真挚的呼唤。

在推进和助力中学教师职业幸福感过程中，我们结合员工帮助计划（Employee Assistance Programs，EAPs）的工作框架，在中学创新实践，邀请教师们共同参与到职业幸福感提升项目中，教师从项目中受益非常多。EAPs是一个综合性的支持系统，专为组织内员工设计，旨在解决其工作与个人生活中的困扰，促进身心健康，并提升工作满意度及幸福感。将此理念引入中学教育领域，不仅体现了对教师个人福祉的深切关怀，更是对教育生态系统优化的一次积极且深入的探索。我们期望通过实施学校心理支持，为教师构筑一座桥梁，将心理支持、职业发展与和谐工作环境紧密相连，使教师在关爱中茁壮成长，在幸福中无私奉献。

另一方面，快速发展的社会经济背景以及变迁的文化背景下，教育作为国家发展的基石,其现状与发展趋势不容忽视。随着经济增长与教育投资变化、教育制度改革、教育观念更新、社会竞争与教育压力增加、国际化与开放加强,社会对教育质量要求的日益提高,这给教师带来了更多的挑战。教师作为教育活动的直接执行者,其职业幸福感对教育质量和效果具有直接影响。一个幸福、满意的教师群体,更有可能激发学生的学习兴趣,营造积极向上的学习氛围,从而推动教育事业的持续发展。同时,教师的职业压力也是不容忽视的客观因素。在当前社会,教师面临着多重压力,包括升学率的压力、工作量和加班文化、管理和评估制度、学生管理的挑战、家长和社会的期望、职业发展和个人成长的挑战。这些因素相互作用,共同构成了教师工作的复杂环境。关注并着力改善教师的工作环境,诸如提供充足的资源支持、有效减轻非教学任务负担、构建科学公正的评价体系,这些举措对于提升教师的职业幸福感至关重要。

因此,我们不仅要关注中学教师的职业幸福感,更要尊重并肯定他们的个人价值,同时对社会教育现状进行深刻的反思,并积极寻求应对策略。通过对各方面的分析,我们期待为中学教师创造一个更加和谐、幸福的工作环境提供新的思路。

第一节 主观动因

一、对县级中学教师访谈结果的思考

由于县级中学教师的压力比较大,基于"心悦红烛"项目,我们首先对陕西省某县级中学教师的线上和线下访谈,结合线上访谈的便捷高效与线下访谈的深入细致全面,"参与"到一线教师的日常,收集到了丰富多元、真实可靠的数据,深入地了解中学教师的工作和生活情况。

(一)线上访谈

首先,我们根据研究目的和样本需求,确定该中学不同年级、不同科目、不同年龄、不同学历的教师作为线上访谈对象。这些教师代表不同的背景和经验,有助于获取全面的信息。

访谈前,我们根据研究主题和目的,制定了详细的访谈提纲。提纲包括关于教师个人背景、工作环境、职业追求、心理状态以及职业幸福感等方面的具体问题。为确保访谈顺利进行,我们选用腾讯会议平台,并提前检查网络状况。访谈团队至少三人参与,确保及时记录访谈内容。在访谈过程中,我们按照提纲的顺序,逐一向教师提出问题,并鼓励他们自由表达观点和感受。访谈结束后,我们在一小时之内对访谈记录进行初步整理和分析,提取关键信息和观点,为后续线下访谈提供参考。

(二) 线下访谈

初步整理线上访谈信息后,我们基于所得信息和待深入探讨的问题,规划了线下访谈方案。我们前往学校,依据现场实际和教师时间安排,灵活开展单个或小组访谈,旨在进一步验证并补充线上访谈成果。

面对面的交流进一步验证了线上访谈中获取的信息和观点。我们鼓励教师分享更多关于他们工作环境、同事关系、学生互动等方面的细节,以丰富我们的研究内容。在小组访谈中,我们引导教师就共同关心的问题进行讨论和交流,以获取更广泛、更深入的观点和看法。

同时,为了更全面、深入地了解教师的现状,我们还遵循便利性原则,选择性地对学生、领导及家长等教师工作环境中的相关群体进行了访谈。通过这一多维度的视角,获取关于教师现状更丰富和全面的信息。而且,基于方便取样原则,我们也访谈了多名西安市、北京市等中学教师。

(三) 访谈信息处理

针对访谈内容,我们采用了人工主题分析的方法,细致入微地阅读了所有访谈记录,精准把握语词在上下文中的确切含义,深入剖析中学教师群体对特定词汇的真实认知与定义,随后将相关主题逐一分类并详细记录。

在后续的文本处理中,每当遇到与已分类主题相关的内容时,我们都会进行数字统计,以便量化分析(结合压力的需求-资源模型,根据分类,确定了访谈信息中的四大内容模块:压力源、资源、压力表现以及减压方式。我们统计了这四个方面教师分别有哪些具体的表现,并计算每个表现在教师群体中出现的频次)。

(四) 访谈结果

基于细致的"参与式"观察和深入的访谈,从基本信息、职业发展的困难、需求和期望、工作压力等多个维度,构建了县级中学教师群体画像。研究采用了教师群体画像技术,结合精细化数据管理和科学决策,并构建了教师群体画像标签体系,见图1-1。

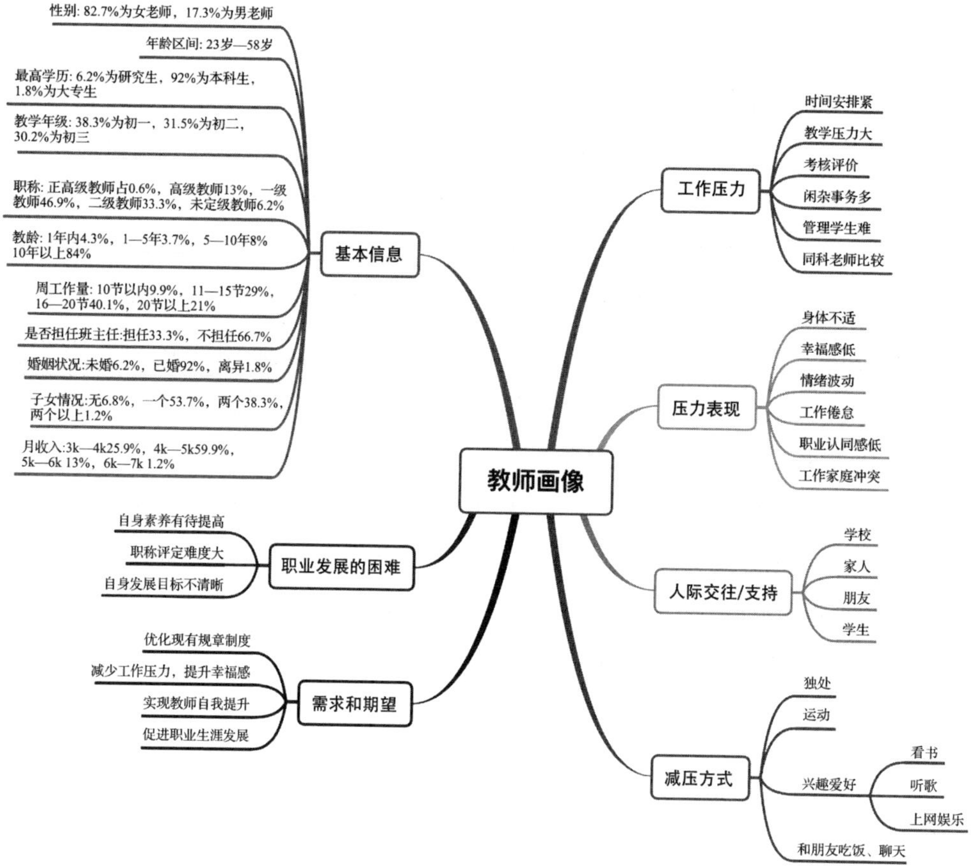

图1-1 县级中学教师画像

汇总访谈和观察结果,列举了一名中学教师典型工作日的日程,见图1-2。这让我们对中学教师群体有了初步了解:他们是一群对教育事业充满热情、职业认同感极强的教师。他们的工作日在校时间漫长,日程安排紧凑而充实。

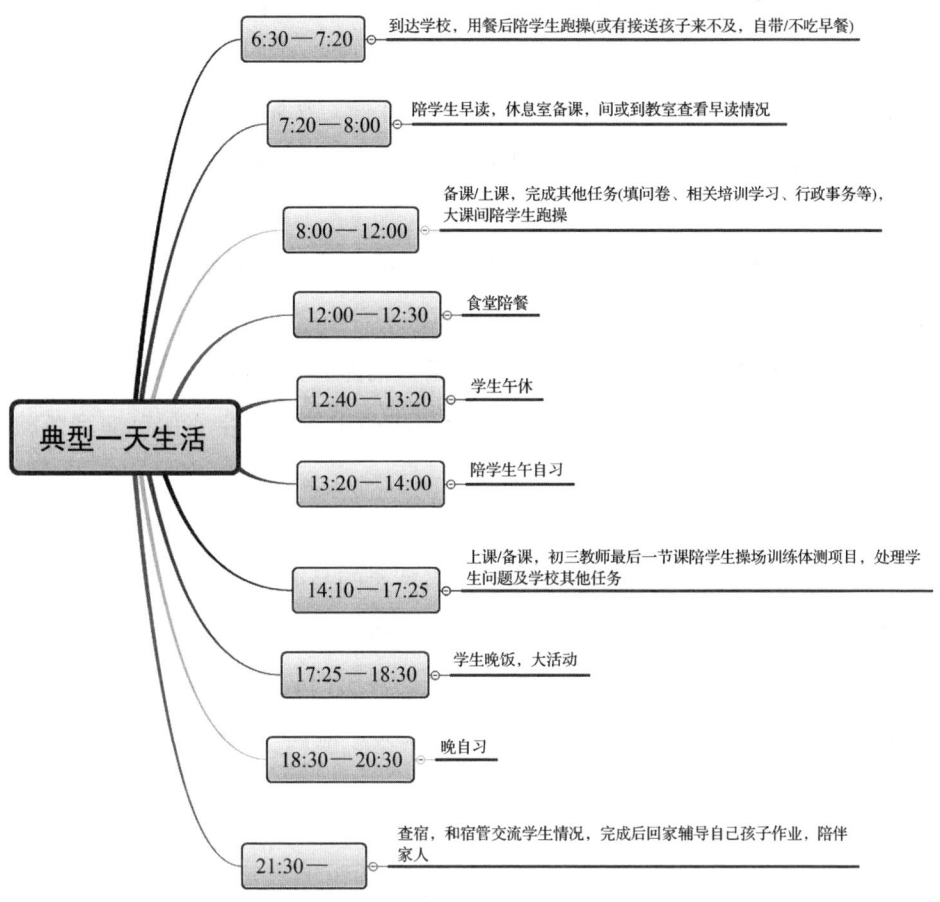

图1-2 某县级中学教师的典型一天生活

他们面临的工作压力主要源自学校的评比机制、烦琐的杂务、沉重的教学任务、学生管理的挑战、家长配合度不足、家庭与工作的平衡难题以及个人生活中的种种困扰。这些压力常常导致他们身体抱恙、职业倦怠、幸福感下降、情绪波动,甚至进而影响到工作的正常进行。然而,面对这些压力,他们中的大多数能勇于面对,积极调整心态,主动寻求解压之道,或通过运动,或沉浸于音乐,或享受宁静的独处,或与友人畅谈,以此释放内心的重负。

尽管如此,他们依然期盼能够优化现有的规章制度,以减轻工作压力,实现个人成长与提升,增强工作中的幸福感。

让我们想象一下这样的场景:

清晨六点半,当第一缕阳光尚未完全驱散夜色,教师们已匆匆步入校园。有的老师甚至来不及享用家中的早餐,便带着对教育的满腔热忱与责任感,与学生一同在操场上奔跑,共同迎接新一天的开始。从陪伴学生早读、精心备课,到在教室与休息室之间穿梭,他们的身影无处不在。他们既是引领学生前行的灯塔,也是学生心灵的港湾。

从上午至下午,时间被紧凑的课程安排、烦琐的行政事务,以及不间断的学生关怀所填满。老师们不仅要完成繁重的教学任务,还需参与各类培训与学习,同时还得兼顾学生的身心健康。从清晨的跑操到午间的食堂陪餐,再到午休与自习的默默守护,每一个细微之处都映照出他们对学生深沉而细腻的关怀。

傍晚时分,当夕阳洒满校园,老师们并未停下脚步,而是继续投身于晚自习的辅导中。直至夜幕降临,他们还要拖着疲惫的身躯前往宿舍查寝,与宿管人员细致交流每位学生的情况,确保每位学生都能在安全、和谐的环境中茁壮成长。而这一切结束后,他们常常拖着疲惫的身躯回到家中,履行为人父母的职责,耐心辅导自己孩子的课业,温馨陪伴家人。他们用实际行动诠释了"教师"这一职业的崇高与艰辛。

而我们所描绘的这幅场景,正是许多教师真实生活的写照。审视他们的一天,我们不禁心生敬佩与感慨。在日复一日的繁忙与琐碎中,他们几乎将满腔热血与精力毫无保留地奉献给了学生与学校,而留给自己提升与休憩的时光却少得可怜。这不禁促使我们深刻反思:在这样紧凑而充实的工作日程中,是否还存在着未被充分挖掘的潜力?我们是否可以巧妙地利用那些看似微不足道的碎片时间,进行简短而有效的教学反思和个人能力的提升?又或者,通过实施更加高效的时间管理策略,尝试为教师们腾出更多宝贵的个人成长与发展的空间?这不仅仅是对教师个人职业发展和心理健康的深切关怀,更是对教育质量提升和教育生态系统优化的长远布局与深思熟虑。

（五）访谈案例展示

下面是针对"如何看待教师工作"（包括为什么选择当一名教师，教师生涯中的收获与挑战，影响职业发展的因素，面临的压力，放松方式以及未来的期望等问题）我们访谈到的一位教师的回答。

我毕业于 2002 年，自 2006 年起，我便投身于初三语文教学，并多次肩负起班主任的重任。2020 年荣获高级教师职称后，今年再次应学校之邀，继续担任班主任，肩上的担子自然不轻。家中育有两子，长子正值高三冲刺阶段，幼子则在幼儿园中班茁壮成长，家庭的重担亦不容忽视。

我从小就在心中埋下了当一名教师梦想的种子。从初中起，我就对教师职业充满了向往，尽管当时我也有上高中的机会，但出于对教师职业的热爱，我还是毅然选择了师范学校，决心成为一名教师。我对这份职业的热爱，自毕业之初至今未减分毫，即便已经评上高级教师。

我认为，教师这个职业最大的收获，莫过于'桃李满天下'。无论你走到哪里，都可能偶遇曾经的学生，他们突然的一声问候，总能带来无尽的惊喜；而每逢佳节，收到学生们发来的祝福，更是让人感到无比幸福和满足。

特别难忘的应该是 2015 年来到这所学校。以前一直在乡村学校任教，那个乡村也是我的家乡，我一直在那生活，在那长大，我当时的母校叫＊＊中学，我对母校＊＊中学情感深厚，因学校改制并入九年制体系而消失，我随之来到了县城。初到县城，我最不适应的是坐班制与长途通勤，毕竟以往在乡村学校，生活、学习与工作皆在同一处。印象最深的是第一次教研组会，组长让我自我介绍时，我第一句话就忍不住哽咽。那段时间，无疑是我教育生涯中最为难忘的，我对乡村教育的情结依旧深厚，至今仍怀念那里的教育生活。

我对工作始终保持着高度的责任心，以担任班主任为例，我事事亲力亲为，全程投入，实现了沉浸式的教学体验。曾有一次，因学校活动需要，我承担了全天八节课的教学任务，却并未感到丝毫疲惫。2006 年开始，我一直带初三，从普通的教师到教研组长，取得了很多的荣誉，每年都会取得五六项荣誉。在 2013 年评一级教师的时候，有好多项荣誉，自己也承担了教学课题，教学方面的成就也比较突出。

当然也存在影响职业发展的因素。一个是自身素养的提高。当年是直接从初中上的师范，有很多需要进一步学习，这方面压力比较大；另一个方面就是家庭方面的原因，家里有老人，有两个孩子。我的父母已八十多岁高龄，这给我带来了很大的家庭心理压力。大孩子正在上高三，这些都成为我成长道路上的阻碍。

工作压力主要包括教学评价压力、照顾两个孩子（高三孩子陪写作业、成绩波动，幼儿园孩子接送）、班主任日常管理，还有"双减"政策后工作时间的延长等。日常总是提心吊胆，担心学生出问题，有的老师甚至因此出现生理或病理反应，如失眠等，严重者连日常事务都难以应对。教师在面临教学评价时，会感受到显著的工作压力。可能超过八成教师表示工作压力大，其中教学评价的压力在结果出来后会有缓解。评价结果好，压力能迅速缓解；反之，则可能持续一周甚至更久。

独处、写文章、听音乐等是我放松心情的方式。学生懂事听话，家人理解，领导鼓励这些也都能让人缓解一下。

当前，教师群体普遍遭遇职业倦怠，缺乏关注和成就感成为他们的共同心声。教师在获得认可或荣誉后，其倦怠状态有显著改善。同时，学生群体中也存在学习懈怠现象，不仅学习困难的学生，甚至优等生也表现出对放假消息的高度关注。将近 1/3 的学生存在学习倦怠，且现在学生德育教育缺失，对老师缺乏尊重，无所畏惧的现象屡见不鲜。网络沉迷问题在学生中日益严重，由此引发了一系列其他问题。

学校的心理辅导室基本是不开展活动的。学校有心理学专业毕业的老师，老师的教育手段是大家认可的，也有一些在家庭教育上比较有方法的老师。如果这些老师做得好的地方能够被发挥出来应该是能为这个学校的心理教育做出贡献的。但由于每位教师都需承担教学任务，心理教育工作因此难以充分展开。期望能切实关注教师职业压力问题，助力学校心理健康教育工作的提升，并增强教师的幸福感。

在深入访谈了这位拥有二十多年教龄的县级中学教师后，我们深受触动，这位教师的职业生涯与心路历程不仅展现了个人的奋斗与坚持，也映射出广

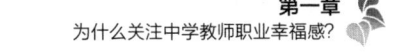

大教师群体普遍面临的挑战与期望。

这位教师从小怀揣着对教育的热爱与梦想,毅然选择了师范之路,即便面对可以就读高中的机会也未曾动摇。她对教育的执着与热情,贯穿了整个职业生涯,即便是在评上高级教师后,依然保持着初心与热爱,这份坚持令人敬佩。她所提及的"桃李满天下"的成就感,无疑是教师职业中最温馨、最动人的部分,也是许多教师不辞辛劳、默默奉献的动力源泉。

然而,教师的职业生涯并非一帆风顺。乡村到县城的教育环境变迁,对她而言,是一场不小的挑战与适应之旅。这种对过往乡村教育生活的深深眷恋,以及对新环境的不适应,展现了教师个人情感与职业环境之间的复杂交织。同时,家庭责任与工作压力的双重负担,也让她的职业生涯充满了艰辛与挑战。

在教学成就的背后,是教学评价、家庭责任、学生管理等多重压力的共同作用。这些压力如同巨石,不仅压在了她的身心之上,更成为了她职业发展道路上的重重阻碍。值得注意的是,她以独处为舟,以文章为帆,以音乐为桨,在心灵的海洋中寻觅慰藉,这些看似简单的放松方式,实则是对自我情感调节能力的重视与培养。

此外,她所提及的教师群体中存在的职业倦怠问题,以及学生学习懈怠、德育教育的缺失、沉迷网络等现象,都反映了当前教育领域亟待解决的问题。她对于学校心理健康教育工作的期待,也揭示了提升教师幸福感、关注学生心理健康的重要性。

通过这位教师的讲述,我们更加深刻地理解了教师职业的崇高与不易,这也坚定了我们应该关注教师的职业发展与心理健康,帮助教师在工作中找到属于自己的幸福感与成就感,共同营造一个更加和谐、健康的教育环境的决心。

二、EAPs 在学校的探索

EAPs,即员工帮助计划,起源于 20 世纪 30 年代的美国。EAPs 最初起源于工作场所,旨在为个人及组织机构提供咨询服务,其核心在于识别并解决员工的心理问题。这些问题广泛涉及员工的健康、生活、人际关系、情感状态、经济困难、法律问题以及药物成瘾、酗酒和不良情绪等。

随着时间推移，EAPs 的应用范围不断扩大，现已在全球范围内普及。20世纪 70 年代，EAPs 开始在企业中盛行，主要解决员工的酗酒和药物滥用问题。1971 年，在美国洛杉矶成立了 EAPs 的专业组织，即现在国际 EAPs 协会的前身。此后，EAPs 逐渐发展成为一项系统、长期的心理服务项目，通过专业人员对组织的诊断、建议和对员工及其直属亲人提供的专业指导、培训和咨询，帮助改善组织的环境和氛围，解决员工及其家庭成员的各种心理和行为问题。

进入 21 世纪，EAPs 的服务模式和内容进一步丰富和完善，包括压力评估、组织改变、宣传推广、教育培训、压力咨询等多个方面。目前，全球范围内有大量的企业和组织采用 EAPs 服务，以提高员工的心理资本、工作绩效和幸福感。

近年来，EAPs 的理念逐渐被引入到学校教育中，特别是在大学生和中小学生的心理健康教育中发挥着重要作用，对于教师的心理健康维护非常必要。在快节奏、高压力的校园环境中，学生和教职员工的心理健康问题日益受到关注。EAPs 在学校的应用方式包括：(1)提供专业的心理咨询。学校可以设立心理咨询室或热线，由专业心理咨询师为学生和教职员工提供个体化的心理咨询服务。学生和教职员工可以在需要时寻求帮助，倾诉自己的困扰并获得针对性的建议和指导。(2)开展心理健康教育。通过课程、讲座、宣传栏等多种形式，普及心理健康知识，提高学生和教职员工对心理健康问题的认识和关注。同时，还可以教授情绪管理、人际交往、压力管理等技能，帮助他们更好地应对生活和工作及学习中的挑战。(3)建立心理健康支持网络。学校与社会资源机构合作，建立与心理健康相关的社会支持网络。通过与社区、医院、妇幼保健院等机构建立合作关系，共同为学生和教职员工提供更加全面和专业的心理健康服务和支持。(4)提供个性化服务。针对不同年级、专业和背景的学生，以及教职员工的实际情况，提供个性化的心理健康服务以满足他们的特定需求。

EAPs 在学校中的实施，能够有效助力学生和教职员工更好地应对压力，显著提升其心理素质，进而推动全面发展。借助专业的心理咨询和心理健康教育,师生能够更深入地认识和了解自己的情绪及心理状态,从而有效预防并及时发现潜在的心理问题。此外,通过构建个性化的服务与支持网络,师生能够获得更为全面且系统的心理支持与帮助,进而更加从容地应对生活中的各种挑战与困难。

目前学校心理支持计划主要聚焦于学生群体,通过提供专业的心理咨询、心理健康教育和危机干预等服务,帮助学生解决心理困扰,提升心理素质。然而,教师作为学校教育的核心力量,其心理健康状况同样不容忽视。教师面临的工作压力、职业倦怠、人际关系等问题日益凸显,这些问题不仅影响教师的身心健康,还可能对教学质量和学生成长产生负面影响。因此,积极探索EAPs在教师群体中的应用,无疑具有重要的价值与深远的意义。我们在心悦红烛项目中,将EAPs模式应用于教师群体的心理健康和职业幸福感的发展上,通过一对一和参与式访谈、心理测评等对学校教师进行分析评估,并同教师一同制定职业幸福感提升计划,广大教师积极参与到项目中,从而保障项目的顺利进行,教师群体获益很多,更有必要进行深入探索。

第二节 客 观 原 因

教师,作为知识的灯塔、灵魂的工匠,其职业幸福感不仅关乎个人的身心健康与职业成就,更深刻影响着教育教学的品质、学生的成长乃至整个社会的未来走向。然而,在日新月异的现代生活中,教师群体正面临着诸多严峻的客观挑战,这些挑战以各种形式直接或间接地侵蚀着他们的职业幸福感。

首先,教育改革的不断深化对教师提出了更高的要求,教学任务的繁重、教学质量的压力、教育创新的探索等,都让教师们感到前所未有的挑战与压力。其次,社会期望的多元化与教师角色定位的模糊性,导致教师在应对学生学业需求的同时,还需肩负情感关怀、道德引领等多重职责,这种角色冲突常常让教师感到难以兼顾,力不从心。再者,职业发展路径的局限、薪酬待遇的相对滞后、职业声望的波动等客观因素,也在一定程度上削弱了教师的职业认同感和幸福感。

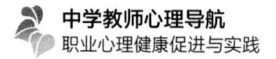

因此,深入探讨影响教师职业幸福感的客观原因,并寻求有效的解决策略,对于促进教师队伍的健康发展、提升教育教学质量、构建和谐的教育生态具有重要意义。这不仅是对教师个人福祉的关怀,更是对教育事业长远发展的投资。

一、社会和文化背景的变迁

在全球化和信息化快速发展的今天,社会和文化背景的变迁对教师的职业生涯产生了深远的影响。教师需要不断适应并学习新的教育理念、先进的技术工具和高效的教学方法,这一过程既带来了发展的机遇,也伴随着不小的挑战。研究教师职业幸福感,有助于理解在这一背景下,如何支持教师的职业发展和个人成长。

近三十年来,中国社会和文化背景发生了显著变迁,这一变化在中学教育领域尤为突出。这些变迁不仅反映了中国在经济、政治、科技领域的快速发展,也体现了教育理念和实践的深刻变化。以下是一些关键的变化:

(一)经济增长与教育投资

随着中国经济的快速增长,政府对教育的投资显著增加。这不仅提高了教育资源的整体水平,也促进了教育基础设施的改善,包括校舍建设、教学设备更新和教师培训。教育财政投入的增加,使得中学教育质量得到显著提升。

中国的经济增长与教育投资之间存在着密不可分、相互促进的紧密联系。过去几十年里,随着中国经济的快速发展,教育投入显著增加,这不仅被视为推动经济发展的关键因素之一,而且教育投资的增加也促进了劳动力素质和技能水平的提高,进而推动了生产效率和技术水平的提升。

(二)教育制度改革

改革开放以来,中国中学教育经历了一系列重要的制度改革。1990年代初,实施了九年义务教育政策,确保了孩子们能够完成初中教育。进入21世纪后,政府进一步推动高中阶段教育普及,致力于提高国民整体教育水平。此外,新课程改革旨在从应试教育向素质教育转变,强调学生的全面发展和创新能力的培养。

中国教育体制改革历经长期且复杂的过程,涵盖多方面内容,旨在满足国家经济社会发展需求,并着力提升教育质量和效率。以下是近年来中国教育体制改革的一些关键点:

1. 九年义务教育的普及和加强

国家政府将九年义务教育(小学六年和初中三年)作为基础教育普及的重点,不断提高覆盖范围,特别是在农村和偏远地区,确保每个孩子都能接受基础教育。

2. 高等教育扩招

自1999年以来,国家大幅度扩大了高等教育的规模,大学入学率显著提高。该政策旨在应对高等教育需求的增长,为经济发展培养更多高技能人才。这一变革深刻影响了中学教育,促使中学生及家长更加重视高中学业成绩及高考备考,高考依然对中学生的学习生活具有重要影响。当然,高等教育扩招同时带来的也有一系列的挑战。比如教育质量问题,教育资源的不均衡分配、师资力量的紧张以及部分高校教育质量不高等问题也随之显现,影响了教育的整体效果。

3. 教育评价和考试制度改革

国家正在改革教育评价和考试制度,减少标准化考试的压力,促进学生全面发展。高考(大学入学考试)制度也在不断调整,以更公平、全面地评价学生的能力。

4. 教育内容和课程改革

为培育学生的创新与实践能力,国家对教育内容及课程体系实施了改革,着重培养批判性、创造性思维和实用技能。

5. 教师培训和待遇改善

认识到优质教育离不开优秀教师,国家加强了教师的专业培训和继续教育,提高了教师的社会地位和待遇,以吸引和保留高质量的教师队伍。

6. 推动教育公平

国家通过加大财政投入、制定政策支持等举措,致力于缩小城乡、区域教育差距,保障每位学生享有公平受教育的机会。

7. 加强职业教育和成人教育

伴随经济结构的调整,国家对职业教育和成人教育加大了支持力度,旨在满足多元化人才需求,提升劳动力市场的灵活度和竞争力。

8. 国际化发展

中国的教育体制改革也包括加强国际交流与合作,鼓励学生出国留学,引进国外优质教育资源,以及与国际顶尖学校合作开展教育项目。

这些改革措施体现了中国政府在教育领域不断创新和适应时代发展需求的决心。尽管中国教育体制在改革中取得了显著的成就,如基础教育毛入学率超过98%,以及教育普及水平的提高,但教育资源分配不均、城乡差距、考试压力过大等问题依然存在,需要持续的努力和改革。变化与发展已成为当代社会的核心旋律,对中学教育及其从业者提出了更多挑战,其中,不断变化本身就是一大压力源。

(三) 教育观念的更新

随着社会的发展和国际交流的加深,中国中学教育的观念也在不断更新。越来越多的教育工作者和家长开始重视学生的个性化发展、批判性思维和创造力。同时,信息技术的广泛应用,如智慧教室、在线学习平台等,也彰显了教育观念和教学方法的现代化进程。

中国教育观念的更新是近年来教育改革和社会进步的重要标志之一。随着经济的快速发展、社会的深刻变革以及AI技术的不断发展,中国的教育理念正经历深刻变革,旨在更好地适应新时代的发展需求。以下是一些关键的更新方面:

1. 从应试教育向素质教育的转变

长期以来,尽管中国教育曾被批评为过于注重考试成绩,忽视学生的全面发展,但近年来,我国教育事业取得了历史性成就和变革。例如,根据教育统计数据,2021年全国各级各类学校数量和在校生人数显著增加,教育普及水平实现历史性跨越,各级教育普及程度达到或超过中高收入国家平均水平。此外,教育公平也取得了新成效,例如,义务教育阶段建档立卡辍学学生实现动态清零,全国2 895个县全部实现义务教育基本均衡。这些进步表明,我国教育正逐步从应试教育向素质教育转变,更加注重学生的全面发展。近年来,中国政府和社会各界越来越重视素质教育,强调培养学生的创新能力、实践能力、人文素养和社会责任感,而不仅仅是书本知识。

2. 个性化和多样化教育的推广

随着对每个学生差异化需求的认识加深,个性化教育逐渐受到重视。教育机构和教师被鼓励依据学生的兴趣、特长及学习风格,采取多样化的教学方法,以充分激发学生的潜能。

3. 终身学习的理念深入人心

随着知识更新速度的加快和职业生涯路径的多样化,终身学习已成为现代社会不可或缺的一部分。中国正逐步建立起终身教育体系,鼓励人们在整个生命周期内不断学习,提升自我,适应社会和经济的发展需求。

4. 强调创新和创业教育

面对全球经济竞争和技术革命,创新能力和创业精神被视为国家发展的关键。中国教育系统正逐步增强对创新和创业教育的支持力度,旨在培养学生的创新思维模式、高效问题解决技巧以及自主创业的能力。

5. 重视信息技术在教育中的应用

信息技术的迅速发展为教育提供了新的工具和平台。中国正积极推进教育信息化进程,充分利用网络、丰富的数字资源和多样化的在线平台,以实现教学资源的科学配置和教育方式的持续创新。

6. 国际视野的培养

随着中国在全球舞台上的角色日益重要,国际视野和跨文化交流能力变得尤为重要。中国教育正不断加强外语教学的力度,积极鼓励国际间的交流与合作,旨在让学生从小树立起国际视野,并具备在全球竞争中脱颖而出的能力。

这些观念的更新不仅反映在政策宣传上,也在学校的教育实践和家庭教育中得到体现。最近"心智生产力"的提出对于人才培养和教育又提出了新的挑战,对于中学教育也提出了新的要求。尽管转变过程中存在挑战和阻力,但整体趋势显示出中国教育正逐步走向更加开放、灵活和多元的方向,旨在为学生提供更全面、更有效的教育。

(四) 社会竞争与教育压力

经济与社会的发展加剧了中学生及其家长所面临的教育竞争压力。为了在高考和未来的职业竞争中获得优势,许多学生面临着沉重的学习负担。这一现象引发了社会各界对学生心理健康、幸福感以及应试教育模式的深切关注与热烈讨论。

中国的社会竞争与教育压力是紧密相关的,反映了当代中国社会和教育体系中的一些核心挑战。随着经济的快速发展和社会的不断变迁,竞争愈发激烈,这种竞争不仅体现在职场上,也深刻影响了教育领域,特别是对学生和家庭而言。

在中国,经济增长和社会进步带来了更多的机会,但同时也引发了更激烈的竞争。随着人口众多和教育资源的相对稀缺,竞争从小学教育阶段就开始显现,甚至延伸到了入园竞争。这种竞争不仅体现在获取优质教育资源上,还包括了未来的就业机会,特别是在高薪酬和社会地位方面。长期以来,中国教育体系因过度重视考试成绩而备受批评,这种应试教育文化导致学生自幼便承受沉重的学业负担。家长和学生普遍认为,优异的考试成绩是进入更高教育水平、获得更好就业机会的关键。高考在中国被视为决定个人未来的关键节点。考生在这场全国瞩目的竞争中奋力一搏,时常背负着沉重的学习和心理负担。众多家庭中,父母对孩子的教育寄予厚望,期盼他们能取得佳绩,享受顶尖教育资源。这种期望往往转化为对孩子的额外压力。教育被视作改写人生轨迹、提升个人地位的关键阶梯。在人口众多、竞争激烈的社会环境中,教育成绩和背景在很大程度上影响着个人的职业和社会机会。

为了缓解教育压力,中国政府和社会各界正采取多种措施:包括鼓励学校减少应试教育的做法,更多地关注学生的全面发展,如体育、艺术和社会实践能力;改革高考和大学录取制度,探索多元化的评价和选拔机制,减轻学生的考试压力;提高公众对教育压力的认识,鼓励家庭和社会提供更多的情感和心理支持给学生;通过增加教育投资,改善教育资源分配,提高教育质量,使更多学生能够享受到优质的教育等。例如,根据《深化新时代教育评价改革总体方案》,教育评价改革旨在完善立德树人体制机制,扭转不科学的教育评价导向,坚决克服唯分数、唯升学等顽瘴痼疾,提高教育治理能力和水平。

总体来说,近30年来,中国中学教育领域经历了显著的变迁,主要体现在教育资源的显著增加、教育理念的不断更新、教育制度的深入改革以及对国际

第一章 为什么关注中学教师职业幸福感?

化教育的日益追求。例如,根据教育部数据,截止2023年末,我国普通高中学校数达到1.54万所,专任教师数量达到221.48万人,高中阶段毛入学率达91.8%。这些变化极大地提升了中学教育的面貌和质量,同时也直接影响了中学教师的角色、工作方式、职业发展以及面临的挑战。

教育资源的丰富,极大地改善了中学的教学条件,使得教师们能够得心应手地运用诸如多媒体教室、在线教学平台等先进的教学设备和资源,这些创新工具不仅显著提升了教学效率,还极大地激发了学生的学习兴趣和热情。同时,丰富的图书资料和网络资源也为教师提供了更多的教学素材和参考。教育资源的增加也意味着专业发展机会增多,教师有更多的机会参加各种培训、研讨会和学术交流活动,从而提升自身的专业素养和教学能力。

教育理念的更新推动了教育观念的转变,从传统的应试教育向素质教育转变。例如,某中学通过实施素质教育典型案例,不仅在教学方法和内容上进行了创新,还强调了个性发展和综合素质的重要性。教师在这一过程中扮演了关键角色,他们不仅传授知识,更激发学生的学习热情,培养学生的思维能力和创新精神。此外,教师素质的提升对于教学方法的改革和创新至关重要,这要求教师不断更新教育理念,提高业务素质,紧跟学科发展步伐。这促使教师不断更新教育观念,采用更加灵活多样的教学方法和手段。教育观念的更新也促进了角色定位变化:教师不再仅仅是知识的传授者,更是学生学习的引导者和伙伴。这种角色定位的变化要求教师具备更强的沟通能力和引导能力,能够激发学生的学习兴趣和动力。

随着教育评价体系的深化改革,综合素质评价已成为教育评价改革的重要内容。例如,综合素质评价涵盖了道德品质、公民素养、学习能力等多个维度,旨在全面评估学生的综合能力。这要求教师不仅要关注学生的学业成绩,还要关注学生的品德、能力、兴趣等多方面的发展。同时,教师自身的评价体系也在不断完善,更加注重教师的教学质量和专业能力。学校管理制度的改革为教师提供了更多的自主权和灵活性。例如,教师参与学校决策、课程开发等活动的机会大幅增加,有效激发了教师的积极性和创造力。

对国际化教育追求的影响使得国际视野拓展,对语言能力提出新要求。随着国际化教育的推进,中学教师需要具备更广阔的国际视野和跨文化交流能力。这要求教师不断学习国际先进的教育理念和方法,了解不同文化背景下的教育差异和共同点。为了满足国际化教育的需求,部分中学教师还需要具备双语或多语教学能力。这要求教师不断提高自身的语言水平和跨文化交际能力。

对中学教师而言,机遇与挑战并存,且挑战日益严峻。首先是必须适应快速变化:社会和文化的快速变迁促使教师必须不断适应并融入新的教育环境、理念和技术手段。这对教师的专业素养和学习能力提出了更高的要求。其次是压力增大:随着教育改革的深入和社会期望的提高,中学教师面临着更大的工作压力和职业挑战。他们需要不断提升自身的教学水平和专业素养以应对各种挑战。

二、教师职业压力增加

随着教育体制的改革和社会竞争的加剧,教师面临的压力逐渐增大。这些压力来源于课程改革、学校管理、学生和家长的期望,以及社会对教师职业地位的认知等多方面。长期的高压工作环境可能会影响教师的职业满意度和个人幸福感,从而影响到他们的教学效果和职业生涯发展。例如,根据一项针对某县级中学教师的调查,尽管大多数教师对与学生和同事的关系感到满意,但对工资收入和学校管理方面表示出不同程度的不满。此外,教师普遍感到工作压力,这可能导致他们感到疲惫不堪,影响到教学质量和职业发展。

中国中学教师面临的职业压力主要源自以下几个方面,它们共同构成了当前中学教师职业压力的现状:

(一)升学率的压力

在中国,无论初中还是高中教师,都面临极大的升学率压力。高考作为中国最重要的高等教育入学考试,其结果直接关系到学生的未来发展和学校的声誉。因此,教师不仅要承受教授大量课程内容的压力,还要帮助学生在中考和高考中取得优异成绩,这种压力常常是巨大的。

(二)工作量和加班文化

中学教师的工作不仅限于课堂教学,还包括课后辅导、试卷批改、学生评估、家长沟通等一系列工作。这导致教师经常需要加班和在周末工作,长期的高工作量和加班文化严重影响了教师的工作-生活平衡,加剧了职业压力。

(三) 管理和评估制度

中国的教育体系中存在着较为严格的教师评估和管理制度。教师的职称晋升、薪酬,以及职业发展机会往往与学生的成绩、教学评估,以及其他由学校和教育部门设定的指标紧密相关。这些评估制度可能会导致教师感受到持续的竞争压力和表现的压力。

(四) 学生管理的挑战

随着社会的快速发展和教育环境的变化,学生的需求和行为模式也在不断变化。教师需要灵活应对学生多样化的个性化需求,涵盖学习障碍、行为偏差及情感慰藉等方面。同时,青春期学生自我意识增强,反叛心理凸显,这无疑加大了教师的管理难度。教师在处理学生冲突、解决问题及维护班级秩序时,需投入大量精力与时间,从而加剧了工作压力。

此外,随着信息技术的普及,学生获取信息的渠道更加广泛,他们可能会受到网络文化、社交媒体等多种因素的影响,导致行为更加复杂多变。为适应变化,教师需不断更新教育理念与管理手段,这无疑进一步提升了工作难度。

(五) 家长和社会的期望

随着社会对教育重视程度的提高,家长对子女的教育期望也越来越高。教师常常需要面对家长的高期望和不时地质疑,这不仅增加了教师的工作负担,也带来了情感上的压力。同时,社会对教师的道德标准和行为规范要求较高,进一步加大了压力。

(六) 职业发展和个人成长的挑战

虽然教师享有稳定的职业前景,但在职业发展和个人成长方面面临诸多挑战。如何在繁忙的教学工作中持续学习,提升教育理念与教学技能,并兼顾职业健康与幸福感,成为众多教师亟待解决的问题。

我们在对某县级中学的访谈中,发现了这些因素共同构成了中学教师面临的职业压力现状。为了缓解这种压力,需要从政策层面、学校管理层面,以

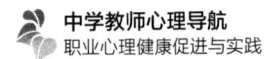

及社会文化层面入手,共同努力改善教师的工作环境,提高教师的职业幸福感。

第三节 对职业幸福感越来越关注

一、《2023年心理学领域11大新兴趋势》对我们的启发

美国心理学会(American Psychological Association,APA)是美国最权威的心理学学术组织,国际心理科学联合会的主要成员,拥有15万名会员的APA是全球最大的心理学家协会之一。心理学家越来越多地被要求帮助解决我们作为一个社会所面临的一些最大挑战。2023年,APA认为这一趋势正在加速,同时该领域也发生了其他重大变化。

美国心理学会APA发布的《2023年心理学领域11大新兴趋势》报告指出,企业开始重视员工的心理健康,员工对幸福感的需要日益增强。报告对员工心理健康的态度已经发生了巨大的转变,心理学家正在带头帮助企业优先考虑员工的健康。企业也开始重视员工的心理健康。根据2021年全球数据,44%的员工报告前一天经历了巨大的压力,而超过五分之一的员工感受到了愤怒或悲伤。例如,盖洛普发布的"2022年全球职场报告"显示,尽管2021年的担忧、悲伤和愤怒有所下降,但所有这些负面情绪仍高于大流行前的水平。根据APA的2022年工作与福利调查,以及中国企业员工对工作满意度和员工福利的评估调研报告,员工对心理健康支持的期望正在发生变化。71%的员工称,他们认为雇主比过去更关心员工的心理健康。超过80%的人认为,雇主如何支持他们的心理健康将是他们在寻找未来工作时的重要考虑因素。

这带给我们很多启发。首先,员工对幸福感和心理健康支持的需求日益增强,尤其是新一代员工对健康愈发重视。这警示我们,无论是组织还是社会,都应将员工的心理健康状况视为组织成功的核心要素之一。其次,心理学家在推动组织关注员工心理健康上扮演着重要角色。他们凭借专业知识,结

合研究与实践,为组织制定出行之有效的心理健康支持策略。这显示了心理学在现代组织管理中的重要地位,也鼓励更多心理学家参与到组织和社会问题的解决中来。再者,组织文化和工作环境对员工心理健康有着显著影响。报告揭示,员工对心理健康支持的期望正逐步转变,他们愈发重视组织在心理健康方面的关怀与支持。组织需兼顾员工的物质需求与心理需求,营造积极、健康、支持性的工作环境,以提升员工满意度和幸福感。同时,鉴于社会发展和员工心理需求的变化,组织需持续关注并改进心理健康支持策略。因此,组织需要持续关注员工的心理健康状况,不断改进和完善其心理健康支持策略,以确保员工能够保持健康、积极的心态,为组织的发展贡献更大的力量。

本书聚焦于中学教师群体,他们的心理健康和职业幸福感需求是我们作为心理学从业者需要持续关注的。

二、职业幸福感定义的发展

在深入探讨职业幸福感这一复杂而多维的概念时,我们不得不注意到一个普遍性的趋势——随着社会的进步与个人价值的日益凸显,员工对职业幸福感的追求正成为不容忽视的焦点。正如美国心理学会在《2023 年心理领域 11 大新兴趋势》报告中第五条所揭示的,员工对幸福感的需要显著增强,这一洞察不仅为我们理解职场心态的变化提供了宝贵的窗口,也深刻启示我们:在任何职业领域内,包括被誉为"人类灵魂工程师"的教师群体,职业幸福感的提升同样至关重要且处于动态变化之中。

从这一宏观背景转向教师这一特定职业群体,我们不难发现,教师职业幸福感的演变并非仅局限于个人心理层面的微调,而是教育理念、社会期望及职业环境等多重因素相互交织、共同作用的深刻体现。它是一个多维度的概念,它涉及个体的情感体验、工作满意度、生活质量和职业成就感等多个方面。不同研究者根据不同的理论背景和研究目的,对教师职业幸福感给出了不同的定义。以下是一些代表性定义及其发展变化:

1. 早期定义

早期的研究倾向于将教师职业幸福感视为工作满意度的一种表现,强调的是教师在工作中获得的满足感和心理状态的积极体验。例如,早期研究将其定义为教师对职业角色的满足程度,具体涵盖工作环境、工作条件、职业发展机会及薪酬福利等多个方面的满意度。

2. 情感维度的加入

随着研究的深入,学者们开始强调教师职业幸福感不仅包括认知评估(如工作满意度),还应包括情感维度,即教师在职业生涯中的积极情感体验,如幸福感、成就感和自豪感。

3. 幸福感的多维度模型

幸福是一个复杂而多维的概念,不同的理论和模型对其进行了不同的阐述。以下是几种幸福的多维度模型:

PERMA 模型:该模型将幸福划分为五个关键方面:P-Pleasant Life(愉悦生活)、E-Engaged Life(全心投入的生活)、R-Positive Relationship(积极和谐的人际关系)、M-Meaningful Life(充满意义的人生),以及 A-Accomplishment(个人成就)。此模型着重强调了快乐感受、全心投入、积极人际、生活意义及个人成就对于构建幸福感的重要性。

Ruff 的多维模型:该模型同样认为,幸福感的心理构成包括自我接纳、个人成长、生活目标、良好关系、情境掌控及自主性等多个维度。这个模型强调了这些维度在决定个体主观幸福感中的共同作用,但并未充分考虑文化间的差异性。

这些模型为我们提供了理解幸福的不同视角,每种模型都有其独特的侧重点和解释方式。综合这些模型,我们可以更全面地理解幸福的复杂性和多维性。每个人的幸福体验都是独特的,可能涉及这些模型中的多个维度,也可能有自己独特的幸福源泉。因此,我们应该根据自己的生活经历和体验,去寻找和创造属于自己的幸福。

4. 现代定义的发展

近年来,众多研究逐渐将教师职业幸福感与广泛的生活质量和幸福感理论相结合,深入探讨了工作与生活的平衡、个人成长、社会支持及自我实现等多重因素对其影响。这些研究认为,教师职业幸福感不仅是职业生涯中的积极体验,也是个体所体验到整体幸福感的重要组成部分。

5. 综合性定义

最近,一些研究者尝试提出更为综合性的定义,将教师职业幸福感视为一种多维度、动态的心理状态,它受到个体特质、工作环境、社会文化背景等多方面因素的影响。这种综合性的定义深刻揭示了教师职业幸福感的复杂性,强调了从多维度、多角度进行理解和评估的重要性。

例如,在情感满足维度上,教师职业幸福感体现为教师在教育工作中获得的愉悦感、满足感以及内心的安宁等积极的情感体验。这种情感满足来自与学生的互动、教学成果的取得以及教育工作的成就感。在认知评价维度上,教师职业幸福感体现在教师对自身工作价值的肯定和对教育事业的热爱。教师对自己的专业能力、教育理念和教学方法持有正面评价,认为自己的工作对社会和个人发展具有积极意义。而在社交互动维度上,教师职业幸福感还体现在与同事、学生和家长的社交互动中。和谐的人际关系、积极的合作氛围以及广泛获得他人的尊重与支持,对于增强教师的职业幸福感具有显著作用。在个人成长维度上,关注教师在职业生涯中的个人成长和发展。教师通过不断学习和提升自己的专业素养,实现自我价值的同时,也增强了职业幸福感。在环境适应维度上,教师职业幸福感同样受到工作环境优劣及资源条件是否充足的影响。一个支持性的工作环境、合理的工作负担以及足够的资源支持,有助于教师更好地适应工作环境,提升职业幸福感。

需要强调的是,教师职业幸福感是一个动态的心理状态,它会随着教师个人成长、工作环境变化以及教育事业的发展而发生变化。因此,我们应密切关注教师在职业生涯的各个阶段以及不同工作环境下的职业幸福感体验,并根据实际情况提供精准有效的支持和帮助。

随着时代的发展,教师职业幸福感的定义已经从最初的工作满意度概念,扩展到包含情感体验、生活质量、个人成长等多维度的复杂概念。这种变化不仅体现了对教师工作和生活更全面的理解,也反映了幸福感研究范式的演进。例如,教师的职业幸福不仅体现在专业满足感、成就感、快乐感和使命感上,还涵盖了享受职业、赢得尊严、学生爱戴、同行敬佩、家庭幸福和超越自我等多个方面。

三、APA 对职业心理健康和职业幸福感的定义

1948 年,世界卫生组织对健康给出了全面的定义:"健康是身体、精神和社会的完好状态,而不仅仅是没有疾病或虚弱。"这一定义强调了健康的多维度性,包括身体健康、心理健康以及社会适应能力。马斯洛等心理学家明确指出,心理健康的个体拥有更强的工作动力,而压抑性环境则会严重阻碍个体潜能的释放。

对于职业健康心理问题的关注并非新近出现的现象。早在十九世纪工业革命之后,人们就开始认识到工作的无形方面(如心理、生理影响)对个人健康的重要性。尽管心理学在当时还处于萌芽阶段,但哲学、政治学、社会学等领域的学者已敏锐地察觉到工作世界变迁对员工身心健康的深远影响。在对职业健康的探索过程中,美国心理学会(APA)对职业心理健康和职业幸福感给出了明确的定义,为我们理解和评估职场人士的心理状态提供了重要的参考框架。

职业心理健康:美国心理学会(APA)及其职业健康心理学分会的研究表明,职业心理健康不仅关注员工在工作场所的心理健康状态,而且致力于创造一个安全健康的职业环境,提升从业者的工作品质,以及帮助个体和组织实现健康成长。它涵盖了员工在工作中所经历的各种心理过程,如情绪稳定性、认知功能、应对压力的能力等。健康的心理状态使员工能更从容地面对工作挑战,提升工作效率,并促进人际和谐与团队协作。

职业幸福感:职业幸福感则是个体在职场中感受到的满足、愉悦和成就感。它不仅仅是对工作的主观评价,还包括了对个人工作的满意度、积极情绪和情感的频繁程度,以及负面情感的低水平。职业幸福感是一个多维度的概念,它不仅涉及员工的情感体验、满足度,还包括对工作环境、个人成就、同事关系、工作与生活的平衡等多方面的整体评价。根据人力资源咨询的数据分析,具有高员工满意度的组织的事业增长率比具有低友好度的组织高出 20%。员工的幸福感不仅能够提高其工作积极性和满意度,还能有效减少员工的流失率,从而提升组织的绩效。

小 结

第一章内容回答为何我们为什么关注教师职业幸福感这个问题,从主观与客观两大方面进行了深入分析,并融入了职业幸福感定义随时代变迁的考量。

主观原因方面,我们通过深度访谈中学教师,揭示了他们对职业幸福感的独特理解和体验。这些访谈内容不仅为我们展示了教师职业幸福感的主观来源和多元影响因素,还让我们看到了教师在教育生涯中的喜悦与挑战。此外,对学校 EAPs(员工援助计划)的研究,从组织层面为提升教师职业幸福感提供了可行路径,凸显了组织在此方面的重要作用。

在客观原因的剖析中,我们重点关注了社会文化背景变迁和教师职业压力增加两大方面。社会文化背景的不断变迁,诸如经济增长与教育投资的扩大、教育制度的革新、教育观念的更新迭代、社会竞争与教育压力的持续加剧,以及国际化与开放程度的深化,均对教师的角色定位和社会期望带来了全新的挑战。而教师职业压力的日益加重,则具体体现在升学率的压力、工作量和加班文化的盛行、学生管理的挑战、家长和社会地过高期望以及职业发展和个人成长的诸多挑战上。这些因素共同构成了影响教师职业幸福感的重要外部因素。

此外,本章还深入探讨了职业幸福感定义的发展变化,特别是教师职业幸福感定义的历史演变以及 APA(美国心理学会)对心理健康和职业幸福感的最新定义。这些定义的变化不仅反映了社会对职业幸福感认知的不断深化和发展,也为我们提供了更为科学和全面的视角来理解和评估教师的职业幸福感。

本章内容全面而深入地探讨了关注教师职业幸福感的原因,从主观与客观两方面进行了细致入微的分析,并结合了职业幸福感定义的发展变化进行了深入的讨论。这些内容不仅深化了我们对教师职业幸福感内涵及多元影响因素的理解,更为我们制定切实有效的支持和提升策略奠定了坚实的理论基础,提供了宝贵的实践指导。在此坚实基础上,我们拟进一步融合心理学视角,深度挖掘职业幸福感的本质机理,旨在为提升教师职业幸福感提供更为科学、系统的指导。

(车春艳,宋国萍)

第二章 教师职业幸福感的心理学相关理论

教师职业幸福感不仅对教师个人的心理健康和职业生涯轨迹产生深远影响，而且是提升教育质量、促进学生全面发展和下一代健康成长的关键因素。深入剖析教师职业幸福感的理论基础，不仅是教师个人职业成长的坚固基石，更是驱动教育革新、优化教育品质的核心驱动力之一。通过深刻领悟并灵活应用这些理论精髓，我们能更有效地助推教师迈向职业幸福与成功的彼岸，进而引领整个教育体系迈向卓越的新高度。

教师职业幸福感的理论架构犹如一座横跨理论与实践鸿沟的桥梁，它不仅为我们揭示了教师幸福感这一复杂现象的内在逻辑，还为我们提供了一个全面、系统的分析框架，多维度、多层次地审视教师幸福感的丰富内涵，这涵盖了个人心理、组织环境及社会环境等多个维度。同时，该理论框架犹如一盏明灯，照亮了我们探索科学、高效策略与干预措施的征途。

在探索幸福感这一复杂而微妙的领域时，心理学与教育学的理论成果犹如一套精细的概念工具箱，助力我们精确地把握并深刻剖析影响教师幸福感的诸多要素。例如，积极心理学的幸福五元素模型，通过聚焦积极情绪、投入、人际关系、生活意义及成就感等关键要素，为我们呈现了一个全面审视教师幸福感构成与演变的综合视角。

在识别影响教师职业幸福感的关键因素时，理论研究如同精准的导航仪，帮助我们洞察哪些要素在塑造教师幸福感中发挥着举足轻重的作用。这些要素可能涉及个人心理特质、工作环境支持度、学校文化氛围、社会认可度及职业满意度等多个层面，正如经合组织于2020年制定的教师幸福框架和牛津大学福祉研究中心的研究发现，这些因素共同编织成一张影响教师情感体验的网络。通过理论的指引，我们能够更加细致地剖析这些因素如何微妙地交织

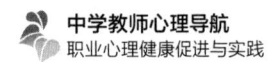

在一起，共同作用于教师的日常体验与职业发展轨迹。

在指导干预措施与政策制定方面，教师职业幸福感理论为我们提供了宝贵的行动指南。基于对幸福感影响因素的深刻洞察，教育政策制定者与学校管理者能够设计出更具针对性的策略与干预措施，以有效提升教师的幸福感水平。例如，借鉴自我决定理论的智慧，学校可以致力于增强教师的自主性、能力感与归属感，从而激发其内心深处的职业幸福感。

在促进个人与组织发展方面，理论的应用同样展现出巨大的潜力与价值。实施理论导向的干预措施，能营造更积极、支持性的工作氛围，强化教师团队的凝聚力与向心力，从而推动教育质量的提升。这样的环境不仅能够吸引并留住优秀的教师人才，还能激发教师的创新精神与专业成长动力，为学生的全面发展奠定坚实的基础。

此外，教师职业幸福感理论为未来的研究提供了明确的导向。通过不断挖掘理论空白与实践中的不足，我们可以为未来的研究开辟新的视野与路径。随着理论的不断发展与完善，我们将能更深刻地揭示教师职业幸福感的本质，并设计出更高效、精准的提升策略，以应对教育领域复杂多变的需求与挑战。

综上所述，理论在理解与提升教师职业幸福感中发挥着举足轻重的作用。它不仅为我们提供了强大的分析与解释工具，还为我们指明了采取切实有效措施的方向，以实现教师个人的幸福追求、学校的持续发展以及教育质量的全面提升。因此，对于任何致力于提升教师幸福感的个人或组织而言，深入研究并应用相关理论都是一笔不可或缺的宝贵财富。接下来，让我们从幸福感的起源、幸福感与组织的关系、幸福感的影响因素、幸福感的增进策略以及幸福感的动力机制等维度出发，共同揭开教师职业幸福感核心理论的神秘面纱。

第一节　幸福感的起源：积极心理学兴起

积极心理学这一引人注目的心理学分支，在 20 世纪 90 年代末期在美国萌芽并迅速成长。作为积极心理学的奠基人，Martin E. Seligman 挑战了传统心理学过分关注疾病和问题的研究范式，转而关注人类的优点、幸福感和积极情绪。他的理论不仅颠覆了心理学研究的重心,还界定了积极心理学的三个核心领域:积极的情感、积极的特征和积极的社会制度,从而开启了对人类幸福感深层次探索的新纪元。在此之前,关于幸福感的研究已有雏形,Marie Jahoda 作为早期探索幸福感的先驱,对此领域的发展做出了重要贡献。而 Wanner Wilson 的《自称幸福感的因素》进一步将幸福感作为一个独立研究主题引入学术界的视野。随着 2000 年《积极心理学导论》的发表,积极心理学及其对个人幸福感的研究吸引了更广泛的公众关注,自此,积极心理学在学术界和公众视野中逐渐蓬勃发展。

积极心理学的核心理念在于强调个人通过积极的情绪态度体验到的幸福感,主张在很大程度上,个人的主观幸福感可以作为衡量其幸福水平的标准。对于中小学教师而言,积极心理学的这一理论为他们提供了一种深刻的认识和实用的方法论,激励他们清晰准确地认识自我及教育行业,从而满怀热情地投身于教育事业。不懈追求职业理想,教师能够最大化地实现自我价值,从而丰富精神世界,显著提升职业幸福感。积极心理学特别强调培养一种乐观主动的个性风格。具备这种性格的个体,面对挫折与困境时,更易将挑战视为契机,转化为前进的动力,彰显出非凡的内在力量。

如果能够学习并内化这种乐观主动的性格风格,当面临职业生涯中的各种挑战和不顺时,他们将能够在心态和精神层面激发出巨大的能量,激励自己不断前行。这种内在力量不仅助他们克服难关,更在职业生涯中显著提升其幸福感。积极心理学在教育领域的应用,特别是在教师的职业发展和心理健康管理中,展现了其深远的影响力和实践价值。通过促进教师的个人成长,提升他们的职业满意度,积极心理学为构建一个更加积极、健康和充满活力的教育环境提供了有力的理论支持和实践指导。

PERMA 模型是由 Martin E. Seligman 提出的一种积极心理幸福理论,重点关注有助于整体幸福和幸福的五个关键要素,也叫作幸福五元素模型。PERMA 模型包括五个构成幸福感的关键要素:积极情绪(Positive Emotions)、投入(Engagement)、关系(Relationships)、意义(Meaning)和成就(Accomplishment)。通过理解和应用 PERMA 模型中的五个要素,可以评估和增强个人或组织的福祉。积极情绪,这一主观的变量,深深植根于个体的思绪与感受之中。而投入、意义、关系和成就，则如同双面镜，既映照出内心的喜悦与满足，又折射出外在的真实价值、深厚情谊与辉煌成就。该模型提供了一个框架来评估生活和工作中有助于幸福的不同方面，增加"PERMA"不仅能帮助人们笑得更多，感到更满意，还能带来更高的生产力、更多的健康，以及一个更好的世界。

一、积极情绪（Positive Emotions）

积极情绪，犹如幸福感的璀璨明珠，作为首要构成要素，无疑是构筑幸福大厦不可或缺的坚实基石。它不仅是快乐与愉悦的源泉，更是主观幸福感中那些温暖人心、令人振奋的情感体验的综合体现，诸如高兴时的欢愉、狂喜中的忘我、舒适中的宁静、温暖中的慰藉、愉悦中的轻松、满足中的自豪、敬畏中的庄严、自豪中的自信，以及爱中的深情厚谊。这些情感如同璀璨星辰，点缀着我们的生活，赋予我们无尽的能量与动力。

沉浸于积极情绪，人们的视野拓宽，对周遭环境的认知也更为深刻全面。这种状态下的个体，对他人的好奇心与同理心显著增强，促进了更深层次的人际交往与情感联结。积极情绪如清泉，滋养人际关系之树，使之茁壮，结硕果。在积极情绪的引领下，人生将变得更加丰富多彩，个体将展现出前所未有的积极主动性，心怀崇高的使命，怀揣着无尽的激情，勇往直前，探索未知。

积极情绪的获得，既非偶然，也非遥不可及。它既可以通过我们日常的行动与思考，刻意地去创造那些微小而美好的瞬间，如一次成功的挑战、一次心灵的触动、一次与家人的温馨相聚，来不断积累与强化；也可以在那些美好时刻悄然降临时，让我们学会停下脚步，细细品味，让这份美好深深烙印在心底。

在教师的职业生涯中，积极情绪同样扮演着至关重要的角色。一方面，它源自学生的点滴进步，那是教师辛勤耕耘后最甜蜜的果实，每一次看到学生的成长与蜕变，都会让教师的内心充满喜悦与自豪。另一方面，同事之间的相互支持与鼓励，如同冬日里的暖阳，温暖着每一位教师的心田，让他们在教育的道路上不再孤单。此外，教学成功的体验，是教师积极情绪的又一源泉，每次成功的教学尝试，都使教师对自己的专业能力倍增信心，更加热爱教育事业。

然而，教师的积极情绪并非仅仅依赖于外部环境，更在于他们自身的积极情绪能力。这种能力，体现在教师能够刻意地去创造积极情绪和微小的积极时刻,哪怕是在平凡的日常中,也能发现那些令人心旷神怡的美好。同时,教师还需要学会在忙碌与压力中,让自己在美好事情中停下脚步,细细感受,让这份美好成为心灵的滋养,让积极情绪成为他们职业生涯中永恒的动力源泉。

▶ 案 例

陈老师的快乐课堂

陈老师教授小学生美术。她认为,艺术教育不仅仅是技能的传授,更是情感表达的一种方式。她经常组织学生参与创意绘画和团队合作项目,让学生在学习中感受到快乐和满足。陈老师观察到,当学生在这样的环境中学习时,他们更加开放和乐于表达。积极的课堂氛围不仅提升了学生的学习动力,也让陈老师深感工作的价值与意义,她因此更加充满激情,有效激发学生的创造力与热情。

二、投入(Engagement)

投入,这一概念深刻描绘了个体在参与某项活动时所达到的一种全神贯注、心无旁骛的状态,它往往与"心流"体验紧密相连。心流,作为一种高度沉浸与享受的心理状态,使个体在从事某项活动时,仿佛时间静止,完全沉浸于任务之中,体验到一种无与伦比的满足感与成就感。投入的实现,关键在于将我们的目标与当前所从事的活动紧密协调,使二者相辅相成,从而激发内心深处的热情与专注。

对于教师这一职业群体而言,投入的状态尤为珍贵。它可能体现在设计课程的每一个细节中,从内容的选取到教学方法的创新,教师都需倾注大量心血,力求每一堂课都能成为学生知识与心灵的双重盛宴。在教学过程中,教师不仅以一种近乎艺术的方式传授知识,更重视激发学生的思维火花,培养学生的批判性思考与创新能力。例如,通过启发式教学、讨论式教学和实践性教学等方法,教师能够促进学生创造力和批判性思维的发展。此外,与学生互动时的投入,更是教师职业魅力的集中体现。他们倾听学生的声音,理解学生的需求,用真诚与热情搭建起师生之间的桥梁,让教育成为一场心灵的对话与成长的旅程。

提高教师的工作投入，其意义远不止于提升教学质量这一层面。它更是教师个人职业满意度与幸福感的重要源泉。当教师能够全身心地投入工作中，他们不仅能够感受到自我价值的实现，还能在学生的成长与进步中获得极大的成就感与满足感。这种正向的情感反馈，会进一步激发教师的工作热情，形成良性循环，使教师在职业生涯中持续成长，不断追求卓越。

因此，对于教育机构而言，营造一种鼓励教师投入的工作氛围至关重要。这要求提供丰富的教学资源，创造专业发展机会，并建立尊重信任的师生关系，让教师在和谐环境中释放创造力与潜能。教师自身也需积极寻求提升投入之道，如明确教学目标、热爱教育、寻找工作乐趣与挑战，从而在职业生涯中赢得更多幸福与满足。

> **案　例**
>
> ### 黄老师的"心流"教学
>
> 黄老师是一位语文教师，对古代文学有浓厚的兴趣。她在备课和教学时，经常沉浸于文学作品的世界，与学生一起探讨作品背后的历史和文化。这种深度的投入不仅使她经常体验到心流状态，也极大地提升了学生的兴趣和学习深度。黄老师的全心投入，不仅让学生学习之旅更加愉悦，也让他自身的职业道路洒满满足与幸福的阳光。

三、关系（Relationships）

人际关系无疑是构成人类幸福感不可或缺的重要基石。步入人生后半程，情感充沛者总能与亲友构筑起坚实的情感纽带，这些关系如同璀璨阳光，照亮并温暖着他们的人生征途。维兰特教授曾深刻总结道："幸福，其本质便是爱。"这句话不仅揭示了幸福的真谛，也强调了人际关系在其中的核心作用。

坚忍不拔的人们之所以能够保持那份不灭的热情，并持之以恒地追求目标，很大程度上是因为他们在自己的人生旅途中，成功建立并维护了一个紧密的团队。这个团队不仅是他们遇到困难时的避风港，更是他们前进道路上的动力源泉。他们既乐于接受他人的援手与鼓舞，也慷慨解囊，以同样的温暖回馈他人。这种相互扶持、共同进步的精神，正是人际关系中最为宝贵的部分。

在PERMA(积极情绪、投入、关系、意义和成就)五要素模型中,关系要素对于幸福感和坚毅品质的培养具有举足轻重的地位。它如同一座桥梁,连接着个体的内心世界与外部世界,使得人们在追求幸福与成长的道路上不再孤单。

教师职业幸福感的研究表明,建立积极的人际关系对于教师而言至关重要。特别是良好的师生关系,不仅能够激发学生的学习兴趣和积极性,还能在情感上给予学生慰藉和力量,从而提升教师的职业幸福感。同时,与家长的有效沟通是教师工作中不可或缺的关键,它能助力教师深入了解学生的家庭背景和成长历程,进而提供更加贴合学生需求的个性化教育服务。

此外,与同事和学校管理层的和谐互动同样重要。一个支持性的人际网络不仅能够为教师提供情感上的支持和安慰,还能促进教师之间的专业交流和合作,共同推动教育事业的进步。在这样的和谐环境中,教师能够持续吸收新知、更新理念,不断提升自身的专业素养和教学技艺,进而在工作中收获满满的成就感和深深的满足感。

综上所述,人际关系对于人类幸福感和坚毅品质的培养具有至关重要的作用。作为教师,更应该注重建立积极的人际关系,与学生、家长、同事和学校管理层保持良好的互动,共同营造一个温馨、和谐、充满正能量的教育环境。

▶ 案 例

王老师与学生的连接

王老师是一位高中物理教师,他深知良好的师生关系对于学生学习的重要性。他努力了解每位学生的兴趣和需求,经常在课后安排时间与学生进行一对一的辅导和交流,同学也给予王老师积极回馈,觉得王老师对自己帮助特别大。王老师此举,不仅助力学生在学业上取得长足进步,更营造了一种基于信任与尊重的和谐氛围。如此坚实的人际纽带,让王老师在教学岗位上收获了更多的满足与幸福感。

四、意义(Meaning)

意义,这一深邃而多维的概念,它关乎个体对自己生活和工作价值的深刻认同——即确信自己的每一个行动、每一次努力都在为他人或社会带来积极而深远的影响。例如,研究显示,企业家的个人生活价值观对其职业目标价值观有显著影响,而职业特征和生活感知也会影响个人的阶层认同。人生的意义,犹如万花筒般绚烂多彩,它以千变万化的形态展现在每个人的生命旅程中,既是个体心灵的灯塔,也是推动社会进步的不竭动力。

它或许植根于深沉无私的父爱母爱之中,如春雨般悄无声息地滋养幼小心灵,教会他们爱与被爱的艺术,使之成长为满怀温情、情感丰富之人;它体现在为他人清除前行路上的重重阻碍,无论是物质援助还是精神鼓舞,皆如人生旅途中的明灯,照亮其前行的道路;它也可能隐藏在掌握着一项他人迫切需要的专业技能,并以此为媒介,无私地服务于社会,为他人解决燃眉之急,让生命因互助而更加温暖;更可能是在他人绝望之时,伸出援手,以言语或行动播撒希望之光,让迷失的灵魂重获指引,让生命之火在黑暗中重新闪耀。

职业生涯不仅是个人精神世界的重要滋养,更是维护心理健康、提升生活质量的关键所在。通过职业生涯规划,个体可以获得成就感和满足感,这些正面的心理体验对于心理健康至关重要。良好的职业生涯规划能够帮助个体更好地认识自己,明确职业方向,避免盲目发展,从而实现职业成功。对于教师这一神圣职业而言,感受到工作的意义往往与培育国家未来的栋梁之材、对学生的人生观、价值观产生深远而积极的影响等因素紧密相连。每当看到学生们在自己的悉心教导下,从稚嫩走向成熟,从无知变得博学,那份由衷的成就感与自豪感便如潮水般涌来,让教师们的内心充满幸福与满足。

同时,深刻领悟自身职业的重要性与价值,能进一步点燃教师的责任感与使命感,激励他们不断探寻教育的新理念、新方法,矢志成为引领学生成长的明灯。这种源自内心的职业满足感,不仅丰富了教师们的职业生涯,更为教育事业增添了不竭的动力与希望之光。因此,每位教育工作者都应珍视并深挖职业中的意义感,这既是对自身职业生涯的最高致敬,也是对教育事业的深情告白,更是对下一代茁壮成长的殷切期盼与执着追求。

> **案　例**

赵老师的教学使命

赵老师在一个偏远地区教书，面对的是一群来自不同背景的学生。尽管条件艰苦，但她始终坚持用教育改变学生的生活。赵老师相信，教育具有改变命运的力量。通过她不懈的努力，不仅学生的学习成绩有了显著提升，他们的自信心和对未来的期望也增强了。对赵老师而言，能够在学生的成长和进步中扮演重要角色，给予她极大的职业满意度和生命的意义。

五、成就（Accomplishment）

成就，这一词汇蕴含着个体在追求卓越道路上不懈努力的光辉足迹，它不仅是个人成功的里程碑，更是技能精进与目标达成的辉煌篇章。在这个充满挑战与机遇的旅程中，每一步前行都浸透着辛勤的汗水与深邃的智慧，每一次跨越都满载着自我超越的喜悦与无上的自豪。

在教育这一神圣而广阔的领域中，教师职业的成就尤为独特且深远。它不仅仅局限于学生在学术领域的卓越成就——那一份份满载着智慧火花的试卷，一串串因不懈努力而熠熠生辉的分数，无不彰显着教师默默耕耘的辛勤与付出；更在于那些看似无形却影响深远的个人或团队教学项目的成功。这包括设计并实施富有创新性的教学策略，激发学生潜能，培养他们成为独立思考、勇于探索的未来栋梁。当目睹学生们在团队合作中迸发出惊人的创造力，或是在公开演讲台上自信从容地阐述自己的见解时，教师的内心定会涌动起一股难以抑制的成就感与欣慰。

此外，教师的职业进步同样值得被高度重视与庆祝。无论是职称的晋升，还是专业技能的持续提升，都是对教师专业素养与不懈努力的肯定。这些进步不仅意味着个人职业生涯的拓宽与深化，更是对整个教育行业贡献的增强，激励着更多教育者不断前行，共同推动教育事业的繁荣发展。

认可和庆祝这些成就，对于提升教师的自我效能感与幸福感具有不可估量的价值。它如同一束温暖的光芒，照亮了教师前行的道路，让他们在疲惫与困惑时仍能感受到价值与希望。当教师的辛勤耕耘被看见、被认可时，他们内心的信念将更加坚定，确信自己所从事的事业既伟大又崇高，进而以更加饱满的热情和坚定的步伐，在教育这片沃土上继续播种希望，静待未来的丰收。因此，构建一个鼓励创新、尊重成就的教育环境，对于促进教师队伍的整体发展，乃至整个社会的进步，都具有深远的意义。教育创新不仅能够激发学生的创造力和创新思维，满足个性化教育的需求，还能促进教师的专业发展，为社会发展注入新的动力和活力。

▶ 案 例

刘老师的小成就

刘老师致力于提高自己的教学技能和学生的学习成效。她立下了一个雄心壮志，即通过创新教学方法，让学生在数学科目上的平均成绩跃升10个百分点。经过一个学期的努力，包括设计互动课程、个性化辅导等，她的班级平均成绩确实有了显著提升。对刘老师而言，实现这个目标不仅是职业上的成就，更是增加了她的职业幸福感，因为她看到了自己工作的直接成效和对学生未来的积极影响。

PERMA模型，这一全面而深刻的幸福感理论框架，在教师的实际工作场景与日常生活中扮演着至关重要的角色。该模型包含的积极情绪、投入、人际关系、意义及成就五大要素，如同强大的正能量源泉，共同促进教师职业幸福感的提升，为他们在教育道路上铺设了一条兼顾内心满足与外在成就的康庄大道。

借助一系列生动具体的实践案例，我们能更直观地理解幸福感在教育领域的实际应用，并洞察教师如何利用多样化途径，实现充实、满意且幸福的职业人生。这些案例不仅展现了PERMA模型在理论层面的深刻内涵，更揭示了其在实践中的无限可能。

在实践层面，将PERMA模型融入教师职业生活的每一个角落，意味着我们需要为教师提供一系列富有针对性的策略和鲜活的案例，引导他们逐步认识并实践这些幸福感的关键构成元素。这包括：

（1）精心设计一系列练习和活动，旨在帮助教师敏锐地捕捉并培养那些在日常工作中稍纵即逝的积极情绪。无论是通过简单的情绪日记记录,还是参与团队建设的欢乐时光,都能有效促进教师积极情绪的积累与释放。

(2) 深入探索增强教师教学与职业生涯投入感的有效方法。学校和教育管理部门需为教师提供持续的专业成长平台,并打造鼓励创新、尊重个性的职场氛围,确保每位教师能在岗位上收获归属感与成就感。

(3) 学习并掌握高效的交流沟通技巧,以建立和维护积极的人际关系,从而构建一个充满爱与支持的学校工作氛围。良好的人际关系是提升教师职业幸福感的关键,能有效减轻工作压力,增强团队间的凝聚力。

(4) 定期引导教师回顾职业初心,鼓励他们深入探索工作的深层价值,并将个人价值观与教育使命紧密结合。自我反思能帮助教师重拾初心,坚定信念,使他们在教育道路上走得更远、更稳。

(5) 大力鼓励教师设定并实现个人和职业目标,同时建立一个公平、透明的认可机制,以庆祝他们在职业生涯中的每一次成功与突破。这不仅是对教师努力的肯定,更是对他们职业幸福感的直接滋养。

综上所述,通过深入探讨 PERMA 模型及其在教师职业生活中的广泛应用,我们不仅能够为教师提供一套提升幸福感的实用工具,更能为他们创造一个更加健康、积极、充满正能量的职业发展环境。这将助力教师在专业成长的道路上不断前行,同时实现个人福祉的全面提升,进而为教育事业的蓬勃发展注入更为强劲的动力。

第二节 幸福感与组织:社会交换理论

社会交换理论(Social Exchange Theory)是 20 世纪 60 年代由美国社会学家 George Homans 提出的。该理论认为,人们在社会互动中会进行资源交换,包括物质资源、情感资源、信息资源等。交换的目的是满足个人需求,实现个人利益最大化。

当我们深入探索教师幸福感与学校组织之间的联系时,社会交换理论让我们得以窥见个体在社会关系网中如何巧妙地进行互动,其核心在于个体总在不懈追求着奖励的最大化,同时力求成本的最小化。特别是在组织这一广阔舞台上,员工与组织间的交换关系犹如一场精心策划的舞蹈,员工的工作投入、忠诚度,以及他们从组织获取的支持、认可与奖励,共同编织出这场舞蹈中最动人的篇章。

社会交换理论将一切社会行为视为个体间利益交换的微妙过程,这既包括了物质的馈赠,也涵盖了情感支持、认可与尊重等非物质层面的交流。在组织的广阔舞台上,员工们凭借辛勤耕耘、坚定忠诚与创新思维,持续为组织注入活力与价值。组织则以薪酬激励、晋升机会、工作保障及尊重支持等独特方式,深情回馈员工的辛勤付出。这种基于个体劳动与组织忠诚的交换,构建了一种相互依存、共生共荣的社会交换关系。在这场交换的盛宴中,组织内部的信任氛围如同一股无形的力量,它激励着员工以更加坚定的承诺,去维系与组织间那份平衡而互惠的交换关系。员工一旦感受到组织的可信可靠,便会以更饱满的热情投入工作,视组织利益为己任,由此深化对组织的情感与承诺,收获职业幸福感满满。

在教育这片神圣的土地上,教师与学校之间的交换关系,直接关乎着教师的职业幸福感。教师们以高质量的教学、课外活动的热情参与,以及不懈的专业成长,为学校的辉煌与学生的未来播撒着希望的种子。而作为交换,他们期待着从学校那里获得公平的薪酬,那是对他们辛勤付出的最直接肯定;期待着职业发展的机会,那是他们职业生涯中不可或缺的阶梯;期待着良好的工作环境与丰富的资源,那是他们施展才华的广阔舞台;更期待着来自校领导与同事的认可、尊重与鼓励,那是他们心灵深处最渴望的温暖与慰藉。研究显示,当教师感受到与学校之间的正面且公平的交换关系时,会显著提升他们的工作满意度,并减少职业倦怠。例如,研究型大学教师工作满意度和职业倦怠研究论文指出,工作满意度与职业倦怠之间存在显著的负相关关系。教师在感受到高工作满意度时,职业倦怠水平较低。此外,小学教师工作满意度与职业倦怠的关系研究也表明,学校支持和认可对教师的工作满意度有正向影响。因此,积极的交换关系不仅能够提升教师的工作满意度,还能作为抵御职业倦怠的盾牌,增强教师对学校的忠诚与承诺。

根据社会交换理论,中学教师在职业生活中会与学校、学生、家长等各方进行资源交换。(1)学校支持：根据经合组织的研究和牛津大学福祉研究中心的综合分析，学校为教师提供良好的工作环境、合理的薪酬待遇、职业发展机会等资源，有助于提高教师的职业幸福感。此外，教师的个人因素如性别、年龄、教龄、教育水平以及身心健康状况也对职业幸福感有显著影响。教育管理者应平衡不同教师需求，提供培训和发展机会并回应教师的身心健康诉求，以提升整体幸福感。(2)学生反馈方面：学生的尊重、信任与喜爱，成为教师职业成就感的重要来源，进一步提升了其职业幸福感。(3)家长合作助力：家长与教师密切沟通协作，共同关注孩子成长，有效减轻了教师的工作压力，进而提升了职业幸福感。

社会交换理论强调交换关系的重要性：(1)信任关系：教师与学生、家长、同事之间建立信任关系，有助于提高职业幸福感；(2)合作关系：教师与学校、家长、同事之间保持良好的合作关系，有助于共同应对教育挑战，提高职业幸福感；(3)竞争关系：教师之间的竞争关系可能导致职业压力增大，影响职业幸福感。例如，一项研究指出，教师之间的相互关系，包括同一学科教师之间的关系和不同学科教师之间的关系，对教师的职业幸福感有显著影响。教师之间的相互尊重、理解、公正和互助，以及与同事、学生和家长建立良好的关系，是提升教师职业幸福感的关键因素。因此，建立公平、健康的竞争环境对提高教师职业幸福感至关重要。

社会交换理论强调交换的公平性：(1)薪酬公平：教师认为自己的薪酬与付出相匹配；(2)评价公平：教师认为自己的工作表现得到公正评价；(3)晋升公平：教师认为晋升机会公平等。这些都有助于提高教师的职业幸福感。

因此，当我们以社会交换理论的视角去审视教师与学校之间的互动时，便能更加深刻地理解如何通过优化这些交换关系来提升教师的职业幸福感。通过合理调配资源交换、构建和谐的交换关系，并严格确保交换过程的公平性，我们可以显著提升中学教师的职业幸福感，从而进一步推动教育事业的蓬勃发展。学校作为教育机构，在关注教师物质回报的同时，更需倾听他们的心声，用真挚的情感关怀、广阔的职业发展平台以及温馨和谐的工作环境，去满足他们的每一份期待与需求。只有这样，我们才能共同编织出一幅幅教师幸福、学生成才、教育繁荣的美好画卷。

第三节 幸福感的影响因素：工作需求-资源模型

工作需求-资源模型是工作和组织心理学中用来解释职业压力和工作动机如何影响员工幸福的重要理论框架，同样可以用来解释教师的职业幸福感。工作需求是指那些需要持续努力并因此消耗个体精力的职业要求，如工作量过大、时间压力重、工作安全性低等。这些"负向因素"若管理不善，可引发工作倦怠，甚至导致员工的身心健康问题、工作绩效下降、对组织的承诺减弱等消极后果。相对地，工作资源被视为"正向因素"，包括那些有助于实现工作目标、减少工作需求带来的压力和成本、促进个人职业成长和发展的各类资源。这些资源不仅能激发员工的工作动机，还能产生组织承诺增强、留职意向提升及工作表现提高等积极效应。工作环境中的不同因素主要通过两条路径影响员工心理和行为表现：一是损耗路径，即过高的工作要求和缺乏工作资源导致的工作倦怠，进而引发员工健康问题、低工作绩效及低组织承诺等消极后果。其次，增益路径，即动机过程，由充裕的工作资源引发，产生积极影响，如高组织承诺、高留职意向、高工作绩效等。

在探讨压力与应对的交易模型时，我们认识到，压力源是启动压力过程的主要刺激，而个体的应对策略则是对这些压力源反应的结果。这种应对被定义为个体用以管理由内部或外部压力源引发的需求和挑战的一系列思维和行为模式。因此，教师如何认知并应对工作中的压力，不仅是他们职业幸福感的关键决定因素，也是维护其心理健康和职业绩效的重要途径。根据工作压力过程理论，工作压力是个体现象，其抗压能力主要受个体内部资源和外部资源的影响，在中国，情境因素对此也有显著作用。根据压力和应对的交易模型，压力源是诱导压力过程的刺激，而应对是这一过程的结果。应对被定义为人们用来管理内部和外部压力引起的需求的思想和行为。因此，工作资源-需求理论的两大要素能够经由影响教师对压力过程的应对策略，进而作用于其职业幸福感。

在教师的职业生涯中，工作需求指的是完成工作所必需投入的努力和所面临的挑战。这些需求可能包括但不限于：

（1）高工作量和紧迫的截止期限：教师需要准备课程、批改作业、进行学生评估以及参与各种学校活动，常常在时间紧迫的情况下完成。

（2）情绪劳动：教师需要妥善管理并应对学生的情感需求及行为挑战，同时维持自身情绪的稳定。

（3）行政任务和政策变更：频繁变化的教育政策和繁重的行政任务增加了教师的工作负担。

（4）职业发展压力：教师可能面临晋升难、专业发展机会有限等职业发展压力。

这些需求如果过高，未得到有效管理，可能导致工作压力、职业倦怠，甚至对教师的身心健康产生负面影响。

教师的工作资源是指在职业生涯中帮助教师实现工作目标、减少工作需求及其带来的生理和心理成本、促进个人成长和发展的因素，这些资源有助于教师应对日常的工作需求，提高工作满意度和职业幸福感。这些资源包括：

（1）社会支持：来自同事、校领导以及学生家长的支持可以显著降低工作压力，增强教师的职业幸福感。一个充满支持与理解的同事小组，宛如教师们在教育征途中的坚实后盾，让他们深切感受到并肩作战的温暖，从而有效缓解繁重工作带来的压力。

（2）职业发展机会：提供给教师的培训和发展机会可以增强其能力感，促进职业满意度。

（3）自主性：能够自主决定教学方法和课程内容的空间可以提升教师的工作满意度。

（4）工作环境和条件：良好的工作条件、适宜的班级大小、充足的教学资源等都是重要的工作资源。

在深入了解工作资源与需求之后，让我们通过以下两位教师的真实经历，来具体感受这些要素在实际工作中的重要作用：

▶ 案例1

李老师的挑战与支持

李老师在一所繁忙的城市学校工作，面临着较高的工作需求，包括准备课程、批改作业、管理班级纪律等。这些需求开始影响她的职业幸福感。然而，通过学校提供的专业发展课程，李老师学习了新的时间管理和班级管理技巧，这些新技能成为她重要资源，帮助她更有效地应对工作需求，提高了精力，能够从容应对生活和工作中的各种事情，从而提升了她的工作满意度和幸福感。

案例 2

赵老师的自主性与发展

赵老师在一个较为自由的工作环境中教书，他享有较高的教学自主性，可以根据自己的教学理念来设计课程。同时，学校鼓励教师参与决策过程，赵老师感到自己在职业发展方面有话语权。这些工作资源足以让他在日常工作中获得满足感和幸福感，因为他能在工作中实现个人价值，促进职业成长。

通过深入且细致地剖析工作需求-资源模型，并紧密结合一系列具体的教师职业案例，我们能够更为全面且深刻地理解影响教师职业幸福感的多重因素。这一过程不仅有助于精准地识别并优化教师所处的复杂工作环境，同时也为制定出一系列切实有效的策略以全面提升教师的幸福感及工作效率奠定了坚实的理论基础。

具体而言，工作需求-资源模型揭示了教师在工作中所面临的种种需求与所掌握的资源之间的微妙平衡，这是决定其职业幸福感的关键因素。为提升教师职业幸福感，学校管理者和政策制定者需密切关注并平衡教师的工作需求与资源，营造和谐、支持的职业环境。

在实践层面，这要求学校管理者和政策制定者采取一系列具体而有力的措施。首先，要切实减轻教师的不必要工作负担，通过科学合理的安排来优化他们的工作量及工作节奏，确保各项任务的截止期限既合理又富有弹性。其次，要为教师提供充足的社会支持和丰富的职业发展机会，包括搭建良好的学术交流平台、组织定期的专业培训以及提供必要的心理咨询服务等。此外，应进一步拓宽教师的教学自主权，并激励他们主动融入学校的决策体系，以此加深其归属感与责任感。

在改善工作环境和条件方面，学校应致力于提供先进的教学设施、丰富的教学资源以及舒适的工作氛围，以最大限度地激发教师的工作热情和创造力。这些举措的推行，既能有效平衡教师的工作压力，又能深度唤醒他们的工作激情与内在动力，进而大幅提升其职业满意度与幸福感。

教师积极的心理变化不仅有助于优化其职业心理状态，提升工作效率和职业成就感，而且能够通过积极的教学行为显著提高学生的学业成就。这一点得到了多项研究的支持，例如教师心理健康与学生学业成绩的相关性研究，以及教师心理健康对学生学习动机和策略的正面影响。当教师在一个充满支持、尊重和满足感的职业环境中工作时，他们更有可能将这份积极的心态和能量传递给学生，从而促进学生的全面而卓越的发展。

综上所述，通过深入分析工作需求-资源模型并结合具体案例，我们找到了提升教师职业幸福感的有效途径。这些措施的实施不仅有助于管理教师的工作压力、激发其内在的工作动机，还能够提升教师的职业满意度和幸福感，进而对学生的学习成果产生积极的影响。这是一个良性循环的过程，值得我们深入探索并持续实践。

第四节　幸福感的增益：双因素理论

双因素理论，也被称为激励—保健理论，这是美国著名心理学家 Frederick Herzberg 于 20 世纪 60 年代提出的一项极具影响力的管理心理学理论。该理论的核心在于深入剖析工作满意度与不满意度的根源，并将其归结为两个截然不同的因素群体：激励因素（Motivators）与保健因素（Hygiene Factors）。这一划分不仅为我们理解职场幸福感提供了全新的视角，也为提升工作效率和职业满意度指明了方向。

激励因素，作为与工作内容本身紧密相关的一系列要素，涵盖了成就、认可、赞赏、工作本身的兴趣与意义、挑战性、责任感、晋升机会以及个人与专业的发展等多个方面。当这些因素得到满足，员工会感受到强烈的激励与满意，这种内在动力不仅能大幅提升职业幸福感，更能激发潜能与创造力，让工作充满前所未有的活力与激情。以教师职业为例,当一位教师热爱自己的教学工作,看到学生在学习和成长中取得的显著成就,获得职业上的认可与晋升机会,以及享受个人和专业上的持续发展时,这些激励因素将深刻影响他们的内在动机,使他们感受到职业的满足与幸福。例如,一位教师凭借创新教学法,显著提升了学生成绩,赢得学校和社区的广泛赞誉,更在内心深处感受到职业带来的巨大成就与满足,进而增强了职业幸福感。

然而,相较于激励因素,保健因素更侧重于工作外部环境,如组织政策、管理方式、基本工资、同事关系及工作条件等。这些因素虽然不能直接激发员工的积极行为,但它们的满足与否却直接关系到员工的不满情绪是否能够得到有效消除,以及工作效率能否得以维持。在教师职业中,保健因素同样扮演着至关重要的角色。一个学校如果拥有完善的政策体系、高效的行政管理、和谐的同事关系以及良好的工作条件,那么教师将能够在更加舒适与安心的环境中开展工作,从而避免因外部因素导致的不满与挫败感。反之,研究表明,教师工作满意度受到多种因素的影响,包括但不限于行政支持、班级规模、工作资源、薪酬水平和同事关系。例如,高校教师的研究显示,组织承诺与工作满意度显著正相关,而工作倦怠则与之存在显著负相关。此外,教师工作满意度不仅影响教师的工作积极性和教学质量,还与教师的心理健康和学校管理效能密切相关。因此,如果学校的行政支持不足,班级规模过大,工作资源匮乏,薪酬水平低下,或者同事关系紧张,教师可能会因为这些保健因素的不满足而感到沮丧与疲惫,进而影响其整体幸福感与工作表现。

为了更加直观地理解双因素理论对教师职业幸福感的增益作用,我们可以结合一些具体的教师职业案例进行深入分析。例如,当教师在教学领域屡获突破,其创新方法广受赞誉,并赢得晋升机会时,工作本身的激励效应将显著增强他们的职业幸福感。此外,若学校能营造优越的工作环境,包括丰富的教学资源、融洽的同事氛围及合理的薪酬制度,这些保健因素的到位将进一步稳固教师的幸福感,促使他们更加专注于教学,深切体会职业的乐趣与成就。

综上所述,双因素理论为我们理解并提升教师职业幸福感提供了有力的理论支撑。通过深入分析激励因素与保健因素在教师职业中的具体表现与影响,我们可以更加精准地把握提升教师幸福感的关键所在,从而为他们创造一个更加美好、更加充满幸福感的职业环境。

▶ **案例 1**

王老师的成就与认可

王老师通过其创新的教学方法,在国家级教学竞赛中获得了奖项。这种认可不仅提升了她的职业满意度,也增强了她对教育事业的热情和承诺。王老师的例子显示了激励因素如何直接促进教师的职业幸福感。

▶ **案例 2**

赵老师的工作环境挑战

赵老师在一所资源匮乏的学校任教,需应对大班额、教学材料短缺及薪资偏低等挑战。这些不利的保健因素给他带来了不满与压力。经由与校方的积极磋商,赵老师及其团队成功争取到了更为优越的教学资源及薪酬上的适度增长,有效缓解了不满情绪,显著提升了工作幸福感。

通过巧妙运用双因素理论,我们能够更为深入地洞察教师幸福感的内在增益机制,进而设计出一系列高效且针对性的策略,旨在全面提升教师的工作满意度与整体幸福感。这一理论不仅揭示了影响职场满意度的双重维度——激励因素与保健因素,而且为优化工作环境、促进教师职业发展提供了宝贵的思路与指导。

激励因素,作为点燃教师内在激情与动力的关键,与其在职业中获得的成就感、外界的认可度、个人的持续成长及职业发展的广阔前景紧密相连。当教师在教学工作中取得显著成就,如学生成绩的提升、教学方法的创新获得认可,或是个人在职业生涯中取得晋升与发展时,这些激励因素便如同强大的驱动力,推动着教师不断前行,同时在内心深处滋生出强烈的职业满足与幸福感。因此,设计有效的激励机制,如设立教学创新奖、定期开展教学成果展示会、提供多样化的职业发展路径等,对于激发教师的内在潜能、提升其职业幸福感至关重要。

同时,保健因素作为维系职场稳定与和谐的基石,其作用同样不可小觑。

它们关乎教师的工作环境、薪酬福利、同事关系及组织管理等方方面面。温馨和谐的工作氛围、公平合理的薪酬体系、团结协作的同事关系及高效透明的组织管理,构成了提升教师工作满意度的核心要素。保健因素得到满足,教师便能在安心舒适的环境中工作,不满情绪减少,工作效率自然提升。因此,学校应致力于优化工作环境,如改善教学设施、提升行政效率、加强团队建设等,以营造一个更具支持性与满足性的工作氛围。

运用双因素理论时,需特别注重激励因素与保健因素的平衡协调。一方面,要深入挖掘并激发教师的内在潜能与热情,通过提供多样化的激励措施,使其在工作中不断获得成就感与满足感;另一方面,也要密切关注并改善教师的外部工作环境,确保各项保健因素得到妥善解决,从而消除不满情绪,提升整体幸福感。

通过深入应用双因素理论,我们能够更精确地识别教师幸福感的提升路径,并据此设计出科学且有效的策略,以增强教师的工作满意度和整体幸福感。这一过程中,关注并平衡激励因素与保健因素,为教师创造一个更加支持性、满足性的工作环境,不仅是提升教育质量的关键所在,更是促进教师个人成长与职业发展的必由之路。

第五节 幸福感的动力:自我决定理论

职业幸福感,这一深刻的主观体验,与教师职业选择及内在动机之间紧密相连。工作动机是个体认知的重要特征,它塑造教师的认知框架、价值判断及行为倾向,且作为一种稳定的个人特质深植于心。

1985年,美国心理学家Ryan与Deci等人,在对人类内化理论与个体因果定向理论进行深度整合的基础上,创造性地提出了自我决定理论(Self-Determination Theory,SDT)。该理论深刻指出,人类的基本心理需求——自主性、胜任感与归属感,是驱动个体幸福感的关键要素。自我决定理论认为,个体的内部自主动机是衡量幸福感的关键标尺。

以乡村学校任教为例,当教师面对这一职业选择时,其任教动机的自主性成分差异,将任教动机划分为自主性动机(源自内心的自主选择)、控制性动机(受外界因素主导)及去动机(缺乏个人意愿)三大类别。这三者构成了一个自主性程度逐渐变化的连续谱系。众多研究表明,控制性动机与职业倦怠之间存在显著的正相关关系,而自主性动机则因其高度的自我选择性,更有利于教师的个人成长与工作满意度的提升。自主性动机强烈的教师,其任教行为更多地体现了自我意志的选择,这类教师在未来的教学工作中展现出更高的积极性与主动性,从而感知到更强的职业幸福感。例如,中职教师的主观幸福感与教学动机之间存在显著相关性,自主性动机的教师往往在教学任务和工作压力之外,对课程内容和教学过程保持热情和兴趣,这有助于提升他们的职业幸福感。相反,去动机状态的教师则往往感到职业选择与个人意愿相悖,缺乏工作意愿、自我价值感及胜任力与控制感,长此以往,易陷入去人性化、成就感低下的职业倦怠困境。

由此可见,内部动机驱动的教师更能体验到较高的职业幸福感。深入探讨动机背后的心理需求与满足过程,特别是如何通过有效策略满足这些心理需求,以增强个体的内在动机,进而提升幸福感,显得尤为关键。自我决定理论着重强调了自主性、胜任感与归属感三大基本心理需求对个体内在动机与幸福感的重要影响。

(1) 自主性(Autonomy)

自主性是个体在行为与决策过程中自我主导的核心能力。在教育这片广阔的天地里,教师的自主性犹如一盏明灯,照亮其教学自主权之路。他们有权依据自己的教学理念与专业判断,灵活选用教学策略、匠心设计课程内容,并精准评估学生的学习成效。同时,自主性也意味着教师能在学校决策过程中积极发表意见,感受到自己的声音被听见与尊重。赋予教师高度的自主性,能显著提升其工作满意度,因为教师得以按个人风格施教,这不仅强化了他们的掌控力与责任感,还极大地促进了职业幸福感的升华。

(2) 胜任感(Competence)

胜任感,即个体在特定任务或活动中所体验到的效能感与技能水平的体现。对教师而言,胜任感通过持续的专业培训、发展机会、教学技能与专业知识的不断提升,以及来自学生、同事的正面反馈得以增强。教师在教学过程中感受到的成就感与掌控感,不仅满足了职业成功的需求,也增强了自我价值感。此外,建立有效的反馈机制,让教师及时了解教学效果并据此进行改进,同样有助于提升教师的胜任感。当教师深感自己能够胜任工作时,成就感自然涌现,进而推动职业幸福感的持续攀升。

(3) 归属感(Relatedness)

归属感是个体与他人建立有意义联系与安全感(被接纳、认可和支持)的内在需求。在教育环境中,这涉及教师与学生、同事及整个学校社区之间的和谐关系。良好的人际关系为教师提供必要的情感支持,减轻工作中的孤独感与压力。通过团队建设活动、增强教师之间的联系与归属感,以及建立支持性的学校文化,让教师感受到来自同事、学生及家长的尊重与支持,能够显著提升他们的职业满意度与个人幸福感。当教师深切感受到自己是学校大家庭不可或缺的一员时,来自工作环境中的支持与尊重便自然而然地成为了他们幸福感的重要基石。

以下是一些生动具体的案例,它们展示了如何通过精准满足教师的自主性、胜任感与归属感需求,有效提升教师的幸福感。这些案例不仅为我们提供了宝贵的实践启示,也进一步验证了自我决定理论在提升教师幸福感方面的重要作用。例如,一项针对高校外语教师的研究显示,教师的幸福感受到自主需求、能力胜任需求和关联需求的影响,而这些需求的满足与自我决定理论密切相关。此外,苏州市中小学教师的研究也表明,基本心理需要的满足与主观幸福感呈显著正相关,这进一步支持了自我决定理论在提升教师幸福感方面的作用。

▶ 案例 1

自主性的重要性——李老师的故事

背景:李老师是一位有着十年教龄的高中数学教师。在学校实施新的教学方法之前,她感到自己的教学方法和课程安排受到了严格的限制。

改变:学校决定给予教师更多的自主权,允许他们根据学生的需求和兴趣调整教学内容和方法。李老师利用这个机会,创新了一套结合实际应用的数学教学方法。

结果:学生们对数学表现出了前所未有的兴趣,李老师也因能够自主设计课程而感到前所未有的职业满足和幸福。

▶ 案例2

胜任感的培养——张老师的成长

背景：张老师作为一位初出茅庐的英语教师，在职业生涯的起步阶段，对自己驾驭课堂的能力心存疑虑。

改变：学校提供了一系列的专业发展工作坊，张老师积极参加，学习了更多有效的教学策略和课堂管理技巧。

结果：运用新技巧于教学后，张老师收获了学生们愈发积极的反馈，自信心也随之大幅提升，职业道路上愈发感到自己充满能力与效率。

▶ 案例3

归属感的强化——赵老师与社区

背景：赵老师教授社会学，她热衷于将学生与社区联系起来，但发现学校的课程结构限制了这种连接。

改变：赵老师提议开设一个"社区参与"项目，学生可以在社区服务中学习社会学理论。学校支持了她的提议，并为项目提供了资源。

结果：通过参与社区服务，学生们能够将理论知识与实践相结合，赵老师也在学生、学校和社区之间建立了深厚的联系。她感到自己的工作更有意义，与学生和社区的关联性极大增强。

小 结

深入探究幸福感心理学相关理论的根本目的及其所蕴含的深远意义，旨在深化并极大地丰富我们对教师如何在职业生涯的广阔舞台上达成更高层次的满意度与幸福感这一复杂而微妙的课题的理解。这一探索之旅，不仅让我们得以追溯幸福感的起源，洞悉其深厚的历史渊源，还让我们深刻认识到积极心理学作为一股强大的学术力量，对幸福感研究领域所做出的不可磨灭的重大贡献。积极心理学，作为当代心理学的新兴领域，以其独特的视角和丰富的研究成果,揭示了幸福感的本质与内涵。它不仅为提升教师幸福感提供了坚实的理论基础,还通过研究教师职业幸福感的现状和需求,提出了有效的提升策略,为教师群体的生命质量提供了实践指导。

同时,社会交换理论犹如一面明镜,清晰地映照出学校与教师幸福感之间复杂且微妙的互动关系。这一理论不仅揭示了教师与学校之间的利益交换与情感联结,更指引我们如何通过构建一个充满支持性、包容性与尊重的校园环境,对教师幸福感产生积极且深远的影响。一个洋溢着正能量的校园文化,能够极大地激发教师的工作热情,增强他们的职业认同感与归属感,进而为他们营造一个更加有利于个人成长及职业发展的优越环境。

进一步地,工作需求-资源模型提供了一个详尽而系统的分析框架,帮助我们全面审视和剖析影响教师幸福感的多重因素,包括内部因素如职业成就感和职业认同感,以及外部因素如学校管理和师生关系。这一模型不仅涵盖了工作负荷、工作压力等负面因素,还强调了工作自主性、职业发展机会、社会支持等积极因素对教师幸福感的重要作用。借助这一模型,我们能够精准识别并优化那些对提升或削弱教师幸福感至关重要的要素,从而为他们量身定制更加符合个人需求与职业发展规律的工作环境。

双因素理论则如同一把钥匙,为我们打开了探索教师幸福感增益新路径的大门。这一理论不仅强调了优化工作中的激励因素对于提升教师幸福感的重要性,还提醒我们要关注并满足教师在职业发展中的内在需求,如成就感、自我实现等。激发教师的工作热情和创造力,不仅能提升其职业满意度和幸福感,更能助力教育事业的蓬勃发展。

最后,我们深入探讨了幸福感的动力源泉,即内在心理需求与外在环境之间的相互作用。这让我们深刻认识到教师基本心理需求(如成就感、归属感、自主性)的重要性,并启发我们理解并满足这些需求,以激发教师的内在动机,进而增强其职业幸福感。一个能够满足教师基本心理需求的工作环境,不仅能够提升他们的工作效率和创造力,还能够促进他们的个人成长与发展,为教育事业的持续进步注入源源不断的活力。

综上所述,了解这些幸福感心理学相关理论,不仅为我们提供了一个全面而系统的框架,指导我们如何运用科学方法提升教师的职业满意度和幸福感,更在教育领域产生了广泛而深远的影响。这些理论不仅有助于促进教师的个人成长与发展，提升他们的职业幸福感，还能够推动教育事业的持续进步与繁荣，为社会的和谐发展与人类文明的进步贡献出不可估量的力量。例如，通过实施以教师职业幸福感为核心的策略，如提升教师薪酬待遇、改善工作环境、加强职业培训和心理支持等，可以有效提升教师的主观幸福感，包括生活满意度、积极情绪状态和生活意义感，从而促进教师队伍的整体幸福感和职业满意度。

（张济英，宋国萍）

第三章 中学教师职业幸福感的研究方法

在探索中学教师职业幸福感的复杂领域时,采用多维度的研究方法能够更有效地全面展现中学教师在职业生涯中所经历的喜悦与各种挑战。本章将详细介绍我们采取的五种主要研究方法:文献法、访谈方法、问卷调查、案例分析法以及日记法。每一种方法都旨在从不同的角度深入理解教师的职业幸福感,从宏观的文献回顾到微观的个案研究,从定量的数据分析到定性的个人叙述,我们试图构建一个全面而细致的研究框架。

我们的目标不仅是基于学术严谨性进行深入探讨,更希望通过采用更加生动、贴近教师实际的研究方法,激发读者的共鸣,使大家深刻体会到教师职业幸福感研究的重大意义和迫切需求。在本章的叙述中,我们将带领读者逐步深入,从宏观到微观,从理论到实践,共同探索那些影响教师职业幸福感的关键因素,以及我们如何通过各种研究方法,揭示这一职业群体面临的独特挑战和获得幸福感的途径。这是一个既严肃又充满人情味的旅程,期待在这一过程中,与每一位读者共同成长,共同寻找答案。

第一节 概 论

探究教师职业幸福感是一个多面向的过程,涉及对教师工作和生活各个方面的深入了解。为全面揭示教师幸福感的本质、影响因素及其对个体与教育系统的深远影响,研究者需综合运用多种研究方法,这些方法涵盖定量数据分析、定性深入探讨及二者的有机结合,以多角度审视教师职业幸福感。

在进行教师职业幸福感的研究时,研究方法的选择关乎研究问题的性质、研究目的、资源的可用性以及所期望的结果类型。一个合理的研究设计应该能够准确地收集数据、有效地分析信息,并最终提供有价值的见解和解决方案。

研究教师职业幸福感时,常用的方法有文献法、访谈法、问卷法、案例分析法及日记法,它们各具优势与局限,为研究者提供了多样化的视角与深度洞察。以下是这些方法的简要介绍:

(1) 文献法:通过系统地回顾和分析已有的研究和理论文献,可以帮助研究者建立研究的理论基础,了解教师职业幸福感的研究历史、主要发现和未解决的问题。

(2) 访谈法:通过与教师进行一对一或小组访谈,可以获得教师对于职业幸福感的主观看法、经历和感受,深入理解影响幸福感的个体差异和社会文化因素。

(3) 问卷调查:通过设计和发放问卷,可以在较短时间内从大量教师中收集关于职业幸福感的定量数据,这在多个案例中已被证明是评估教师幸福感普遍水平和分布情况的有效方法。

(4) 案例分析法:深入研究个别教师或教师群体案例,能细致展现教师职业幸福感的复杂面貌,揭示其在不同环境下的具体表现及影响因素。

(5) 日记法:通过让教师在一段时间内持续记录自己的职业生活、情感和体验,为研究者提供了直接、真实且详尽的第一手资料,能够帮助研究者深入探索教师职业幸福感的日常表现、变化过程以及影响因素。

综上所述,教师职业幸福感的研究方法多种多样,研究者应根据具体的研究目标和条件,灵活选择和组合这些方法,以期获得最准确、全面的研究结果。通过这些方法的应用,可以增进我们对教师职业幸福感的理解,从而更有效地提升教师的幸福水平和教育质量。

第二节 文 献 法

一、定义

文献法是研究教师职业幸福感的一种基础且关键的方法,它涉及对已有研究成果、理论文献、案例报告、政策文件等资料的系统收集、分析和综合。运用文献法，研究者可构建研究的理论框架，全面了解教师职业幸福感的研究进展，并识别出研究空白及未来趋势。

文献法的优点主要体现在以下几个方面：

（1）超越时空限制：文献法可以研究那些受地域或时代限制而无法接近的对象，通过查阅古今中外的文献，研究者可以了解极其广泛的社会情况。

（2）信息准确性高：文献研究法作为一种书面调查方法，其准确性高，能够确保研究数据的准确性和可靠性，避免了口头调查中可能出现的记录误差。

（3）安全、方便、自由：文献调查灵活性强，不受时空限制，且错误可通过再研究修正，安全性高。

（4）省时、省钱、效率高：文献法成本低廉，人力、经费、时间投入少，却能获取更多信息。

然而，文献法也存在一些明显的缺点：

（1）文献本身的缺陷：许多文献的作者往往带有一定的观点倾向性，这可能导致研究者在分析文献时受到作者观点的影响。此外，保留下来的文献大多已经过某种选择或不够完整，这可能会影响研究的全面性和准确性。

（2）可能缺乏时效性：由于文献反映的是过去的情况，对于研究当前问题可能存在一定的滞后性。

（3）难以获取一手资料：文献法主要依赖于已有的文献，研究者可能无法直接获取一手资料，从而限制了研究的深度和广度。

文献法作为一种重要的研究方法，在研究中具有独特的价值和优势，但也需要注意其潜在的局限性和缺陷。实际应用时，研究者需依据研究问题和既定目标，精心挑选并灵活应用文献法，旨在获取精确且全面的研究结果。

二、文献法的作用

理论框架构建：借助文献法回顾相关理论和模型，研究者得以全方位构建教师职业幸福感的理论框架。例如：积极心理学幸福理论认为，幸福由积极情感、个体价值感、人际互动、自我掌控和对未来的期待五个要素构成。这一理论为理解教师职业幸福感提供了基础，强调了教师在教育教学过程中运用教育智慧、进行教育创新、获取学生及社会的积极评价,以及感受到职业内在的尊严与欢乐的重要性。在教育领域,教师工作投入程度、教学过程中收获的成就感以及对教育意义的感知等都与幸福感紧密相连。相关模型如工作需求-资源模型,帮助研究者明确工作需求(如教学任务压力)与工作资源(如学校支持、专业发展机会)的平衡对教师幸福感的影响机制。通过梳理这些理论和模型,研究者能深入理解幸福感的定义,精准把握其多维度内涵,进而选择合适的测量方法,如结合教师日常工作场景设计量表,全面评估教师职业幸福感。

研究趋势分析:深入探究历史与当前研究趋势,文献法助力研究者洞察该领域发展脉络。早期研究多关注教师工作环境等外部因素,如学校设施对幸福感的影响,随着教育理念发展,逐渐转向对教师内在心理因素的重视,像职业认同、情感劳动等。研究方法已从早期的单一问卷调查,逐步演变为多种方法的综合运用,例如结合深度访谈以洞察教师内心世界,以及通过案例分析来具体展现不同情境下的幸福感状况。主要研究成果方面,不同时期研究侧重点各异,早期侧重描述性分析,如今更关注影响因素间的复杂关系。通过分析这些演变,研究者能明晰研究走向,为自身研究找准定位。

影响因素识别:综合分析文献,可全面识别教师职业幸福感的潜在影响因素。在个人特质方面,除了人格因素外,个人的价值观、职业期望等因素同样发挥着重要作用。举例来说,那些注重教育奉献价值的教师,即便在艰苦的条件下,也能保持较高的幸福感。工作环境里,学校管理模式、班级规模等也不容忽视。班级规模过大可能增加教师管理难度,影响其幸福感。在社会支持层面,社区对教育的重视程度同样影响着教师的幸福感。一个积极的社区教育氛围,能够为教师提供更多的精神慰藉和支持。这些因素为后续研究提供丰富假设和方向。

研究方法和工具借鉴:在选择研究方法和工具时,文献法提供重要参考。例如,借鉴前人问卷调查的样本选取策略、问题设置技巧,确保问卷质量。定性研究中,学习如何在访谈中营造信任氛围,引导教师深入表达。案例分析时,参考案例选择标准和分析角度。混合方法研究中,理解如何实现定量与定性数据的有效整合。这有助于研究者优化研究设计,提高研究质量。

研究空白和挑战发现：通过文献法，可发现诸多研究空白与挑战。例如，不同学科教师幸福感差异的深层次原因仍待深入探究，同时，教育政策变动对教师幸福感产生的长期影响也缺乏充分的研究。在研究方法上，如何有效平衡量化研究的广泛适用性与定性研究的深刻洞察力，仍是一个亟待解决的难题。此外，如何将微观层面的教师个体体验与宏观教育环境的变迁更好地融合，是未来研究必须面对并克服的挑战。识别这些问题为后续研究指引方向，推动该领域知识不断发展。

三、文献法的实施步骤

（1）确定研究范围：明确研究的关键词和主题，如"教师职业幸福感""教育心理学"等，以确保文献搜索的准确性和相关性。

（2）文献收集：使用数据库、图书馆资源、学术期刊和网络资源等工具进行广泛的文献搜索，收集相关的书籍、文章、报告和论文等。

（3）文献评估和筛选：根据研究的目的和标准评估收集到的文献的质量和相关性，筛选出对研究有实质性帮助的文献。

（4）数据提取和分析：从选定的文献中提取重要信息，如研究方法、主要发现、理论框架等，对数据进行整理和分析。

综合和撰写文献综述：基于文献分析的结果，撰写文献综述，系统地展示教师职业幸福感研究的理论和实践成果，指出研究的空白和未来的研究方向。

四、应用

文献法在教师职业幸福感研究上的具体应用可以体现在以下几个方面：

（一）文献综述与理论基础搭建

研究者需广泛搜集并深入分析教师职业幸福感的相关文献，以此为基础构建其研究的理论框架。这一过程涵盖了对教师幸福感概念的界定、测量标准的明确、影响因素的梳理以及理论模型的构建与分析。

文献综述帮助研究者发现该领域的研究趋势、理论分歧以及研究空白，从而明确自己研究的方向和焦点。

（二）影响因素分析

通过文献综述，研究者揭示了影响教师职业幸福感的多重因素，包括但不限于工作环境、学校文化、薪酬福利、职业发展机会、社会支持，以及社会环境、教师待遇、职称评定等。

对上述因素的文献进行综合考量与分析，能够为构建影响教师职业幸福感的综合模型提供有力支撑，进而为后续实证研究提出合理的假设与预测。

（三）研究方法与工具的选择

通过审视不同研究中使用的方法和工具，研究者可以选择最适合自己研究目的的方法论框架。例如，量化研究可能采用问卷调查来测量教师的幸福感，而定性研究可能采用访谈或案例研究来深入探讨幸福感的构成因素。

文献法在教育研究中被广泛应用于识别和验证研究工具和测量指标的有效性和可靠性，例如在教师职业幸福感的调查中，通过文献回顾和实证研究，开发并检验了包括教师职业幸福感结构和影响因素在内的多个维度的问卷。

（四）跨文化比较与国际视野

文献法助力研究者横向对比各国文化背景下的教师职业幸福感研究成果，拓宽理解视野。

跨文化视角丰富了教师幸福感研究，并为不同教育体系下的幸福感提升提供了有价值的参考。

（五）实践建议与政策制定

综合分析相关文献中提出的提升教师职业幸福感的策略和建议，研究者可以为学校管理层、教育决策者和政策制定者提供基于证据的实践指导。另外，文献法有助于提炼有效教育政策和管理实践，提升教师职业满意度和幸福感。

以下是一个具体的应用实例，展示了文献法如何在教师职业幸福感的研究中被应用：

研究者意识到，教师职业幸福感是影响教学质量和学生学习成果的关键因素之一。然而，随着社会经济的变迁和教育环境的快速发展，教师面临的压力和挑战也日益增加,这对他们的职业幸福感构成了潜在的威胁。因此,研究者旨在通过文献法探索影响教师职业幸福感的关键因素,并提出相应的改进措施。

文献搜集:研究者通过学术数据库和图书馆资源,搜集了大量关于教师幸福感的学术文章、书籍、报告以及政策文件。这些文献来自不同国家和文化背景,包括定量研究和定性研究的成果。

文献评估:通过评估搜集到的文献的质量、相关性和可靠性,研究者精心筛选出最具代表性和影响力的研究成果,从而能够专注于高质量的研究,为后续分析奠定坚实基础。

关键因素提取:研究者从选定文献中提炼出影响教师职业幸福感的关键因素,涵盖工作满意度、压力、学校支持、职业成长、社会尊重及薪酬待遇等方面。

理论模型构建:基于文献回顾的结果,研究者构建了一个综合性的理论模型,描述了不同因素如何相互作用影响教师的职业幸福感。

综合分析:研究者通过对比分析不同文献,得出共识与差异:普遍认同学校管理和同事支持对教师幸福感的正面作用,但对薪酬和社会地位的影响评价存在分歧。

政策建议:基于文献分析的结果,研究者提出了一系列改善教师职业幸福感的策略,包括加强学校管理团队的领导力培训、建立有效的同事支持系统、提供更多职业发展机会以及改善薪酬和福利制度。

后续研究方向:研究者还指出了当前研究中存在的限制和未来研究可能关注的领域,比如跨文化比较研究、长期追踪研究以及教师幸福感对学生学习成果影响的进一步探索。

总之,文献法作为教师职业幸福感研究领域的关键手段之一,为研究者搭建起全面审视现有研究成果的桥梁,是深入探索教师职业幸福感不可或缺的基石。通过有效的文献收集、筛选、分析和综述,研究者可以在现有研究的基础上,发现新的研究问题,提出新的研究思路。

第三节 访 谈 法

一、定义

访谈法是一种广泛应用于教师职业幸福感研究的定性研究方法，通过直接与教师进行对话来收集数据。这种方法能够提供深入的见解，揭示教师关于职业幸福感的主观体验、感受、看法及其背后的动因。访谈法的运用能够助力研究者深入剖析影响教师幸福感的多元因素，涵盖情感、认知、环境以及社会文化等多个维度，从而获取更为鲜活且真实的信息资料。

二、访谈的类型和实施

(一) 访谈的类型

访谈方法根据其结构程度和目的的不同，以及对访谈内容的熟悉程度，可以分为结构化访谈、半结构化访谈和非结构化访谈：

(1) 结构化访谈：事先设定一系列固定的问题，按照特定顺序进行，适用于需要收集特定信息或数据的情况，目的非常明确。

(2) 半结构化访谈：访谈有一个大致的框架或指南，但允许在对话中灵活调整问题和探索新的主题，是研究教师职业幸福感常用的访谈类型。

(3) 非结构化访谈：没有固定的访谈议程，访谈过程更自由、开放，侧重于探索教师的个人经历和深层次感受。

(二) 访谈的实施

有效的访谈需要良好的准备和技巧：

(1) 准备阶段：明确研究目的，设计访谈提纲或问题列表，选择合适的访谈对象，安排访谈时间和地点。

(2) 建立信任：访谈初，需明确告知参与者访谈目的、保密原则及数据用途，以建立信任。

(3) 访谈：使用开放性问题，鼓励参与者表达观点与感受，积极倾听并提

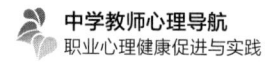

问以深入探索主题。

（4）信息记录：访谈中记录重要信息，采用录音、笔记等方式，确保数据完整准确。

三、访谈的分析

访谈后，需要对收集到的数据进行系统化分析：

（1）转录和整理：将录音转写成文本，对数据进行整理和分类。

（2）编码和主题分析：通过编码过程识别关键主题和模式，对数据进行深入分析，以揭示教师职业幸福感的核心因素和动态过程。

举例来说，研究者通过半结构化访谈有不同背景的中学教师，深入了解他们对职业幸福感的看法。这包括探讨教师在工作中感到最满足和最具挑战性的方面，对工作环境的感受，职业目标与实现之间的关系，以及对职业支持和资源的需求等。例如，一项针对山西省农村中小学教师的研究揭示了职业幸福感的多个维度，包括职业成就、职业认同、领导管理、薪酬待遇、工作环境、人际关系、社会支持、工作压力和专业成长等方面，并提出了相应的提升策略。通过这些访谈，研究者能够获得关于教师职业幸福感多维度的深入理解。

四、访谈法的作用

访谈法在教师职业幸福感研究中扮演着不可或缺的角色，其意义主要体现在以下几个方面：

（一）深入理解个体体验

访谈法可深入探究教师个人体验与情感，揭示职业幸福感背后的复杂情感及认知机制。访谈可获取教师个人价值观、职业期望、工作经历及生活经验等生动第一手资料，对理解幸福感个体差异及探索共性至关重要。

（二）探索幸福感的多维度因素

教师职业幸福感受多种因素影响，包括工作环境、人际关系、个人成长、社会认同等。访谈法可以帮助研究者探索这些因素如何及在何种程度上影响教师的幸福感，并且可能找到不同教师独有的影响因素，从而构建更为全面和细致的理论模型。

(三) 揭示幸福感的动态过程

访谈法允许研究者观察和记录教师职业幸福感随时间、环境和条件变化的动态过程。教师在职业生涯的不同阶段可能会经历幸福感的波动，访谈可以捕捉到这些变化，并探讨其背后的原因。

(四) 提供政策和实践的指导

直接访谈教师，研究者能揭示影响教师幸福感的关键因素，并提出切实可行的解决方案，从而为教育政策制定者和学校管理者提供宝贵建议。这些见解有助于优化教师工作环境、增强教师职业满意度和幸福感。

(五) 强化研究的人文关怀

访谈法聚焦于教师个体的观点与体验，彰显了对教师个体价值的深切尊重及人文关怀。这种研究方法不仅能够促进研究者与参与者之间的理解和信任，也促进了教师和学校之间的沟通，还能够激发社会对教师福祉的关注和支持。

(六) 促进研究方法的多样性

访谈法为探究教师职业幸福感提供了定性视角，与定量研究相辅相成，共同推动了研究方法的多元化发展。通过结合访谈法和其他研究方法，研究者可以获得更为丰富和深入的研究成果。

五、应用

访谈法是教师职业幸福感研究中一个非常重要的定性研究方法，它可以提供深入的见解和理解，帮助研究者探索教师个体的感受、经历和观点。

以下是访谈法在教师职业幸福感研究中的应用实例，针对一家县级中学教师的访谈：

(一) 研究背景与目的

考虑到教师职业幸福感对于提高教育质量和促进学生发展的重要性，我们决定进行一项研究，旨在深入了解县级教师的职业现状，以期得到提升教师职业幸福感的方案。该研究的目的是识别可以通过政策和实践改变的关键领域,以提高教师的职业满意度和幸福感。

(二) 研究设计与方法

为了达成研究目的,研究者采用了半结构化访谈的方法,目标群体是来自同一学校、不同学科、具有不同教龄、不同职位的教师。访谈指南设计包含了一系列开放式问题,旨在探索教师职业现状。

访谈提纲

尊敬的老师:

您好!非常感谢您参与我们的调查,我们来自＊＊＊＊,正在做中学教师职业幸福感的相关研究,安排了此次调研,本访谈共有两部分,大约总共需要50分钟。

本次研究仅用作科研,不记姓名,您所填写和回答的信息将会被严格保密,请您根据实际情况填写,放心作答。十分感谢您的宝贵时间!

一、基本情况

(回答方式:请您在最符合的选项字母上打"√"或在_____上填写答案;除特殊标明的题目之外,所有题目均为单选题。)

1. 您的出生年份:_____年
2. 您的性别:A. 男　　B. 女
3. 您的工作所在地:_____
4. 您的最高学历:A. 中专　　B. 大专　　C. 本科　　D. 研究生
5. 您的毕业院校类型:A. 师范类院校　　B. 综合性院校
   C. 艺术类院校
6. 您的职称:A. 正高级教师　　B. 高级教师　　C. 一级教师
   D. 二级教师　　E. 三级教师　　F. 未定级
7. 您的职务:A. 普通教师　　B. 年级或教研组长　　C. 校级领导
8. 您所教的年级:A. 初一　　B. 初二　　C. 初三
9. 您的教龄:A. 1年　　B. 1—3年　　C. 3—5年　　D. 5年及以上
10. 您教授的科目是:A. 语文　　B. 数学　　C. 英语

D. 政治/思想品德　　E. 历史　　F. 地理

G. 物理　　H. 化学　　I. 生物　　J. 音乐

K. 美术　　L. 体育　　M. 信息技术

N. 心理健康　　O. 其他 _____

11. 您的平时周课时：A. 5 节以下　　B. 5—10 节　　C. 11—15 节

　　D. 16—20 节　　E. 20—25 节　　F. 26 节以上

12. 您是否担任班主任：A. 是　　B. 否

13. 您的婚姻状况：A. 未婚　　B. 已婚　　C. 离异

14. 您的孩子状况：A. 0　　B. 1　　C. 2　　D. >2

15. 您的通勤时间：A. 步行 10 分钟以内　　B. 步行 30 分钟

　　C. 驾驶 10 分钟以内　　D. 驾驶 30 分钟以内

16. 您的工资状况：A. 1 000—2 000 元　　B. 2 001—3 000 元

　　C. 3 001—4 000 元　　D. >4 000 元

二、一对一访谈

1. 请您做个自我介绍，简单地介绍一下您的家庭和工作的基本情况。

(5 min，重点在于了解背景情况。——家庭，工作，经济，生活，业余生活)

2. 您对教师这份职业有何看法？是否有过转行的念头或考虑？

(2 min，接续第一个问题，了解其工作态度和价值观。)

3. 这份工作给您带来最大的好处是什么？最难忘的事件？什么时候沉浸于工作，有无"心流"的体验？工作中有无高峰体验？(5 min)

4. 您认为目前妨碍自己职业发展的因素有哪些？(2 min)

5. 请谈谈您的工作压力主要来源于哪些方面？这些压力通常表现为哪些形式？您认为这些压力的严重程度如何？它们对您的生活和工作产生了哪些影响？请举例说明。(15 min，请详细描述，并请其对工作压力来源进行排序，或可以请他描述典型的一天？同样请他描述最大的压力表现是什么？)

(工作需求-资源理论)——细化压力来源，沟通语言的使用；具体化描述，启发性问题的提出；身心问题的呈现。

6. 您如何看待工作中的压力？面对压力时，您通常采取哪些策略来应对？能否分享一些您个人的减压小妙招？这些方法在哪些情况下特别有效？

另外,学校、家人、同事以及学生等群体是否给予过您支持?这些支持对缓解您的压力有何帮助?最后,请谈谈您对自己的压力管理是否满意,并以此为契机,深入探讨相关话题。

(10 min,主要了解其已经采用的减压方式,并探讨其外界的社会支持。)

7. 在您的同事中,有没有哪位让您特别欣赏?他/她有哪些独特的品质或能力让您印象深刻?能否分享一两个具体事件来说明?这些品质或能力对其他同事有何启示?大家能否从中学到些什么?

(5 min,探讨优秀的中学老师的特点,访谈后我们可以进一步做经验萃取,也可以进一步深入问不太合格的老师是谁,他有什么特点,这里都不需要真实的姓名,他可以在头脑中想一下,也可以请他详细描述。)

8. 对于学校的人际环境、工作环境、考核评价体系以及学习机会等方面,您有哪些看法和感受?这些方面是否对您的工作和成长产生了积极影响?如果有改进的空间,您认为应该如何改进?(2 min)

9. 对于教师和学生目前的心理状况,您有什么要说的?(后续问题,可能多也可能少)

10. 您每年有外出培训的机会吗?您是否一直保持学习呢?

11. 您是否还有其他补充内容?比如,"双减"政策实施后,您遇到了哪些具体困扰?

12. 关于我们这个项目,您有什么建议或意见?(我们一方面想了解老师的工作压力和心身健康状况,一方面想帮助教师促进心身健康。)

13. 感谢您的关注,请支持我们的教师心理健康促进项目。以下是我们的联系方式(微信号),请您留下微信号,以便后续沟通。如有任何补充或建议,欢迎随时留言。

(三) 访谈方式

1. 线上访谈

从教龄、学科以及职务方面考虑,分层抽样,选取名教师进行访谈,访谈内容包括基本人口学信息,家庭情况,经济情况,职业态度价值观,工作压力源,压力表现,减压方式,社会支持情况以及对目前学校的基本政策要求等的看法和对本项目的建议。

2. 线下访谈

（1）首先,跟学校校长和书记了解整体教师队伍的情况,选取资深(将退休)老师和新老师(工作一年多)分别进行访谈。

（2）在学校心理老师的带领下参观学校心理咨询室了解学校心理健康教育现状,由于老师是兼职心理老师,主业是政治课,在老师的带领下我们去了初三年级办公室,对当时在办公室的所有老师进行群体访谈。

（3）临近体育中考,学生下午在操场训练考试项目,在操场参观学生活动时对在场部分老师进行群体访谈。

（4）鉴于老师的工作核心在于学生,结合学生当时的时间安排,我们组织了对学生的群体访谈。

（5）最终,从家长视角出发审视老师工作,在校长书记的协助下,综合班主任意见及家长时间安排,我们选定了来自不同年级的学生家长进行群体访谈。

(四) 访谈过程

1. 单次访谈时间

单次访谈时间一般为 60 min。

2. 访谈形式

（1）线上访谈采取腾讯会议的形式。访谈者队伍由一名主访谈者,一名补充提问者和一名记录人员组成。

（2）现场访谈则在学校进行,由老师面对面地与受访者进行群体访谈,每组访谈团队包含五名成员。

3. 每次访谈后小结和分析

每次访谈后 30 min 内所有访谈人员会就以下几个方面进行总结:

（1）访谈技术;

（2）被访谈者的情绪;

（3）语言等是否具有掩饰性;

（4）可以深入挖掘的点以及获得相关的焦点词;

（5）没有处理好的地方以及下次访谈的提升建议;

(6)最后,每位访谈者分享了对被访谈者的直观感受,并尝试对被访谈者的语言、动作等活动进行理论归因,以便在后续访谈中重点关注被访谈者的言语是否与理论假设相符。

(五) 数据分析

所有参与人员分为三组统计访谈信息内容模块,模块包括压力源,压力表现,减压方式以及社会支持(部分示例见下表)。

表 3-1　访谈信息统计表

访谈信息汇总		
访谈日期	相关统计	具体内容
2023.01.05	压力源(按频次)	评比制度/闲杂事多/考前压力大/同科老师带来压力
	压力表现	工作倦怠
	控制变量	工作与家庭的平衡/教师职业压力和职业倦怠
	社会支持	家人支持
	结果变量	健康水平的提高/心理技能的提升
	建议(预防)	
	老师的建议	中学生心理问题的识别/心理辅导方法(专业教师)/心理咨询室的建设
	给校方的建议	
	其他	双减后老师和学生压力更多/家庭教育的需求
2023.01.05	压力源(按频次排序)	评比制度/工作负担重-支教学校必须用PPT授课
	压力表现	身体消化不了
	控制变量	德育-如何做人比学知识重要
	社会支持	和谐、友好;相互支持;个人需主动、多问
	教学理念	因材施教、与时俱进
	心理健康	初三的学生需要正确的引导/年轻的教师需要关注和及时地调整
	老师的建议	综合评比(多方面)/老带新,年轻老师承受压力能力弱

(续表)

访谈信息汇总		
2023.01.05	小结	关注年轻老师的困境与压力/促进老师的活动-真正的需求(有效、诚恳)
	给校方的建议	

我们依据表3-1的访谈信息统计表模块,对每位教师的访谈内容进行了关键词提取,并据此进行了各方面的计分汇总,涵盖了教师压力源、压力表现、减压方式及社会支持等多个维度。发现工作压力最大的来源是评比制度,其次提及较多的依次为闲杂事务、教学压力以及管理学生等,其余提及的有家长不配合、个性原因、身体不好等。提及感受到工作压力的老师最多,占到线上访谈的60%,接下来压力表现提及较多的依次为情绪,工作—家庭平衡,职业倦怠,身体不适等。教师的减压方式多样,其中运动最为常见。此外,音乐、独处、听书、散步、聊天吃饭等也是教师们经常选择的减压方式。还有部分教师会提到读书、上网娱乐或奖励自己等方式来缓解压力。教师的社会支持情况普遍较好,其中最大的社会支持来源于家人和同事。学生、领导和朋友也会在一定程度上给到教师支持。我们还总结了优秀教师特点,以及该校教师典型一天的生活。

(六) 访谈结果总结

本次访谈活动主要是针对某县级中学教师面临的职业压力的相关研究。我们得到了访谈人物最真切的回答,使得我们对如何就县城初中老师的职业压力的减轻以及职业幸福感的提升有了进一步清晰的认识。基于压力需求-资源模型,小结如下:

1. 初中老师的压力来源主要体现在多个方面,包括评比制度、教学外闲杂事务、教学压力、学生管理等。具体来说,评比制度和教学工作带来的压力,如课后服务表现被作为职称评聘、表彰奖励和绩效工资分配的重要参考,以及因工作繁忙难以享受生活,感到烦恼。此外,学生因素也是压力的重要来源,包括学生缺乏学习动机(厌学、学习倦怠等)、自我中心不尊重老师、沉迷网络、特殊家庭学生等。同时,升学压力提前转移至初中,家长对孩子的期望值更高,以及学生叛逆期的管理难度增加,都是造成初中教师压力的主要因素。

2. 初中教师主要压力表现:工作压力感、情绪、工作—家庭平衡、职业倦怠和身体不适。

3. 保护性因素:社会支持(如家人的理解与支持、同事间的协作与帮助,特别是同课题组教师的默契配合;学生的积极回馈;良好的学校氛围,包括和谐的工作环境和人际环境);个人层面的有效减压方式、积极主动的人格特点、明确的职业目标以及相关的职业软技能。

4. 风险性因素:年龄、性别、是否班主任工作、家庭负担、学生突发事件。

5. 中介因素:职业认同感。

表3-2 基于压力需求-资源模型的访谈结果总结表

	大环境	学校	同事	学生	家人	个人
压力源	闲杂事情	评比制度	同辈压力	学生管理		
保护性因素	国家的各项关注教师职业健康的政策法规	工作环境优美、人性化管理、被关注(生日、退休祝福)、外出学习	同教学组老师的支持老教师带教	学生的积极回馈	家人支持	有效减压方式、积极主动人格、职业目标清晰、相关职业软技能
风险性因素	县级中学学生生源			学生突发事件	家庭负担	年龄、性别、身体健康、是否承担班主任等

(七) 基于访谈的教师实践建议

基于组织健康干预的基本原理,以"增加保护因素,减少风险因素"为基本原则,以落地务实为出发点,教师参与,提出了如下实践建议:

1. 学校层面

应重视心理健康,积极营造重视和关爱师生的健康校园氛围,同时完善心理咨询室的建设,确保能够为教师及其家属提供专业的心理咨询和帮助。

从满足教师的需求(安全、关系、成就)出发,主要包括学校健康积极氛围的建设;评比制度公平;增加教学组织的活动和权力;增加外出学习机会;长期建立期校教沟通机制;定期组织运动外出等。

2. 教师层面

聚焦于教师,基于助学助教,对照访谈中提到的优秀教师特点,为教师在个人压力管理、学生管理及职业成长上提供支持,结合心理学专业特点,主要包括三个方面:身心健康(主要包括从压力管理到心理健康的维护、正念技术的学习)、工作赋能(思维改变:聚焦解决思维、教练思维、主动成长思维;技能学习:基本识人技能、基本助人技能、沟通技能、赋能技能)和职业成长(教师的职业生涯管理)。针对教师面临的压力和挑战,学校应加大对教师的培训力度,特别是心理调适和职业压力管理方面的培训,帮助教师掌握有效的压力应对技巧,增强自我调控能力。同时,通过定期开展教师体检、建立健康档案、提供专业的心理支持服务,以及组织丰富多彩的文体活动,来关注教师身心健康。此外,教师职业发展培训效果评估方案的制定和实施,可以确保教师在培训后能够有效提升教学行为和方法,从而提高教学质量。

3. 工作形式

工作具体形式以研讨会、成熟教师经验分享、团体辅导、案例分析为主。

总之,访谈法在教师职业幸福感研究中具有重要的意义,它不仅能够提供关于教师幸福感深层次的见解,还有助于推动教育实践的改进和教育政策的制定,从而促进教师职业的健康发展和教育质量的提升。

第四节 问卷调查

一、定义

问卷调查是研究教师职业幸福感中常用的一种定量研究方法,通过设计一系列的问题以收集教师对于其职业幸福感的看法和评价。问卷调查能广泛收集数据,适用于大规模样本的信息获取,便于统计分析及结果推广。

二、设计问卷

在进行问卷时,一般要包括以下几项内容:

（1）明确研究目的：在设计问卷之前，必须明确研究的具体目的和需要回答的问题，这将指导问卷的具体内容。

（2）题目类型：问卷通常包括闭合题（选择题）、开放题和量表题（如李克特量表）。选择题和量表题便于量化分析，开放题则可以收集更多维度的反馈。

（3）内容覆盖：问卷应涵盖教师职业幸福感的各个方面，如工作满意度、工作与生活平衡、职业成就感、工作环境和关系等。

（4）简洁清晰：问题应该简洁、明确，避免引起误解。同时，确保问卷不过长，避免调查对象因疲劳而影响答题质量。

三、问卷的发放和数据处理

选择恰当的分发方式，对获取高质量数据至关重要。若研究对象为特定区域且网络条件有限的教师群体，纸质问卷分发可能更为适宜，可在学校集中发放并现场指导填写，确保问卷回收率。而对于年轻教师或网络使用便捷的群体，在线调查工具优势明显，如 Google 表单、问卷星等，其便捷性可提高教师参与度。

确保样本代表性，是研究成功的关键。为全面探究教师职业幸福感，样本需广泛覆盖城市、乡村等地，包括示范校、普通校，以及文科、理科等多学科背景的教师，同时考虑新手、资深等不同教龄层次。具体而言，可依据一定比例，随机抽取各地教师，确保研究结果真实反映教师群体全貌。

数据整理阶段，需严格检查问卷完整性，剔除无效问卷，并复核在线调查平台自动化数据汇总及初步分析结果的准确性，以防系统误差。

统计分析：在进行教师职业幸福感的统计分析时，研究者通常会运用 SPSS 等专业软件进行多维度的数据分析。描述性统计分析可呈现教师职业幸福感的整体水平和各维度得分分布；相关性分析揭示不同因素与幸福感之间的关联程度；回归分析则能明确关键影响因素及其作用强度。

结果解读：结果解读过程中，依据研究假设和理论框架，深入剖析数据背后的意义。例如，若发现教学资源与教师职业幸福感呈正相关，结合理论分析其原因可能是丰富的资源有助于教学创新，进而提升成就感和幸福感，为教育实践提供针对性建议。

四、优势与局限

问卷调查在教师职业幸福感研究中展现出显著优势。其高效性使研究者能够在短时间内从众多教师中获取大量数据,为大规模研究提供了可能。标准化问题设置使得教师回答得以精确量化分析,便于直接对比,如不同地区、教龄、学科教师的幸福感水平差异一目了然。标准化特质促进了研究结果的广泛推广,为教育政策制定和学校管理提供了有力参考,有助于揭示教师群体中的普遍规律,进而推动教育实践的不断改进。

问卷法也存在一定局限性。参与者主观性显著影响结果,常因社会期望而未能真实反映内心想法。例如,教师可能因顾虑学校声誉或个人形象,在回答工作压力、学校管理满意度等问题时,倾向于选择积极选项。而且问卷难以触及教师复杂的内心动机和深层次感受,无法像访谈那样深入挖掘个体经历背后的故事,对于一些微妙的情感体验和行为动机难以精准把握,从而限制了对教师职业幸福感全面而深入的理解。

五、应用

问卷法是一种常用的量化研究方法,广泛应用于教师职业幸福感的研究中。这种方法通过设计标准化的问卷收集数据,适合于从较大的样本群体中收集信息,以便进行统计分析并推广研究结果。

例如,基于上述访谈结果和需求-资源模型,选择了成熟的信效度水平较高的量表,对西安地区五家学校进行了问卷调查。本研究主要聚焦于人格特质、心理资本、应对机制、成长型思维、职业幸福感以及建言行为等多个维度,并在开学初、学期中及学期末分别进行了三次系统性的测试。

问卷调查作为研究教师职业幸福感的重要手段,不仅操作简便,而且能够有效量化并深入分析教师的幸福感水平。然而,为了获得更全面的理解,常常需要将问卷调查与其他定性研究方法结合使用。

第五节 案例分析法

一、定义

案例分析法是一种深入探讨特定实例以揭示更广泛现象的定性研究方法。在教师职业幸福感的研究中,案例分析法允许研究者通过对个别教师或教师群体的详细考察,深入理解影响教师幸福感的复杂因素及其相互作用。这种方法特别适用于探索新领域,或者当研究者希望对已知问题提供更深层次的见解时。

二、实施步骤

（1）案例选择：在选择案例时,需精心考量诸多因素以确保研究的有效性与针对性。对于研究教师职业幸福感而言,若探究教育改革背景下教师的适应情况,可挑选经历过重大课程改革或教学模式转变的学校中的教师群体作为案例。他们在这种特殊教育背景下的经历能为研究提供丰富素材。也可关注具有特殊职业经历的教师,如从其他行业转行而来的教师,其独特的视角和适应过程能揭示不同职业转换对教师幸福感的影响。此外,工作环境的差异也很关键,例如,对比偏远地区与城市中心学校的教师,或资源充足与匮乏学校的教师,探究工作环境如何影响他们的幸福感体验,进而全面理解这一问题。

（2）数据收集：运用多种方法收集数据能获取更全面深入的信息。访谈时,除与教师本人深入交流外,还应与其家人沟通,以了解教师工作对家庭生活的影响,从而侧面反映其幸福感状况。观察教师在课堂内外的行为表现,如与学生的互动方式、应对教学突发状况的能力等,这些细节能够揭示其职业幸福感的日常体现。文档分析方面,除教学反馈外,还可查看教师的职业规划文档、参与学校活动的记录等,多维度拼凑出教师职业生活的全貌,为后续分析提供充足依据。

（3）数据分析：在数据分析阶段,深入挖掘数据至关重要。通过对收集到的数据进行细致编码,将相似的信息归为一类,如把教师关于教学成就感的表述归为一类,再进一步提炼出其中的关键主题,像教学创新带来的成就感、学生进步带来的满足感等。仔细分析不同主题之间的关联模式,例如探究教学成就感与职业发展机会之间的关系,以及这些变量如何相互作用影响教师的幸福感。运用归纳法,从这些具体案例的细节中逐步总结出一般性结论,为教师职业幸福感的研究提供具有实践意义的理论洞察。

(4)案例报告:撰写案例报告时,应注重结构的完整性与内容的翔实性。背景信息部分应详尽阐述学校历史、文化氛围及地区教育政策,为案例构建稳固的背景支撑。案例描述应生动展现教师日常场景、关键事件及个人特质,使读者有身临其境之感。数据分析部分需清晰展示数据处理流程及关键发现,辅以图表等直观手段。讨论环节,结合相关理论深入解读结果,探讨案例对教师职业幸福感研究的启示,并对未来研究方向提出合理建议,使案例报告不仅是对研究过程的记录,更是对该领域知识的有益贡献。

三、案例分析法的意义

深度与细节:案例分析法能够提供关于教师职业幸福感的深刻洞察和丰富细节,揭示影响幸福感的微妙和复杂因素。

理论发展:通过深入分析具体案例,案例分析法有助于生成或验证理论,为教师职业幸福感的理论发展提供实证支持。

政策和实践指导:案例分析的发现可以直接应用于教育政策制定和教学实践改进,提供针对性的解决方案和策略。

案例分析报告凭借丰富的叙事性,易于激发读者共鸣,深化对教师职业幸福感问题的认知与关注。

案例分析法也存在一些局限性,主要包括:泛化能力有限:案例分析法所得结论通常基于有限的案例,其泛化能力可能受限。主观性亦是一大局限,研究者主观判断或影响案例筛选、数据解读及分析结果。

四、案例分析法的应用

案例分析法是一种深入探索和理解复杂现象的定性研究方法,特别适用于研究具有独特背景和复杂情境的个体或群体。在教师职业幸福感研究中，案例分析法可以用来深入了解教师个体或特定教师群体在其特定环境中的经历、感受和看法。常选特定个案或典型代表，通过观察、访谈、查阅资料及走访同事等手段，深入了解教师个体在特定情境下的复杂经历与感受。通过对个案的深入分析，提供了关于教师幸福感的综合性和深层次理解。尽管存在泛化能力有限和可能的主观性局限，案例分析法依然是教育研究中不可或缺的一部分，特别是在探索复杂和多维度现象时。

第六节　日　记　法

一、定义

日记法是一种重要的研究方法，它要求参与者连续记录其在特定时间段内的日常生活、情感、体验和观察。这种方法在心理学、社会学、教育学等多个领域中广泛应用，为研究者提供了深入了解个体内心世界和行为模式的独特视角。

日记法使研究者得以获取丰富详尽的个人数据，这些数据相较于访谈或问卷调查，往往展现出更高的真实性和具体性。由于日记记录的是参与者自己的生活和体验，因此能够反映出他们在不同情境下的真实想法和感受。此外，日记法还可以捕捉到一些瞬时或难以言表的情感变化，从而帮助研究者更好地理解参与者的内心世界。

二、实施

在实施日记法时，研究者需要设计合适的记录表格或模板，明确记录的内容和格式。同时，还需要对参与者进行适当的培训，以确保他们能够按照要求记录日记。数据收集完毕后，研究者需细致分析并解读日记内容，提炼有价值的信息，同时结合其他研究方法，以得出全面的研究结论。

日记法的实施过程通常涉及以下几个关键步骤：

(一) 明确研究目的与主题

在开始实施日记法之前,研究者需要明确自己的研究目的和主题,例如,是为了了解教师的职业幸福感,还是探索学生的日常学习习惯等。

(二) 设计日记记录格式

根据研究目的,设计合适的日记记录格式或模板。这可能包括日期、时间、地点、活动描述、情感体验、观察结果等栏目。

确保记录格式简洁明了,方便参与者填写。

(三) 选择并培训参与者

挑选符合研究标准的参与者,这些参与者需具备真实、准确记录自己日常生活和体验的能力。

对参与者进行详尽的培训,明确研究目的,强调日记记录的重要性,并传授记录方法,确保他们充分理解并能遵循要求填写日记。

(四) 日记记录阶段

参与者按照约定的频率(如每天、每周等)记录日记,记录自己的日常生活、情感体验、观察结果等。

研究者需定期与参与者沟通,激励他们持续记录,并及时解答他们在记录过程中遇到的任何疑问。

(五) 数据收集与整理

在研究周期结束后,收集所有参与者的日记记录。

对收集到的日记数据进行整理、分类和编码,以便于后续的分析和解读。

(六) 数据分析与解读

根据研究目的,对整理好的日记数据进行深入的分析和解读。

可能采用定量或定性的方法,提取出有价值的信息,揭示出参与者的日常生活模式、情感体验变化等。

(七) 结果呈现与讨论

将分析结果以报告、论文等形式呈现出来,并结合研究目的和已有理论进行讨论。

(八) 指出研究的局限性，提出对未来研究的建议

在实施日记法的过程中，研究者需要注意保护参与者的隐私和权益，确保他们愿意并能够真实地记录自己的生活和体验。同时，研究者还需要对收集到的数据进行妥善保存和处理，以防止数据泄露或滥用。

三、日记法的优缺点

然而，日记法亦面临局限与挑战。记忆力不足或耐心缺失可能导致参与者无法持续记录，进而造成数据缺失或失真。此外，日记法易受参与者主观情绪影响，存在美化或歪曲生活体验的风险。因此，在使用日记法时，研究者需要谨慎处理这些问题，并采取有效措施来提高数据的准确性和可靠性。

日记法在实施过程中展现出独特优势，同时也伴随着潜在缺陷。以下是对这些方面的详细阐述：

(一) 优点

(1) **真实性与深入性**：日记法，作为一种记录方式，允许参与者以个人的语言和方式详细记录日常生活、情感体验和观察结果。这种方法不仅能够收集到真实的第一手资料，而且由于其详尽性，能够提供深入的见解。例如，在企业中，现场工作日记法被用来了解员工实际工作的内容和责任，而在教育领域，系统日记法则被用来培养学生的良好学习习惯。这种方法有助于研究者深入了解参与者的内心世界和行为模式，揭示出那些可能被访谈或问卷调查所忽略的细微之处。

(2) **连续性与时效性**：通过持续记录日记，研究者可以捕捉到参与者的生活变化、情感体验的波动以及应对策略的调整等动态过程。这种连续性使得研究者能够更准确地把握研究对象的动态变化模式，从而得出更为可靠的结论。同时，日记法还具有较高的时效性，能够及时反映参与者的当前状态。

(3) **灵活性显著**：日记法能依据研究目的与主题灵活定制，满足不同领域及人群需求。研究者可据实调整记录格式与频率，确保信息收集的精准与高效。

(二) 缺点

(1) **主观性挑战**：日记法依赖参与者自我记录，易受个人偏见、情绪状态

等主观因素影响,可能导致记录内容失真,影响研究准确性。

(2)参与者负担:持续记录日记对参与者来说可能是一种负担,特别是当记录内容较为烦琐或需要投入较多时间和精力时。这可能导致参与者失去记录的兴趣和动力,从而影响数据的完整性和质量。

(3)数据整理与分析的复杂性:由于日记法收集到的数据量通常较大,因此数据的整理和分析工作可能相对复杂和烦琐。研究者需要投入大量时间和精力对数据进行筛选、编码和分析,以确保研究的准确性和可靠性。

综上所述,日记法作为一种重要的研究方法,在收集真实、深入的个人数据方面具有独特的优势。然而,在使用过程中也需要注意其潜在的缺点,并采取相应措施加以克服。

四、应用

日记法在中学教师群体中的应用案例如下:

在一个关于中学教师工作压力与应对策略的研究中,研究者选择了日记法作为主要的数据收集方法。研究旨在深入了解教师在日常工作中的压力来源、情感体验以及他们如何应对这些压力。

首先,研究者与参与教师进行了详尽的交流,明确了研究宗旨,并强调了日记法在本研究中的关键作用。随后,研究者设计了一份详细的日记记录模板,包括日期、时间、工作压力事件描述、情感体验、应对策略等栏目。参与教师被要求在一个月的时间内,每天记录至少一次自己在工作中的压力体验和应对策略。

在日记记录阶段,教师们积极参与,认真记录。根据教师压力调查结果,教师群体普遍面临显著的工作压力。例如,香港将教师职业压力排在第二位,仅次于警察职业。在美国,至少有6%~8%的教师表现出不同程度的不良适应。在我国,教师心理健康问题不容乐观,心理障碍的比率远高于正常人群。广州市和上海市的调查均显示,教师心理问题检出率高达48%,其中不乏有明显心理症状和重度障碍的案例。此外,教师们在工作中遇到的挑战,如学生管理问题、教学任务繁重、与家长沟通困难等,都可能导致他们体验到焦虑、疲惫和挫败感。同时，他们也记录了自己采取的应对策略，如寻求同事支持、调整教学方法、进行情绪管理等。

在数据收集与整理阶段，研究者对所有教师的日记进行了仔细的阅读和整理。他们提取了有关压力来源、情感体验和应对策略的关键信息，并进行了分类和编码。通过对这些数据的分析，研究者发现了一些有趣的模式和趋势。

例如，他们发现大多数教师在面对工作压力时，都会采取积极的应对策略，如寻求支持、调整心态等。同时，他们也发现了一些教师在应对压力时存在的困难和挑战，如缺乏有效的支持系统、时间管理不当等。

基于这些发现，研究者提出了具体而针对性的建议，例如增强教师间的沟通与合作，以及引入高效的情绪管理培训课程，旨在更有效地帮助教师应对日益增长的工作压力。

这个案例展示了日记法在中学教师群体中的应用价值。通过让教师记录自己的工作压力和应对策略，研究者能够深入了解他们的内心世界和实际需求，从而为提升教师的工作满意度和心理健康提供有力的支持。

小　结

在探索中学教师职业幸福感这一复杂而重要的课题时，我们采用了五种不同的研究方法：文献法、访谈法、问卷法、案例分析法以及日记法。每种方法都有其独特的定义、实施方法、优缺点和应用领域，共同构成了我们研究这一主题的多元视角和丰富手段。

文献法帮助我们系统地回顾和分析已有的研究和理论，建立了研究的理论基础，为我们提供了关于教师职业幸福感研究的历史脉络和主要发现。访谈法则我们能够深入教师的内心世界，了解他们对职业幸福感的真实看法和感受，揭示了个体差异和社会文化因素对幸福感的影响。问卷法则通过大规模的数据收集，为我们呈现了教师职业幸福感的普遍水平和分布情况，有助于我们进行量化分析和比较。案例分析法则深入剖析个别教师案例，生动展现了教师职业幸福感的复杂性与多样性。日记法则则通过记录教师日常情感体验,揭示了其幸福感的动态变化过程。

这五种研究方法各具特色,相辅相成,共同构成了全面深入研究中学教师职业幸福感的关键工具。未来研究中,应针对具体问题和目标灵活运用这些方法,以期获得更丰富、准确的研究成果。同时,需不断反思完善,以适应研究环境的变化。

综上所述,文献法、访谈法、问卷法、案例分析法和日记法都是研究中学教师职业幸福感的有效方法。通过综合运用这些方法,我们能够更全面地了解教师职业幸福感的内涵、影响因素和提升策略,为提升中学教师的职业幸福感和教育教学质量提供有力的支持。

(李木子,宋国萍)

第四章 什么样的教师在职业中拥有幸福？

在探讨教育的深远意义与教师的崇高使命时，一个不可忽视的议题便是教师职业幸福感的特点。教师职业幸福感的特点之所以重要，是因为它触及了教育工作的核心——教师的心灵状态与职业体验。教师，作为知识的传播者和灵魂的工程师，他们的幸福感不仅关乎个人福祉，更直接影响到教育质量和学生的全面发展。研究显示，教师的幸福感与教育教学质量、学生的学习氛围以及学生的成长密切相关。因此，深入剖析教师职业幸福感的特点，不仅是对教师职业尊严与价值的肯定，更是为了揭示如何构建一个更加健康、和谐、富有成效的教育生态环境。

介绍教师职业幸福感的特点，旨在引导我们关注教师这一群体的内心世界，理解他们在面对教育挑战时所展现出的坚韧与热情。揭示这些特点，使我们得以洞悉教师在教育征途中的辛勤耕耘与丰硕收获，从而进一步激发社会各界对教师职业的深切敬意与鼎力支持。同时，这也为我们提供了宝贵的启示：要提升教育质量，促进学生全面发展，就必须关注并提升教师的职业幸福感，让他们在爱与被爱的氛围中，以更加饱满的热情和更加专业的态度，投身于教育事业之中。

在教育这一神圣舞台上，教师不仅是知识的灯塔，照亮学生的求知之路，更是心灵的园艺师，精心培育着每一颗年轻的心灵。他们肩负着培养下一代的重任，每天面对不同的挑战与机遇。然而，作为教师，是否每个人都能在这份职业中找到属于自己的幸福？幸福不仅仅是一种个人的感受，更是一种在工作中的持续满足感与成就感。一个在职业生涯中收获幸福的教师，不仅能实现个人价值，更能通过教学引领学生的成长，塑造他们的未来。那么，这种职业幸福感究竟源自何处？又有哪些关键因素在决定着教师在职业生涯中的幸福体验呢？

本章将探讨哪些因素能够让教师在职业生涯中获得幸福感。从教学成就感到与学生的关系，从工作环境到个人发展，每一个维度都可能影响教师的职业幸福感。深入分析这些因素后，我们会发现，那些在职场中拥有幸福感的教师，不仅对教育怀有满腔热爱，更能从日常工作中汲取内心的满足与不竭动力。他们的幸福感，不仅提升了自身的生活质量，也为教育事业注入了积极的能量和无限的可能性。

让我们一起走进教师的内心世界，探寻那些幸福教师的共同特质，以及他们如何在工作中实现自我与职业的和谐共鸣。

第一节　高职业幸福感教师的特点

一、工作态度与成就感

(一) 工作积极性高

教师工作积极性是保障教师教学活动开展的内在动力源，更是衔接政策推行与落地间极为重要的影响要素。"双减"政策的实施对教师的工作积极性提出了更高要求。研究表明，教师的工作积极性表现在活力、认可度、坚定性、进取心、效能感、价值认知等指标，降低工作积极性的致因指标如思想、目标、社会期望、社会地位、工作任务、管理制度、专业知识、职业定位等。

那么，高职业幸福感的教师在工作积极性方面会表现出独特的特点，这与他们对教学工作的热爱和对学生成长的关心密切相关。首先，这类教师**对教学工作的投入度较高**，这不仅体现在他们积极主动地规划课程和设计教学活动上，还体现在他们对满足学生需求和激发学生学习兴趣的不懈追求上。这类教师不仅仅把教学视为一项任务，而是把它看作是帮助学生成长、实现自我价值的一种途径。因此，他们在教学过程中表现出较高的自我驱动力，总是主动寻找创新的教学方法，更新知识，提升专业能力，努力创造良好的教学效果。

其次，高职业幸福感的教师通常具有**较强的责任感和使命感**。他们认为教师这一职业对社会有着重要的影响力,肩负着培养下一代的责任。因此,这些教师在工作中更加积极投入,不仅仅关心学生的学业成绩,还关注学生的心理健康和全面发展。他们常投入更多时间和精力,与学生深入沟通,以了解学生的个性与需求,进而调整教学策略,提供更具针对性的支持。这份责任感促使他们在遭遇挑战时,不轻言退缩,而是勇往直前,积极探寻破解之道。

他们更展现出**高涨的情感积极性**,在日常教学中,乐于与学生互动,营造积极向上的课堂氛围。这类教师往往具有较强的情绪调节能力,能够在工作压力大或遇到困难时保持积极的心态,并将这种正能量传递给学生。他们能够从教学中获得成就感和满足感,这不仅增强了他们的职业幸福感,也进一步推动了他们的工作积极性。

此外,拥有高职业幸福感的教师,在工作中展现出**不懈的学习与成长动力**。他们不断通过培训、进修、阅读和交流等方式提升自身的专业素养和教学能力。高积极性的教师并不会满足于现状,而是始终保持对教育领域新知识和新技术的敏感度,积极参与学术交流,关注教育改革动态。他们通过不断学习和实践,反思自己的教学行为,努力改进和优化教学效果。

这种积极性不仅有助于他们自身的职业发展,也为学生的成长提供了更加良好的教育环境。通过不断地自我驱动和创新,他们成为教学中的领航者,影响着学生和整个教育系统的进步。

(二) 职业成就感

在职业成就感方面,高幸福感的教师同样展现出独特而深刻的体验。他们不仅仅满足于日常教学任务的完成,更注重在教学过程中实现个人价值与职业目标的统一。职业成就感对他们而言,是一种内在的驱动力,源于他们对教学事业的热爱和对学生成长的关注。

首先,这类教师能**从教学成就中汲取深厚的满足感**,他们不拘泥于学生的成绩单或考试分数,而是更加关注学生在知识积累、人格塑造和思维能力上的全面进步。当目睹自己的教学如春风化雨,激发学生的学习兴趣,助他们跨越学习难关时,教师的内心会涌动起深沉的成就感和自豪感。这些瞬间,往往成为他们教学生涯中最宝贵的记忆,也是激励他们持续投身教育事业的强大动力。

其次，高职业幸福感的教师往往**善于反思与改进自己的教学方式**。在他们的职业观念中，教学不仅是一项固定流程的工作，更是一门艺术，需要不断打磨与提升。每一次课程设计的优化、每一次教学效果的提升，都是他们实现职业成就的重要体现。他们乐于接受挑战，面对教学中的困难与问题，不会轻易退缩，而是主动寻找创新的解决路径。通过不断学习和反思，他们在教学中积累了经验，感受到个人成长带来的成就感，这种成就感无形中增强了他们对职业的认同感与幸福感。

此外，高职业幸福感的教师通常**具备较强的职业归属感与使命感**。他们深知自己的职业不仅关乎个体学生的成长，更关乎社会的未来发展。在职业成就感的激励下，他们更加积极地投入教育改革和创新中，力求通过自身的努力推动教育质量的提升。目睹昔日学子在未来社会中大放异彩，他们内心的职业自豪感如泉涌般自然流露。这种深远的职业成就感，既植根于当下的教学成果，又翱翔于对未来的宏伟愿景与坚定信念之中。

总而言之，职业成就感使得教师在教育过程中不断获得内在的满足与激励。这种成就感不仅体现在个人职业发展的持续进步上，更体现在他们对学生、对社会的贡献中。让教师能够在繁忙而琐碎的日常工作中找到幸福的源泉，进而在职业生涯中始终保持积极向上的心态与不懈的追求。

（三）个人成长与职业发展

高职业幸福感的教师在个人成长与职业发展方面展现出持续进取的姿态和对自身职业生涯高度的规划意识。对他们而言，教师这一职业不仅是传授知识的职责，更是一个自我实现的平台。在职业的旅程中，他们不仅追求专业能力的精进，还渴望通过不断学习和自我提升，找到更加丰富的职业意义。

首先，这类教师展现出**强烈的成长意识**。他们深知教育的时代变迁和知识的日新月异，始终保持对新知识、新理念的敏感性和开放性。在课堂教学之外，他们踊跃参与各类培训、研讨会及学术交流活动，力求紧跟教育前沿，掌握最新的教学方法与技术。在这个过程中，教师们不仅提升了自己的专业水平，也丰富了教学视野。这一过程不仅赋予了他们深刻的职业满足感，还激励他们在职业生涯中勇于突破自我,不断迎接新的挑战。

高职业幸福感的教师还拥有**明确的职业发展目标和规划**。他们从不满足于现状,总是积极探寻新的职业发展机遇,在学术研究、教育管理以及课程开发等多个领域,均展现出强烈的进取心。这些教师常常会根据自身的优势与兴趣,设定短期与长期的职业目标,并通过持续的努力一步步实现这些目标。职业目标的清晰感让他们在日常工作中拥有了更强的动力源泉,职业发展中的每一次进步和成就都会提升他们的幸福感,增强对教育事业的热情与信念。

他们在个人成长的过程中,往往**注重反思与自我修正**。他们并不把教学视为一成不变的程序,而是通过教学实践中的反馈不断优化和改进自己的教学方法。每一次课堂体验、每一位学生的进步,都是他们重新审视自己的契机。这种反思能力促使他们在教学工作中不断完善自我,提升对教学的掌控与适应能力,从而迈向更高层次的职业发展。

最后,高职业幸福感的教师具有**强烈的自我实现需求**。他们不仅追求职业上的成功,更追求通过职业实现个人价值。对于他们来说,教育不仅仅是一项工作,更是一份事业——一份可以在塑造学生未来、推动社会进步中找到自我价值的事业。通过帮助学生成长、推动教育创新、提高教学质量,这些教师在实现学生和社会发展目标的同时,也在实现着自己的职业梦想。这种自我实现带来的深刻满足,正是他们幸福感的根源之一。

总之,在个人成长与职业发展方面,高职业幸福感的教师展现出持续学习的态度、清晰的职业目标、强烈的反思能力以及自我实现的追求。根据相关研究,这些教师在专业发展态度与信念、专业发展知识与能力、专业研究意识与习惯等方面表现出高水平,这与教师职业幸福感的提升密切相关。他们不仅关注当下的教学实践,更着眼于长期的职业发展与自我提升。这种不断追求个人与职业成长的动力,使得他们能够在教育这条道路上走得更加坚定与充实,也让他们在职业生涯的每一个阶段都能体验到幸福的充盈感。

二、人际关系

(一)师生关系

师生关系是教育者和受教育者在教学实践过程中形成的各种相互关系的

第四章
什么样的教师在职业中拥有幸福？

总和,是教育教学关系中最为重要、最基础的关系。新型师生关系强调师生之间的联系性、发展性、合作性。中学课堂呼唤建立新型师生关系。师生关系是教育环节最基础、最复杂的关系,师生关系的优劣直接反映于课堂成效,更深远地,它关乎整个教育事业的兴衰成败。习近平总书记强调,"广大青年一定要坚定理想信念,练就过硬本领,勇于创新创造,矢志艰苦奋斗,锤炼高尚品格"。中学阶段是青少年身心健康成长的重要时期,教师更应当重视思想政治教育,帮助学生树立正确的价值观,坚定理想信念,创建民主平等、相互尊重、互相合作的新型师生关系,充分发挥学生的主体地位。

高职业幸福感的教师在师生关系上展现出独特而深厚的联结,这种关系不仅基于传统的知识传授,还体现在情感支持、个性化关怀与合作学习的多重层面。对于这些教师而言,教学不仅仅是传授学科知识的过程,更是与学生共同成长、共同探索的旅程。他们在师生关系中营造出信任、尊重与理解的氛围,进而使得学生和教师双方都能从中获得积极的情感体验与成长动力。

教育培养的是"人"而不是"考试机器"。高职业幸福感的教师在师生关系中体现出**强烈的情感支持和关怀**。他们不仅关注学生的学术表现,还注重学生的心理健康与全面发展。这类教师能够敏锐地察觉到学生的情感变化和需求,并通过及时的沟通和互动,给予学生情感上的支持。当学生面临学习困境或生活重压之际,教师总能及时伸出援手,耐心倾听他们的心声,给予积极的引导与鼓励。这种情感上的联结,使得学生在教师面前感到安全和被理解,进而建立起牢固的信任关系。访谈中,有老师说,自己带的学生家境不好,家里发生了变故,老师经常关心这个学生的情绪状态,和他沟通,给予他心理上的帮助和支持,并谈及这个学生令她印象深刻,觉得自己在帮助他的过程中,也在学生身上看到了很多可贵并令人感动的品质,这样的师生关系比一般的关系承载了更多的羁绊,同时互相滋养,让教师和学生都感到十分受益。

他们尤为**注重个性化教育**,擅长根据学生的特点灵活调整教学策略,真正做到因材施教。他们意识到每个学生都有独特的学习节奏和风格,因此不会简单地使用单一的教学模式,而是会根据学生的兴趣、能力和需要设计不同的学习方案。通过这种个性化的教学,教师不仅能帮助学生最大化地发挥潜力,也让学生感受到来自教师的特别关注和尊重,从而进一步增强师生之间的互动和联结。

转变教师角色,重塑课堂生态。教师在课堂中的定位,深刻影响着师生之间的距离感。新型的师生关系并非要摒弃教师作为知识传递者的角色,而是要让教师以引导者、合作者、倾听者的新姿态,融入课堂,与学生共同成长。他们**注重建立合作式的学习氛围**,在课堂上,教师通过开放式讨论、小组合作和问题探讨等方式,与学生共同参与知识的构建过程。此互动模式既增强了学生的参与度和责任感,又促进了师生关系的平等与和谐。在这一过程中,学生会感受到自身意见和想法的重要性,从而增强自信心,教师则能通过与学生的深度交流体验到教学的乐趣和成就感。

同时,根据经合组织的教师幸福框架和牛津大学福祉研究中心的研究,高职业幸福感的教师在师生关系中展现出**高度的尊重与耐心**。他们不仅尊重学生的个性差异,还允许学生在安全的学习环境中自由表达自我。面对学生的错误或不足,这些教师不会轻易批评,而是通过建设性反馈帮助学生理解问题所在,并提供改善的方向。这种尊重和耐心,不仅能够有效提高学生的学习动力,还能增强学生对教师的信任感,进而提升师生关系的质量。

正如牛津大学福祉研究中心所指出的,教师的幸福感是影响学生幸福感的关键因素。教师在教学过程中体验到的满足感和职业幸福感,源于深层次的情感联结和相互尊重。这种健康、积极的师生关系不仅为教师提供了成长的动力,也为学生找到了成长的方向。正是这种和谐、融洽的师生关系,推动了教师和学生双方的共同进步,成就了教育的真正意义。

(二) 同事关系

在教师的日常工作中,人际关系中的同事关系是关系职业幸福非常重要的一个部分,同事关系不仅是职场交往的基石,更是促进职业成长与情感慰藉的宝贵源泉。

根据对教师职业幸福感的调查,高职业幸福感的教师在同事关系中不仅表现出**高度的合作精神**,而且这种合作精神对于促进教师的专业发展、知识拓展、专业交流和反思、减轻孤立感和孤单感、培养团队合作精神和领导力等方面都具有重要意义。他们意识到教育是一项集体事业,需要与同事共同努力

第四章 什么样的教师在职业中拥有幸福？

才能达到最佳的教学效果。因此，这类教师在与同事合作时，乐于分享自己的教学经验、课堂管理技巧以及教育心得。他们主动参与教研组讨论、团队教学设计和学校活动，积极贡献自己的智慧和经验。此外，他们还虚心求教，博采众长，不断吸纳新知，以丰富自身的教育实践。这种开放的合作态度，不仅促进了个人的专业成长，也加强了教师团队的凝聚力。

其次，高职业幸福感的教师在同事关系中展现出**强烈的支持与共情能力**。他们懂得在工作压力大、教学任务繁重的环境下，同事之间的互相支持尤为重要。因此，这类教师不仅关注自己的工作状态，也关心同事的情绪和职业发展。在同事遇到困难或挫折时，他们会主动提供帮助和鼓励，通过分享自己的经验或倾听对方的困扰，给予情感上的支持。这种积极的互动不仅缓解了工作中的压力，也营造了互助互爱的团队氛围，使教师们能够在一个温暖、理解的环境中共同进步。访谈中，多位教师坦言，在同一教学小组内，若同事因授课或其他任务无法脱身，他们会主动帮忙接送放学后的孩子，并在生活中相互扶持。

此外，研究显示，具有高职业幸福感的教师往往在人际交往中展现出更为出色的**沟通技巧**和更高的**情感敏感度**。他们能够敏锐地察觉到同事间可能存在的冲突或分歧，并通过恰当的沟通化解矛盾。在与同事的日常交流中，这类教师往往能够保持礼貌、尊重与包容的态度，不会因为意见不同而固执己见，而是愿意站在对方的角度思考问题，寻求共识。他们凭借高效的沟通和解决问题的能力，在同事中树立了良好的口碑，赢得了信任，同时也极大地提升了团队的协作效率和合作成果。

他们在同事关系中展现出**积极的情感联结与友谊**。他们不仅仅把同事视为工作上的伙伴，也会在工作之外建立更深层次的友谊。通过参加学校活动、团队建设或者非正式的社交聚会，他们与同事之间形成了牢固的情感纽带。这种友谊和情感支持为他们提供了强大的情感力量，帮助他们在繁重的工作中找到情感的归属感，从而提升了整体的职业幸福感。在我们项目进行过程中，老师们会组团一起参加心理团体辅导，在做活动的过程中，她们发现了身边的同事一些隐藏的技能，比如唱歌、画画、打快板，也发现了很多老师们平时不会挂在嘴边的、心灵深处的梦想和初心，这让他们对彼此有了更深入立体的认识，他们的联结从此也更加紧密。

最后，高职业幸福感的教师在同事关系中体现出**高度的职业道德与责任感**。他们尊重每位同事的专业价值，对同事的工作成果给予高度的认可与赞赏。他们在团队中不会追求个人的独占性成功，而是注重团队的整体进步与发展。在教育领域，教师们经常需要互相帮助和支持，以应对工作中的各种困难和挑战。例如，在幼儿园教师的互帮互助记录中，教师们通过共享教学经验，帮助其他教师更好地应对工作中遇到的问题。在老师结对帮扶活动统计中，教师们本着共同学习、一起进步的理念，通过互相听课、评课等形式的活动，共同探讨、研究教学中碰到的问题，寻求处理问题的方法。这些案例表明，当面对同事的职业成长需求时，教师们愿意无私地提供帮助和指导，甚至会主动推荐资源或机会，助力同事的职业发展。这种宽容与支持的态度，不仅塑造了和谐的同事关系，也使得教师团队整体的职业幸福感得到了提升。访谈中的很多老师在日常的备课、上课过程中，都会在办公室互相交流进度、讲课方法、备课技巧，以及聊一聊共同关注的学生，探讨从哪些方面可以提升学生的成绩和素质。

综上，高职业幸福感的教师在同事关系中展现出合作精神、支持与共情、良好的沟通能力、情感联结与职业责任感等特点。他们构建和谐的同事关系，既为职业生涯添彩增福，也为提升学校教育质量和增强团队凝聚力做出了显著贡献。在这种健康、积极的同事关系中，教师们能够更好地分享知识、共同成长，进而推动整个教育事业的发展。

三、教学能力

教学研究能力是教师职业技能的重要内涵，也是教师将教学理念、教育理论转化为教学行为的重要抓手。教学研究能力的养成既需要在长期的教学实践中参悟教学研究的方向、思路、发展与得失，也需要在具体的教学研究过程中修习"为何做""做什么""怎么做"和"能做好"等实战技巧。

高职业幸福感的教师在教学能力方面展现出**深厚的专业素养**和**持续的创新能力**，这不仅体现在他们对知识的掌握和传授方式上，更表现在他们对教育本质的理解与对学生的深刻洞察。他们凭借卓越的教学能力，不仅圆满达成

第四章 什么样的教师在职业中拥有幸福？

教学目标，更在学生的成长道路上发挥了举足轻重的作用，从而极大地增强了自身的职业幸福感。

高职业幸福感的教师具备扎实的**专业知识储备和丰富的教学经验**。他们不仅精通自己所教授的学科内容，还能够灵活地将学科知识与现实生活、社会发展等结合起来，使教学内容更加生动有趣，贴近学生的实际需求。这类教师不仅仅是知识的传递者，更是学习的引领者，他们不仅传授书本知识，更助力学生培养思维、提升解题能力，并树立终身学习的理念。通过这种方式，学生不仅能够更好地掌握知识，还能培养起对学习的兴趣和主动性。

研究显示，高职业幸福感的教师在教学方法上展现出**极强的灵活性和创新性**，这与教师职业幸福感对教学质量的正面影响密切相关。教师能够依据教学情境、学生特点及学习需求，灵活调整教学策略，以促进学生学习动机，提高学习效果。比如，他们可能采用启发式教学、合作学习、项目式学习等多样化的教学方式，以适应不同学生的学习风格和兴趣点。这类教师不会拘泥于传统的教学模式，而是敢于尝试新方法，勇于挑战自我，不断优化和提升教学效果。教学方法的持续创新，不仅让课堂焕发活力，也让教师在教学相长中收获成就感。在我们旁听公开课过程中，我们观察到许多老师都以非常生动的方式讲授知识，并且鼓励学生的参与，让整个课堂充满活力。

此外，教师具备高超的**课堂管理能力**。他们能够有效地营造出一个积极、和谐的学习氛围，使学生感受到安全和尊重，从而更加主动地参与到课堂学习中。他们擅长运用教学组织形式，维护课堂纪律，同时加强师生互动，提升课堂参与度和互动性。这类教师擅长营造积极的课堂氛围，鼓励学生自由表达与深入思考，从而显著提升学习效果。

与此同时，这些教师还具备强大的**学生管理与指导能力**。他们不仅在课堂内施展高超的教学技艺，更在课后密切关注学生的成长轨迹，助力其发展。他们能够根据学生的个体差异，提供有针对性的学习建议和指导，帮助学生解决学习中的难题。此外，他们往往扮演着学生人生导师的角色，不仅关心学生的学术进步，还关注他们的心理健康和人格发展。通过这种全方位的关怀，教师与学生建立起了深厚的信任关系，这种情感纽带反过来也增强了教师的职业满足感。

高职业幸福感的教师还具备出色的**自我反思与改进能力**。他们不会满足于一成不变的教学模式,而是始终保持对自我教学行为的反思。他们通过学生的反馈、教学评估和自我反思,不断寻找改进教学的方法和途径。这种反思能力帮助他们发现教学中的不足,并及时进行调整与优化,从而不断提升自己的教学水平。他们深刻理解,教学既是严谨的科学,也是灵动的艺术,唯有在实践中不断探索与创新,方能精进。

这些特质不仅使他们成为优秀的教师,也让他们在教育事业中获得了持续的满足感与幸福感。通过不断提升教学能力,他们不仅为学生的成长铺路,也为自己的职业幸福注入了源源不断的动力。

四、心理状态

(一)心理健康现状

根据研究,高职业幸福感的教师往往在心理健康方面表现出**积极和平衡的状态**,他们能够有效地应对职业压力,维持身心的和谐与稳定。例如,四川省教育学会发布的报告指出,教师的心理健康水平受到多种因素的影响,包括年龄、地域差异、教龄、学历和职称评审的压力。优化教学环境、改革评价制度和建立专业的心理服务体系是提升教师心理健康水平的重要措施。他们的心理健康现状,既是高职业幸福感的结果,也是促成这种幸福感的重要因素。

根据相关研究,教师通常具备**较强的情绪调节能力**,这使得他们在面对教学任务的繁忙、学生管理的挑战以及职业中的各种压力时,能够保持冷静和理性。例如,一项调查研究显示,教师在调节积极情绪方面的能力高于消极情绪,且情绪调节能力随着教龄的增加而增长。这类教师擅长通过自我调节、正念训练或积极的心理暗示来应对压力和负面情绪,避免这些情绪影响他们的工作表现和生活质量。短暂的挫折与困难无法击倒他们,他们通过积极自我对话与反思,迅速恢复心理平衡。正是这种情绪调节能力,使他们能够在长时间的教学过程中维持良好的心理状态,减少因工作压力而导致的心理问题。

这些教师通常拥有**较高的自我效能感和职业认同感**。他们对自己的教学能力和职业发展有明确的信心,认为自己能够胜任教学工作,并在这个过程中为学生、学校和社会作出贡献。这种自信和自我效能感帮助他们在面对教学中的困难时更加从容不迫,减少了无力感和挫败感。与此同时,他们深刻认同教师职业,视教育为不仅谋生之道,更是实现个人价值的舞台。这种职业认同感提升了他们的职业满意度和幸福感,使他们在工作中体验到更多的意义感,从而维持积极的心理状态。

高职业幸福感的教师还表现出**良好的心理弹性**。当他们在工作中遇到困难或挑战时,能够迅速适应并作出积极的应对。这种心理弹性助力他们在高压与快速变化中保持稳健心态,远离焦虑与抑郁。他们能够从失败中学习,并视挑战为成长的机会,这种心态不仅让他们在职业生涯中不断进步,也使他们更能从教学工作中获得满足感和成就感。

保持健康的心理状态离不开**合理的生活方式**,工作之余,他们重视休息与自我关怀,以运动、阅读、音乐、旅行等丰富内心,有效预防心理倦怠。

总的来说,他们能够在繁忙的教学工作中保持良好的心理状态,体验到持续的职业幸福感。这种健康的心理状态不仅帮助他们在教学工作中表现得更加出色,也使他们能够长时间地保持对教育事业的热情和投入。

(二) 心理支持系统

教师在职业生涯中,依赖于一个多层次的心理支持系统,该系统助力他们应对教学挑战,缓解工作压力,并为个人和职业成长提供必要的情感支撑。心理支持系统不仅来自外部的社会关系网络,也包括教师自身的内在调节能力和认知方式。这种多元而稳固的支持系统,使得他们在面对职业压力和生活中的困境时,能够保持积极的心理状态,进而提升职业幸福感。

高职业幸福感教师的重要心理支持源自**学校和教育组织的支持性文化环境**。在一个良好的学校环境中,教师能够感受到来自管理层、同事以及学校资源的强大支持。若学校管理层能明确职业发展路径,合理分配资源,并科学安排教学任务,教师便能在工作中更易获得满足感。此外,学校还可以通过定期的专业发展培训、教师成长计划以及心理健康支持,帮助教师在教学过程中不断提升自己的专业能力和应对压力的能力。这种支持性文化环境为教师创造了一个良好的心理健康基础,使他们能够在工作中感受到安全感与归属感。访谈中,众多教师坦言,学校领导不仅在工作上给予指导,在日常生活中也常表达关怀,如生日送蛋糕、过节赠礼物等,这些举措让教师深感被重视,增强了他们对学校和组织的归属感。

同事关系是教师心理支持系统的重要组成部分。拥有高职业幸福感的教师,往往能够轻松**与同事建立起基于合作与互助的紧密关系**。在工作中,教师可以通过与同事交流,分享教学中的挑战与成功,获得反馈和建议。同事间深厚的相互理解和坚定支持,如同温暖的港湾,有效缓解了教师的职业孤独感,减轻了工作压力。此外,教师团队中的情感纽带,能够在教师遇到职业困境时提供及时的心理支持,帮助他们缓解焦虑情绪并重拾信心。

家庭和朋友的支持同样是高职业幸福感教师的重要心理支柱。在生活中,家庭成员和朋友往往扮演着情感支持者的角色,为教师提供了一个安全的情感宣泄空间。工作之余,教师通过与家人和朋友的亲密互动,得以倾诉职业上的重重压力与复杂情绪,从而获得深切的理解和温馨的关怀。这种非正式的情感支持有助于教师在繁忙的工作之后放松心情、平衡情绪,并从亲密关系中汲取正能量。此外,一个稳定和谐的家庭环境,如同坚实的后盾,为教师提供了不可或缺的心理安全感,使他们能够心无旁骛地专注于职业发展。

除了外部支持,高职业幸福感教师还依赖于**自身的心理调节能力**和自我支持系统。有些教师具备较高的正念水平,能够通过正念练习、冥想等方式来减轻压力、保持内心的平静。他们通过积极的自我对话和认知重构,增强对自身的信心和职业的控制感,从而有效应对外部压力。此外,随着自我效能感的日益增强和职业成就感的不断积累,教师们在工作中愈发坚定,能够持续维持较高的心理能量水平,以应对各种挑战。

心理健康专业人士的支持也是教师心理支持系统的重要组成部分。在一些学校或教育系统中,设有心理咨询师或心理辅导项目,帮助教师在心理健康出现问题时及时获得专业帮助。借助定期的心理辅导或咨询,教师们得以更深入地洞察自己的心理状态,习得科学的情绪管理技巧,从而在繁重的工作压力中依然保持心理健康。这类专业的心理支持,能够有效预防教师的职业倦怠和心理问题,使其在教育工作中保持长期的积极心态。

教师在职业发展中的支持网络也包括教育**同行或学术团体的支持**。高职业幸福感的教师往往积极参与教育领域的学术交流与同行合作,借助专业网络拓宽视野,提升教学能力。在这种专业支持网络中,教师能够分享教学经验、探讨教育理念,并通过同行的肯定和反馈增强自信心。这种专业上的相互支持,不仅促进了教师的职业发展,也进一步强化了他们的职业认同感和归属感。

五、工作—家庭平衡

随着我国老龄化社会的到来,生育政策的放开,许多家庭面临着沉重的赡抚负担。根据民政部发布的数据,截至2022年末,全国65周岁及以上老年人口赡养比已达21.8%,意味着每100名劳动年龄人口需要负担近22名老年人。尤其是双独(夫妻双方均为独生子女)家庭,养老压力更为突出。在这样的大环境下,人们的工作—家庭压力越来越大,双职工家庭不断增多,夫妻双方都要不断应对工作角色与家庭角色之间的来回转换,这种角色职能上、时间安排上、精力分配上的冲突,导致工作—家庭关系的矛盾被凸显出来。

工作—家庭的平衡是许多职业人士追求的理想状态,尤其对于教师这一职业群体而言,平衡好工作与家庭之间的关系至关重要。教师往往需要在职业生涯与家庭生活之间寻求一种和谐的平衡,让两者相互促进,而非相互阻碍。这种平衡不仅关乎个人的心理健康,也直接影响职业的满意度和家庭的幸福感。

(一) 高职业幸福感教师工作—家庭平衡特点

工作与家庭平衡的基础在于**时间管理能力的提升**。拥有高职业幸福感的教师,通常能够巧妙地安排工作与家庭的时间,确保两者都能获得充分的重视。教学工作繁忙,尤其是在备课、批改作业和参与学校活动时,教师的时间容易被大量占用。高幸福感的教师通过制订详细的计划、合理安排时间、制定优先级、制定时间块和利用科技工具等方法,成功地提高了工作效率,减少了时间浪费和压力。他们能够在工作时间内专注于教学任务,提高效率,减少不必要的加班时间。这种合理的时间安排,使他们能够在下班后留出足够的时间与家人共处,参与家庭活动,从而在生活中获得情感上的满足。

高职业幸福感教师能够在工作与家庭之间**建立明确的界限**。他们懂得适时地放下工作,全身心地投入家庭生活中。这意味着,他们会刻意避免将工作压力或负面情绪带回家中,避免因工作干扰而影响与家人相处的质量。这类教师能够明确区分家庭时间与工作时间,在家庭中专注于亲情和自我放松,避免工作负担侵蚀个人生活。这种清晰的界限不仅有助于工作中的专注与高效,也为家庭成员带来了更多的情感支持和陪伴。

此外,高职业幸福感的教师在工作与家庭平衡中展现出强大的**心理调节能力**。作为教师,特别是面对繁重的教学任务和班级管理压力,他们难免会遇到工作中的挫折与困扰。然而,他们懂得如何通过有效的情绪管理来减轻工作压力,不让消极情绪影响家庭生活。这类教师往往采用正念、冥想、运动等方式来缓解工作中的压力,确保在进入家庭生活时能够以平和的心态面对家人。通过这种情绪调节,他们在家庭中保持积极和支持的角色,从而维持了良好的家庭关系。

家庭的支持也是工作与家庭平衡的重要因素。高职业幸福感的教师通常能够在家庭中获得理解和支持,特别是来自配偶和孩子的关怀和帮助。家庭成员的理解和情感支持使他们能够更加从容地应对职业上的压力,而家庭的和谐氛围则为教师提供了坚实的心理后盾。高幸福感的教师不仅享受家庭的情感慰藉,还能够通过与家人的互动,重新充电,增强面对职业挑战的信心和力量。这种幸福感的来源,不仅体现在教师与家长建立的积极亲密关系中,也反映在教师与同事之间和谐良好的人际关系上,正如研究指出的,教师职业幸福具有集体性和关系性,这些互动关系对教师的整体幸福感有着显著的正面影响。与此同时,他们也愿意为家庭付出,通过参与家庭活动、照顾家庭成员等方式,进一步巩固家庭关系。

尤为值得一提的是,高职业幸福感的教师,**擅长在家庭与工作间寻找共鸣之处**。教育事业本身与家庭生活有一定的共鸣,教师在教学中所展现出的耐心、关怀和责任感,往往也会在家庭中发挥作用。比如,他们在家庭教育中也可以运用自己在学校的教育经验,帮助孩子成长;同时,家庭中的温暖与支持,也可以反过来激励他们在工作中更具耐心与创造力。这种双向的良性互动,使得教师在家庭和职业中都能获得满足感和成就感。

最后,**灵活的工作安排和学校的支持政策**也在教师实现工作与家庭平衡中起到积极作用。为了帮助教师更好地平衡家庭责任和职业需求,一些学校采取了灵活的工作时间安排或提供远程办公的机会,这与当前教育界对教师工作与家庭平衡的重视相一致。此外,学校若能积极关注教师的家庭需求,提供带薪家庭假、幼儿托管等贴心福利,将有效缓解教师在工作与家庭间的双重压力,进而提升其职业幸福感。

综上所述,工作与家庭的平衡对于高职业幸福感的教师而言,是通过合理的时间管理、明确的工作—家庭界限、有效的情绪调节、家庭支持以及灵活的工作安排来实现的。这种平衡不仅让他们在职业生涯中持续收获满足,也让家庭生活更加和谐美满。通过在工作和家庭中找到平衡点,教师能够长时间保持积极的心理状态和职业热情,最终实现职业与生活的双赢。

(二) 影响因素

1. 性别差异

在探讨高职业幸福感教师的工作—家庭平衡时,性别差异是一个不可忽视的重要因素。在高校教师职业发展中,性别差异显著影响了男女教师的工作与家庭责任体验。例如,女性教师在职业晋升和科研成果方面面临更多挑战,同时承担更多家庭责任,这影响了她们的职业幸福感和工作与家庭之间的平衡策略。男性教师虽然在职业晋升方面相对有利,但性别角色的刻板印象和歧视也可能影响他们的职业发展和情感支持需求。

传统上,**不同性别工作与家庭责任的分配不同**,教师职业女性在家庭中往往承担着更多的家务和照顾孩子的责任。尽管现代社会对性别角色的认知有所转变,但众多女性教师仍背负着职场与家庭的"双重负担",在两者间艰难平衡。这种角色冲突会使她们在工作与家庭的平衡中感到更加困难。相对而言,男性教师在家庭责任上的参与度普遍不高,尽管这一状况正逐渐改善,多数男性仍侧重于承担经济支持的角色。因此,男性教师在平衡工作与家庭时,能更专注于工作,从而可能更易获得职业上的满足感。

男性和女性教师在对**职业角色和家庭角色的认同上存在差异**。女性教师常将教育看作关怀与奉献的崇高事业,尤为重视与学生、同事及家庭成员间的情感纽带。在面对工作与家庭的压力时,她们可能更倾向于寻找情感支持,分享职业上的挑战,进而减轻心理负担。男性教师在职业认同方面,则更侧重于个人的成就积累与专业成长。他们在面对工作压力时,可能更倾向于通过自我调节来解决问题,较少寻求情感支持。这种差异导致男性和女性教师在工作与家庭平衡的方式上呈现出不同的特点。

性别差异还体现在**心理健康和职业幸福感**的层面上。研究表明,女性教师在面临工作与家庭压力时,容易表现出更高的焦虑和抑郁水平。她们在家庭生活中承担更多的情感劳动,导致心理负担加重。相对而言,男性教师在职业幸福感的体验上,通常表现出更高的自我效能感和心理弹性,能够更有效地应对工作压力。这种心理状态的差异反过来又影响了工作与家庭的平衡。女性教师或会因焦虑影响工作表现,加剧工作与家庭的矛盾。相比之下,男性教师因家庭责任较轻,可能享有更多职业发展机会,从而在职业上收获更高的幸福感。

在建立**支持系统**时,性别差异也显得尤为重要。女性教师通常倾向于建立更强的社会支持网络,包括与同事、家人和朋友的情感联系。面临工作与家庭挑战时,女性教师更倾向于寻求帮助和倾诉,如与家人朋友外出聚餐,这种社会支持能有效缓解她们的压力,提升职业幸福感。相比之下,男性教师在构建社会支持系统时,可能更多依赖职业圈内的支持,较少涉及情感层面的交流。这种差异使得男性教师在面对工作—家庭平衡时,可能缺乏情感支持,进而影响其心理健康和幸福感。

教育机构和政策的支持也会受到性别差异的影响。在制定教师工作—家庭平衡的相关政策时,应充分考虑男女教师在责任、需求和挑战上的不同。为女性教师提供更灵活的工作安排、育儿支持以及职业发展的机会,将有助于提升她们的工作—家庭平衡,从而增强职业幸福感。同时,为男性教师提供更多参与家庭责任的机会,将激励他们在职业发展与家庭生活间寻求更佳的平衡。

在探讨高职业幸福感教师的工作—家庭平衡时,性别差异显然是一个重要维度。深入理解并妥善应对男女教师在平衡工作与家庭中所面临的独特体验与挑战,不仅能够显著提升教师的职业幸福感,更能为教育行业的整体健康发展注入强劲动力。通过政策支持、社会支持网络以及灵活的工作安排,能够为教师创造一个更加和谐的工作—家庭平衡环境,最终实现个体与社会的双赢。

2. 城镇与乡村教师的地域差异带来的工作—家庭平衡问题

在探讨高职业幸福感教师的工作—家庭平衡时,地域差异是另一个不可忽视的因素。城镇与乡村教师在职业和家庭责任上的体验存在明显差异,尤其在工作环境、生活条件、社会支持等方面,这些差异直接影响了他们的职业幸福感和工作—家庭的平衡状况。

首要的是,城镇教师与乡村教师在工作环境上的显著差异,直接且深刻地影响了他们在追求工作—家庭平衡过程中的内心体验。城镇教师通常工作于设施齐全、资源丰富的学校中,这为他们的教学工作提供了有利条件。城市中教育资源相对集中,为教师提供了丰富的教学设备、图书馆资源、专业培训及学术交流平台,这些资源不仅助力教师提升教学质量,还极大地缩短了备课时间,降低了教学难度。这种便利的工作条件,使城镇教师能够更好地掌控自己的工作时间,进而为家庭生活留出更多的空间。与之相对,乡村教师面临着教育资源匮乏、设备陈旧、学生基础较差等诸多困难。这些因素导致乡村教师的工作负担往往更为沉重,需要投入更多时间和精力来备课、授课,甚至需要承担学校的行政工作或其他琐碎事务。乡村教师在面对相对较少的教师数量时,往往需要承担多重职责,这不仅反映了乡村教育资源的紧张,也揭示了他们在平衡工作与家庭责任方面所面临的挑战。因此,乡村教师在面对工作与家庭平衡时,通常感到压力更大,职业幸福感也相对较低。

在**生活条件**方面,城镇教师享有更为便利的城市生活,交通、医疗、教育、娱乐等方面的设施较为完善。这些条件使得城镇教师能够较轻松地应对家庭责任,尤其是在照顾孩子和处理日常生活事务时,城市中的服务业发达,家政服务、托儿机构和课后班等资源可以帮助教师分担家庭责任,从而为他们在职业发展中提供更多的时间和精力。然而,乡村教师的生活条件却十分艰苦。交通闭塞、医疗资源匮乏,教育和生活服务设施也严重不足,给他们的日常生活带来了诸多挑战。乡村教师在照顾家庭方面往往依赖自身或亲戚朋友的帮助,缺少城市教师可以获得的社会服务资源。这种情况不仅加重了乡村教师的生活负担,还使得他们在工作—家庭平衡中陷入困境。由于乡村教师的工作地点与家庭住址通常距离较远,他们还可能面临通勤时间过长的问题,进一步压缩了他们与家庭共处的时间。

社会支持系统是影响教师工作—家庭平衡的重要因素之一，而城镇教师与乡村教师在这一方面的体验也存在显著差异。城镇教师得益于发达城市的环境，能够轻松获取来自同事、朋友、社区及多种社会组织的全方位支持。城市中丰富的社交活动为教师们提供了与同事、朋友建立情感联系的机会，这些联系成为了他们工作与家庭压力下的重要情感慰藉。城镇的学校管理相对完善，教师的工作压力有时会通过合理的分工和组织机制得到缓解。乡村教师常处于相对孤立的工作生活环境中，学校规模小、教师数量有限，限制了他们的社交范围。同事间的互动频率较低，情感支持网络也较为薄弱，导致乡村教师在面对工作压力时，往往缺乏足够的社会支持。加之乡村社区社会服务网络不健全，教师在儿童托管、心理咨询及生活服务等方面难以获得社区支持，只能独自应对诸多挑战，进一步加剧了工作与家庭的冲突。

职业发展机会也是城镇与乡村教师在工作—家庭平衡上的一个重要差异点。城镇教师拥有更多的职业发展机会，城市中各种教育培训、学术会议、研讨会等活动频繁，教师能够通过不断学习和交流，提升自身的专业水平。这些职业发展机会不仅显著提升了教师的教学技能，还极大地增强了他们的职业成就感，带来了满满的幸福感。此外，灵活多样的职业发展路径为城镇教师提供了丰富的职业规划选择，有效缓解了工作与家庭责任之间的冲突。相比之下，乡村教师的职业发展机会则显得相对匮乏。地理位置的偏远，使得乡村教师鲜有机会参与高水平的学术交流和培训，从而限制了他们的职业发展路径。这种职业发展的停滞感，容易让乡村教师产生职业倦怠和无力感，进而影响到他们的家庭生活。此外，缺乏职业发展的动力也会使得乡村教师在工作中感到压力更大，因为他们无法通过提升自身能力来减轻工作负担。结果是，乡村教师的工作压力常常无法得到缓解，职业幸福感也随之降低。

城镇与乡村教师在工作—家庭平衡方面的另一个显著差异在于，**教育政策**对不同地区教师的支持力度不同。城镇地区的教育政策通常更加完善，教师可以享受更多的福利待遇，例如带薪休假、灵活工作时间安排、教师宿舍、学校附属托儿所等。例如，根据国家统计局的数据，2018 年全国公办教师平均工资为 9.23 万元，高于城镇非私营单位就业人员的平均工资。此外，一些地区如深圳的教师工资可达 35 万，而浙江杭州的应届毕业生教师年薪在 20 万左右。这些数据和案例表明,城镇教师的福利待遇不仅在政策上得到保障,而且在实际执行中也有所体现。而在乡村地区,教育政策对教师的支持力度相对较弱。尽管国家近年来出台了一系列政策,旨在提高乡村教师的待遇,改善他们的工作环境,例如河南地区教师生活补助的提高、职称评聘向乡村教师倾斜以及住房保障的加强,但在实际操作中,这些政策的落实仍然面临诸多挑战。尽管乡村教师享有基本工资、绩效工资、津贴补贴、年终奖金和社会保障福利等,但与城镇教师相比,他们在职业发展、薪资待遇以及生活保障方面依然存在较大差距。这种政策上的不平衡,加剧了乡村教师在工作—家庭平衡中的困难,影响了他们的职业幸福感。

城镇与乡村教师在寻求工作—家庭平衡的过程中,所遇到的差异主要体现在工作环境优劣、生活条件好坏、社会支持强弱、职业发展机会多少以及政策支持力度大小等方面。城镇教师得益于城市中较为完善的教育资源和社会服务体系,能够更好地在工作与家庭之间找到平衡,享有较高的职业幸福感。而乡村教师则因面临教育资源匮乏、生活条件艰苦、社会支持薄弱等诸多挑战,难以在工作与家庭责任中取得平衡。理解并解决这些地域差异,是提升乡村教师职业幸福感、促进城乡教育均衡发展的关键一步。

六、外部环境

(一) 学校支持

在教师职业幸福感特征的讨论中,外部环境中的学校支持扮演着至关重要的角色。学校作为教师的主要工作场所,其提供的资源、政策和支持直接影响着教师的工作满意度、职业成就感以及心理状态。对于高职业幸福感的教师而言,学校的支持不仅体现在物质资源的供应上,更在于学校为教师提供的心理支持、职业发展机会以及对工作与生活平衡的重视。以下从学校支持的不同角度,详细阐述高职业幸福感教师的特征。

1. 教学资源与工作环境的优化

高职业幸福感的教师通常能享受学校提供的丰富教学资源与优越工作环境,涵盖尖端教学设备、完备的教学材料及舒适的办公备课场所。充足的教学资源不仅提升了教师的工作效率,还为他们创造了更加便利的教学条件,使其能够专注于提升教学质量,减少在烦琐事务上的时间消耗。

此外,工作环境的优化也是学校支持的重要体现。整洁、安静和设备齐全的办公空间,有助于教师在备课和教学过程中保持专注,提升工作满意度和教学质量。因此,学校应致力于营造一个有利于教师专注备课和教学的环境,从而提升他们的工作满意度。高职业幸福感的教师往往能够从这种良好的环境中获得更多的职业成就感,增强了他们对工作的投入度和热情。

2. 职业发展与培训机会的提供

职业发展机会的丰富性是高职业幸福感教师的重要特点之一。学校为教师铺设了多元化的职业发展道路,通过定期的教学培训、学术研讨、进修及外出学习机会,助力教师专业技能与学术水平的持续提升。这些职业发展机会不仅满足了教师的个人发展需求,还进一步增强了他们职业发展的信心和动力。

在支持职业发展的过程中,学校还应确保晋升机制的公平与透明。在公平公正的工作环境中,高职业幸福感的教师能够不断提升教学水平,积极参与学校事务,从而获得晋升机会。这种机制保障了教师的职业成就感,激励他们在教学工作中不断追求卓越。

3. 心理支持与关怀机制的建立

学校在心理支持方面的投入也是高职业幸福感教师的重要特征之一。学校应重视教师的心理健康,通过定期举办心理健康讲座、建立心理辅导机制,以及促进教师间的互助交流,为教师提供全面的心理支持。高职业幸福感教师通常在面对职业压力时,能够通过学校提供的心理支持体系,获得及时的情感疏导与情绪管理。

此外,学校应营造积极的工作氛围,鼓励教师之间的合作与交流。良好的同事关系能够为教师提供情感支持,增强他们的归属感和团队协作意识。这种良好的心理支持体系,使教师在面对工作压力时感受到关怀和理解,减轻了职业倦怠感,提升了幸福感。

4. 工作与生活平衡的支持

高职业幸福感教师通常能够在学校支持下实现工作与生活的平衡。学校通过提供灵活的工作安排、带薪休假政策以及家庭友好的工作环境,帮助教师在繁重的教学任务和家庭责任之间找到平衡。尤其针对肩负家庭责任的教师,学校提供托儿服务和灵活上下班时间等,有效缓解他们的生活压力。

这种家庭友好型政策,不仅有助于教师在家庭责任和职业发展之间取得平衡,还提升了他们的工作满意度和生活质量。拥有高职业幸福感的教师,因学校的支持而得以释放更多时间和精力,专注于教学及职业成长,从而进一步提升职业幸福感。

5. 公平透明的管理与政策

学校管理机制是否公平透明,直接影响教师的职业幸福感。高职业幸福感的教师通常在一个尊重教师权益、注重民主决策的学校环境中工作。学校管理层通过建立透明的管理流程和公开的决策机制,让教师能够参与到学校事务的管理中,增强了他们的参与感和主人翁意识。

公平的管理不仅体现在晋升机会的公正性上,还应体现在工作任务的合理分配上。高职业幸福感的教师,通常能从学校获得合理工作负荷,避免繁重教学和行政任务带来的过度压力。学校通过优化工作流程、合理分配任务,确保教师有足够的时间专注于教学和自我提升,帮助他们在工作中保持高昂的积极性和职业幸福感。例如,通过实施弹性工作时间制度,教师可以根据学校的实际情况,合理安排自己的上下班时间,早来早走或晚来晚走,从而获得更多的休息时间和精力,提高工作效率。此外,教师工作时间管理与调整的策略,如制定科学合理的日程表、合理分配时间优先级、合理安排休息和调整时间等,都是提升教师职业幸福感的有效方法。

高职业幸福感教师的特征在很大程度上依赖于学校提供的外部支持。学校通过改善工作环境、提供充足的教学资源、保障职业发展机会、增强职业认同感以及优化管理机制,为教师创造了必要的支持和保障,从而促进了教师的幸福感。这种全面的支持体系不仅帮助教师减轻了工作压力,还为他们提供了实现个人成长和职业成就的机会,使其在工作中保持持续的积极性和成就感,最终提升了他们的职业幸福感。

(二) 社会尊重

在探讨高职业幸福感教师的特点时,社会尊重是影响教师职业幸福感的重要外部环境因素之一。教师作为人类社会的"灵魂工程师",其职业不仅关乎知识的传授,更在于塑造下一代的思想和人格。因此,社会对教师的尊重程度直接影响着教师的自我认同感、职业价值感以及整体的职业幸福感。以下从社会尊重的角度,详细阐述高职业幸福感教师的特征。

1. 社会地位与职业荣誉感

社会对教师职业的尊重程度首先体现在其社会地位的认知上。高职业幸福感的教师通常工作在一个社会尊重教师职业、赋予教师较高社会地位的环境中。社会各界对教师之于学生成长和社会进步的巨大贡献给予了广泛认可,并赋予他们崇高的荣誉感和沉甸甸的责任感。这种社会地位的提升,使教师在履行职业职责时,感受到更强的使命感和职业光荣感,从而增强了职业满意度和幸福感。

在一些重视教育的社会和文化中,教师被视为社会道德和知识的守护者,承担着为国家和社会培养未来公民的重任。这种对教师社会角色的高度认同,不仅极大地提升了教师的社会声望,更为他们内心深处带来了难以言喻的职业荣誉感。高职业幸福感的教师通常因为社会的尊重而获得更多的职业成就感,他们在教育工作中的奉献和付出得到社会的肯定和认可。

2. 社会支持与舆论环境

除了社会地位,教师在舆论环境中的形象也极大地影响了其职业幸福感。高职业幸福感教师往往生活在一个尊重教育、重视教师的社会中,社会舆论积极正面地评价教师的工作。媒体、社区和政府在公共舆论中展现出对教师的尊重与支持,营造了一种尊师重道的文化氛围,这种氛围给予了教师心理上的支持和归属感。

一个积极健康的舆论环境,如同春风化雨,能够悄然帮助教师卸下职业的重压,同时激发他们的工作热情,让他们更加全身心地投入到教育事业中。当教师感受到社会对教育工作的认同和支持时,他们更加愿意全身心地投入教学中,形成积极的工作态度,从而提升职业幸福感。

另一方面,社会对教师若存负面偏见或施加不公批评,将直接影响教师的职业满意度与幸福感。拥有高职业幸福感的教师,常能从正面的社会舆论中汲取心理力量,感受到社会对其专业能力和奉献精神的认可,从而在面对职业挑战时展现出更强的心理韧性和自信。

3. 政府政策与薪酬待遇

高职业幸福感的教师往往享有与其社会贡献相匹配的薪酬待遇和福利水平,这反映了社会对教师职业的尊重。政府和社会机构通过政策保障教师的经济收入,确保其薪酬与职业责任和工作强度相匹配。这种经济上的尊重不仅体现在薪酬水平上,还包括其他福利措施,如教师的医疗保障、退休金、带薪休假等。完善的福利待遇不仅彰显了社会对教师工作的认可,还为教师提供了基本生活保障,有效减轻了他们的经济负担,使他们能更专心于教学工作。

政府对教师的政策支持同样反映了社会对教师的尊重程度。通过制定和落实有利于教师发展的政策,如提高教师待遇、提供更多的职业培训机会以及支持教师的职业发展规划,政府能够增强教师的职业认同感和幸福感。在高职业幸福感的教师群体中,政府的政策支持通常表现为对教育行业的长期投入和对教师职业地位的提升,使教师感受到社会的公平和关怀。

4. 社会文化对教育的重视

一个尊重教师的社会往往也是一个重视教育的社会。在这种社会文化背景下,教育被视为个人和国家发展的关键,教师作为教育的重要实施者,自然获得了社会的尊重和支持。高职业幸福感的教师通常在一个高度重视教育、广泛推崇知识和学习型社会中工作。这种文化背景不仅体现在社会对教育的投资和支持上,还反映在每个家庭和个人对教师职业的尊重态度中。

在这些社会中,家长、学生和社区成员对教师怀有深厚的敬意,积极配合教师的教学工作,并在生活中给予他们更多的理解与支持。家庭和社区对教师所展现的尊重,不仅进一步强化了教师的职业认同感,还极大地提升了他们的职业幸福感。

5. 家长和学生的尊重与合作

教师的职业幸福感还受到来自家长和学生的尊重和反馈的影响。高职业幸福感教师通常与家长和学生保持良好的沟通和合作关系,家长认可教师的专业性,并尊重教师在教育中的权威。家长与教师之间的信任和合作使得教师能够更加顺利地开展教学工作,减少了外部的干扰和压力。

同时,学生的尊重和对教师的积极反馈也是影响教师职业幸福感的重要

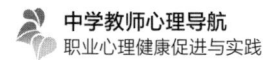

因素。当学生尊重教师、积极参与课堂并对教学内容表现出兴趣时,教师会获得强烈的职业成就感和满足感。良好的师生互动关系不仅显著提升了教学效果,还极大增强了教师的职业幸福感。

高职业幸福感教师的特点中,社会尊重是一个不可忽视的外部环境因素。社会对教师职业的尊重,体现在其较高的社会地位、积极的舆论环境、有力的政府政策支持、合理的薪酬待遇以及家长和学生尊重的态度等多个层面。一个尊重教师、重视教育的社会环境,不仅能够为教师提供必要的物质保障,还能够通过心理上的认可和支持,增强教师的职业成就感和幸福感。社会尊重为教师的职业发展提供了积极的外部氛围,帮助他们在教学工作中保持积极的态度和持续的动力。

第二节　低职业幸福感教师的特点

前面,我们讨论了许多关于高职业幸福感教师的特点,而低职业幸福感教师的特征恰与高职业幸福感教师形成了鲜明对比。职业幸福感不仅是教师个人感知到的工作满足感和生活满意度的体现,更直接影响了他们的教学质量、工作效率以及对教育事业的投入。我们了解了很多理论方面的知识,每个人都非常希望自己能成为高幸福感的教师,但是现实里很多时候,我们都无法像书本中说到的那样,将每个方面都做得面面俱到,也会有很多低职业幸福感的教师,那么他们都具体表现在哪些方面呢?

高职业幸福感教师通常表现出积极的工作态度、较高的成就感以及平衡的工作与生活状态,而低职业幸福感教师则常常陷入职业倦怠、工作压力大、情绪消极等问题中。他们往往缺乏来自外部环境的支持和自身发展的动力。他们可能因为工作负荷过重、学校资源匮乏、社会地位不高等原因,感到自己的职业价值没有得到充分地体现。这种不满与压力的累积,不仅可能导致情绪低落、身体健康受损,还可能削弱他们对学生的关注度和教学热情。此外,低职业幸福感的教师还可能在人际关系上感到孤立,与同事和学生的互动变得更加紧张与疏远。

相较于高职业幸福感的教师,低幸福感教师往往面临更多职业挑战,工作热情和投入度降低,更多地聚焦于消极的工作体验。职业发展的受限、工作与生活难以平衡以及社会对教师职业的认可度不足,都是导致他们幸福感低下的主要因素。因此,深入了解低职业幸福感教师的特征,对改善教师的工作条件、提升其幸福感有着重要的现实意义。这一部分将从职业成就感、情绪耗竭、人际关系、心理健康等多个角度,详细分析低职业幸福感教师的特征。

(一)职业倦怠

职业倦怠,表现为情绪衰竭、低成就感和人格解体,是低职业幸福感教师的显著特征之一,也是影响教师整体职业体验的重要因素。例如,一项对全国范围职业院校 1 238 名教师的调查显示,情绪衰竭、低成就感和人格解体的检出率分别为 34.2%、15.7% 和 11.1%。职业倦怠是指在长期高压环境下,个体经历情感枯竭、工作效率下降及职业兴趣与热情丧失的状态。对于低职业幸福感的教师群体而言,职业倦怠不仅削减了他们对教育事业的热情投入,还深刻影响了其心理健康状态及教学质量,产生了长远的负面影响。

1. 情绪枯竭与心理压力

低职业幸福感教师常常经历情感上的高度枯竭。情绪耗竭作为职业倦怠的核心成分之一,是指个体因长期过度的工作压力而感到情感资源枯竭,无法继续投入工作。这种现象在低职业幸福感的教师群体中尤为普遍,并且对其教学效果和个人生活产生深远的影响。

低职业幸福感的教师通常面临着持续的高工作负荷,包括大量的教学任务、备课、批改作业和学生管理等烦琐事务。他们无法从日常教学中获得足够的情感回报,渐渐感到自身的情感资源被耗尽。**长期超负荷工作导致情绪资源枯竭**,这种情绪耗竭不仅使他们对工作感到厌倦,甚至逐渐失去了原有的教学热情和动力。在这种情况下,教师的工作不仅是体力上的挑战,更是一种情绪消耗的过程。他们感到无法再持续付出关心和支持学生的情感,导致教师与学生之间的互动质量下降,进一步加剧职业倦怠。

对于教师来说,情感劳动是日常工作中的重要组成部分。他们在教学中需不断激发情感,关心学生的学习和心理状态。但低职业幸福感的教师常感自己情感付出与收获极不平衡。学生负面反馈、家长不满、同事竞争及学校管理压力，让他们觉得努力未获应有认可。这种失衡导致情绪耗竭，让教师感觉工作中情感枯竭，成就感与满足感难求。情绪耗竭加剧，教师对职业的热情与信念渐失，甚至开始怀疑自己的职业道路。

低职业幸福感教师的情绪耗竭不仅来源于工作本身的压力，还与他们所处的工作环境和心理支持系统密切相关。研究显示，教师情绪劳动中的情绪衰竭维度与缺乏有效的心理支持和同事间的互助密切相关，这不仅影响教师自身的情绪状态，还可能对学生的学业成就产生负面影响。当教师在学校内部无法找到情感倾诉或支持的对象，他们就很难从工作中恢复情绪上的平衡，进一步加剧了情绪耗竭。

此外，**学校管理层对教师情感状态的忽视**，也使得教师更容易陷入情绪耗竭的状态。当教师的心理需求得不到关注时，他们在工作中的情绪压力得不到有效释放，导致情绪耗竭愈发严重。

情绪耗竭不仅对教师的心理健康产生负面影响，还会直接影响到教学质量。情绪耗竭的教师在课堂上表现出情感冷漠、缺乏耐心，甚至无法积极应对学生的需求和问题。负面情绪不仅阻碍了师生间的有效互动，还严重削弱了教师的教学成效与课堂管控力。

随着情绪耗竭的加剧，教师可能出现旷工、频繁请假等行为，甚至考虑离职。这不仅加重了其他教师的工作负担，也给学校整体的教学质量带来负面影响。研究显示，教师在职业幸福感较低的状态下，往往伴随着较高的心理压力。他们可能面临来自学校、家庭及社会的多重期望，但缺乏足够的支持和资源来应对这些压力，进而导致情绪波动、焦虑或抑郁感。这种高压下的情感枯竭让教师失去对职业的满足感，进一步加剧了其职业幸福感的下降。

2. 个人效能感下降

职业倦怠还表现在低职业幸福感教师的个人效能感下降上。个人效能感是指个体对自己工作能力的信心和成就感。陷入职业倦怠的教师，常感教学工作难以达到预期效果，进而逐渐质疑自己的职业能力。低职业幸福感教师常常认为自己的付出得不到应有的回报或认可，无论是来自学生、家长还是学校管理层的反馈，都无法让他们感到自己的努力有所成就。

这种效能感的下降不仅影响了教师的工作态度,也直接反映在教学质量上。根据对 S 省 8 个地市 29 431 名中小学教师的调查数据,教师职业幸福感的高低直接影响其教学质量和创新性。低职业幸福感的教师可能在课程准备上不够精心,教学缺乏创新,并可能对学生需求反应迟缓。进一步降低了他们的职业自信心,形成了一个恶性循环:自我效能感越低,情绪衰竭和去个性化的程度越严重,职业幸福感也随之越低。

3. 去个性化倾向

职业倦怠带来的另一个典型表现是去个性化倾向,即教师开始对工作对象——学生和同事,甚至是自己失去个体化的关怀和关注。低职业幸福感的教师,往往容易将学生和家长视为无尽的麻烦,而非值得耐心倾听与积极协助的伙伴。他们对学生的需求缺乏敏感性,甚至可能表现出冷漠或疏远的态度。这种缺乏情感投入的状态,使得他们的师生关系变得紧张和疏离,进一步加剧了职业倦怠感。

在同事关系上,低职业幸福感教师也常常表现出孤立倾向。他们对同事间的相互支持与协作失去了兴趣,往往选择避开学校的集体活动与合作项目,仿佛一步步远离了教学团队温暖的怀抱,将自己孤立于情感的孤岛之上。这种去个性化的倾向不仅影响了教师的工作关系,也让他们感到孤立无援,从而进一步加深了倦怠感和不满情绪。

4. 逃避工作与生活失衡

职业倦怠的低幸福感教师还常常表现出对工作的逃避和对生活的无力感。根据对教师职业倦怠的调查,发现教师群体中存在较高的职业倦怠现象,这可能导致他们频繁出现请假、旷工或消极应对工作任务的情况,以此来暂时缓解心理压力。然而,这种逃避行为并不能真正解决问题,反而会让他们感到更加疲惫和无助。

工作与生活的失衡也是低职业幸福感教师面临的重大挑战之一。由于长时间沉浸在职业倦怠的泥潭中,这些教师如同在迷雾中徘徊,难以在工作与家庭的跷跷板上找到稳定的平衡点。工作的重压与负面情绪如同无形的潮水,悄然渗透进他们的个人生活,侵蚀着家庭关系的和谐与个人生活的品质。随着倦怠感的加深,他们在生活中也会感到无精打采,缺乏恢复精力的时间和空间。

5. 缺乏支持与职业发展机会

低职业幸福感教师的职业倦怠问题,通常还与其所处的工作环境缺乏足够的支持有关。学校如果没有为教师提供足够的职业发展机会、心理支持以及工作资源,教师很容易陷入倦怠的恶性循环中。培训机会的稀缺与职业晋升路径的模糊,如同为教师们的职业发展之路设置了重重障碍。他们在日复一日的教学工作中,难以窥见长远的职业前景与个人成长的广阔天地,这种迷茫与无助,无疑为职业倦怠的滋生提供了肥沃的土壤。

职业倦怠是低职业幸福感教师的核心特征之一。情感枯竭、个人效能感下降、去个性化倾向、逃避工作与生活失衡等表现,都是他们在面对繁重工作压力、缺乏支持和发展机会时的自然反应。这种职业倦怠不仅削弱了教师的职业成就感,还影响了其对教育事业的奉献精神。根据职业院校教师职业倦怠调查研究,全国范围内有显著比例的教师表现出情绪衰竭、低成就感和人格解体等倦怠特征。例如,职业院校教师中情绪衰竭的检出率为34.2%,低成就感为15.7%,人格解体为11.1%。这些数据强调了教师职业倦怠的普遍性和严重性,因此,学校和社会必须采取积极措施,提供必要的支持和资源,帮助教师克服倦怠,提升他们的职业幸福感。

(二)人际关系负面互动

低职业幸福感教师在人际关系方面的负面互动是其职业体验中常见且重要的特点之一。人际关系的负面互动不仅加剧了教师的职业倦怠,还严重影响了其工作满意度和整体幸福感。以下从几个方面详细探讨这种负面互动对低职业幸福感教师的影响。

1. 与同事的紧张关系

在学校环境中,同事之间的合作和支持对教师的工作幸福感至关重要。然而,低职业幸福感的教师常常在与同事的互动中感到紧张、竞争和孤立。这种负面的同事关系可能源于工作任务分配不均、职场竞争,甚至资源分配的冲突。

例如,教师之间可能会因为教学绩效、工作评价或晋升机会产生摩擦。当竞争过于激烈时,教师会感到缺乏必要的支持,甚至被同事视为对手。这种环境下的负面互动不仅削弱了团队合作精神，还导致教师在工作中感到孤立无援，进一步加重了职业压力和情绪耗竭。

2. 与学生的冲突

与学生的负面互动是低职业幸福感教师的另一个明显特征。教师的职业成就感很大程度上来自与学生的积极互动和教学反馈。然而，当教师面临学生的不合作、缺乏学习动力或纪律问题时，他们会感到情感上的失望和挫败。这种负面互动容易引发教师的情绪失控或行为失当，导致师生关系的恶化。

特别是那些职业幸福感缺失的教师，他们在情绪调节上的短板，使得面对学生问题时，更容易陷入消极、冷漠，甚至是激进的泥潭，从而陷入一个难以自拔的恶性循环之中。长期与学生产生冲突会让教师感到无力、沮丧，甚至对教学失去信心和兴趣。

3. 与家长的矛盾

教师与家长的关系也在一定程度上影响着他们的职业幸福感。低职业幸福感的教师往往会在与家长的沟通中遇到更多挑战。家长对教师的教学方式、教育效果的不满，或者对孩子的过度保护，都会导致双方关系紧张。

部分家长可能会提出超乎寻常的期望，或是对教师提出种种不合理的要求，尤其是在关乎孩子学业成绩与行为表现的敏感问题上，这种压力尤为显著。当教师发现自己无法满足家长的期待或在家校沟通中频繁受到质疑时，他们会感到压力倍增。长期的这种负面互动使教师的工作变得更加复杂和艰难，进一步降低了他们的职业幸福感。

4. 缺乏管理层支持

学校管理层与教师的互动是影响教师职业幸福感的重要因素。在严格的管理制度下，教师可能会感到缺乏人文关怀，这影响了他们的职业幸福感。教师在面对挑战如问题学生、教学压力或个人困难时，若管理层未能提供及时的支持或公平待遇，可能会导致教师感到被忽视和不被重视。

这种因缺乏支持而产生的负面互动，无疑会加剧教师对自己在学校中地位不稳的担忧，进而严重削弱他们的工作投入度与情感体验。一旦教师感受到管理层态度的冷漠或是官僚作风的盛行，他们的工作热情便会如坠冰谷，迅速消散，同时对未来的职业发展前景感到迷茫与绝望。

5. 团队合作中的沟通障碍

在一些学校中,团队合作是教学工作的常态。然而,低职业幸福感教师在团队合作中往往表现出沟通不畅、信任感低以及缺乏合作精神的问题。由于与同事、学生、家长和管理层的负面互动经历较多,这些教师可能会表现出更多的防御性,甚至不愿意主动参与团队合作。

这种沟通障碍进一步恶化了他们的工作状态和情感体验。在面对问题时,他们可能感到孤立无援,不愿寻求帮助,甚至回避与他人的交流。这种孤立感进一步削弱了教师的工作积极性和整体幸福感。

教师在人际关系中面临的负面互动不仅体现在与同事、学生、家长和管理层的紧张关系上,还体现在他们缺乏足够的支持和沟通渠道,这影响了他们的情感幸福感。通过营造和谐的人际关系和有效的沟通,可以提高教师的职业幸福感。这些负面互动持续累积,不断侵蚀着他们的职业热情,导致他们在工作中体验到深刻的情感耗竭与孤立无援。为应对这一挑战,学校亟需构建更为完善的心理支持体系,优化沟通渠道,强化教师间的协作与相互理解,从而有效减轻教师在人际互动中的负担,进而提升他们的职业幸福感。

第三节 高低职业幸福感教师与其表现特点的关系

(一) 因果关系

在探讨高低职业幸福感教师与其表现特点之间的因果关系时,我们需要从多个维度进行分析。这一关系并非单向的,而是一个复杂的互动过程,其中个人的职业幸福感不仅影响着教师的表现特点,同时,教师的表现特点也能反过来影响其职业幸福感。

首先,**教学互动关系的影响**。研究显示,具有高职业幸福感的教师往往展现出更强烈的工作投入感和更为积极的工作态度。他们在课堂上更具创造性和热情,能够与学生建立良好的关系。这种积极的情绪状态不仅提升了教师的教学效率,也促进了学生的学习动机和学业成就。研究表明,教师的情绪会直接影响学生的情绪和表现,高幸福感的教师能够创造出更加积极的学习环境,从而在课堂管理、学生互动等方面表现出更高的水准。另一方面,而职业幸福感较低的教师,则容易流露出疲惫不堪、消极怠工乃至冷漠疏离的情绪。这类教师在教学中可能缺乏热情,导致教学质量下降,课堂气氛不佳。消极环境会直接影响学生的学习成效,导致学生流失率攀升,学业成绩下滑。这种恶性循环加剧了低幸福感教师在职业生涯中的困境。

此外,教师的职业表现同样对其职业幸福感产生深远影响。例如,教师的幸福感受到多种因素的影响,包括个人的专业发展机会、工作环境的支持度以及同行之间的合作与交流。表现出色的教师更可能获得认可与奖励,这种正反馈机制进一步提升了他们的职业满足感。相反,若教师表现受限或缺乏支持,其职业幸福感则会下降,再次陷入恶性循环。

此外,**个人的心理素质与应对策略**也在这一因果关系中扮演着重要角色。具有较强心理韧性的教师能够更有效地应对工作压力,保持高水平的职业幸福感,而心理素质较弱的教师则可能因压力而影响表现,进而导致幸福感的下降。

综上所述,高低职业幸福感与教师表现特点之间的因果关系是双向的,彼此相互影响。这一关系的复杂性提示我们,在提升教师职业幸福感的同时,也应关注其表现特点,通过建立良好的支持体系和职业发展机会,促进教师的整体幸福感和表现水平,从而实现教育质量的提升和可持续发展。

(二) 个体差异

在探讨职业幸福感的高低与教师表现特点之间的关系时,个体差异是一个值得深思的方面。性格特质、情绪调节能力和自我效能感这三个因素相互交织,共同影响着教师的职业幸福感及其表现。

性格特质在教师的职业幸福感中扮演着核心角色。心理学研究显示,**外向性、亲和力及责任心等积极性格特质,往往与教师的职业幸福感呈正相关**。外向型教师擅长构建和谐的师生关系与同事关系,进而在课堂上营造出一种轻松愉悦的教学氛围。这种积极的互动不仅增强了自己的幸福感,也促进了学生的参与度。相反,高神经质的教师可能更容易感受到压力和焦虑,这些负面情绪会逐渐削弱他们的职业满足感。因此,教师的性格特质直接影响着他们的工作表现和心理状态。

根据研究,**教师的情绪智力与职业幸福感之间存在显著的正相关关系**,情绪智力在缓解职业压力和提升职业幸福感方面起到部分中介作用。因此,能够有效调节情绪的教师更有可能减轻心理负担,保持乐观态度,并积极应对教学和学生的需求,从而提升职业幸福感。这样的教师不仅能处理课堂上的突发情况,还能将积极的情绪传递给学生,创造出一个良好的学习环境。研究表明,情绪调节能力与职业幸福感之间存在显著的正相关关系,情绪稳定的教师更容易感受到职业的成就和满足。

自我效能感是推动教师职业幸福感的重要内在动力。它是指个体对自己在特定情境下完成任务能力的信心。教师的高自我效能感不仅增强了他们对自己教学能力的信心,而且在面对教学挑战时,他们往往展现出更强的韧性和创造力。这种积极的自我认知不仅提升了他们的职业幸福感,还体现在他们高效的课堂管理和学生的积极参与上。他们乐于接纳新知,积极寻求专业成长,由此构建了一个良性循环,促进了职业发展的持续进步。

教师的职业幸福感与其表现特点与个体差异之间存在密切的联系。教师的情绪调节、性格特质和自我效能感三者相互作用,共同影响了教师的工作体验和职业表现。理解这些个体差异不仅可以为提升教师的职业幸福感提供启示,还可以帮助教育管理者更有针对性地提供教师培训和支持。关注个体差异有助于教育系统更有效地激发教师的潜能,从而整体提升教育质量。

(三) 长期与短期效应

在探讨职业幸福感的高低对教师表现特点的影响时,区分长期和短期效应对于理解这种复杂的相互作用至关重要。这种时间上的差异有助于我们更全面地认识教师职业幸福感对其工作表现的深远意义。

1. 短期效应

短期效应关注的是教师在某一特定时期内的职业幸福感对其表现产生的即时影响。教师的职业幸福感高涨时,他们往往能激发出更高的教学激情,营造出积极向上的课堂氛围。这种积极的情绪不仅能优化他们的教学风格,还能在师生互动的桥梁上加固与学生之间的纽带。研究显示，教师心情愉悦之时，其激励学生的能力倍增，课堂参与度与学习效果亦随之显著提升。

然而，短期效应的脆弱性也不容忽视。当教师面临突发的压力或遭遇负面事件时，比如学生的反应不如预期或者教学评估结果不佳，他们的职业幸福感可能会迅速下滑。这种情绪的短期波动会直接影响到课堂教学的质量，可能导致教师情绪低落、缺乏工作动力，甚至出现课堂管理问题，这些都会影响学生的学习过程。

2. 长期效应

相比之下，长期效应则侧重于教师职业幸福感对其表现特点的持久和深远的影响。那些长期享有高职业幸福感的教师往往能够维持较高的工作积极性和创造力。随着时间的推移，他们更愿意投入时间和精力进行个人专业发展和教育创新。这类教师不仅会在教学质量上不断进步，还会在教育行业中成为榜样，促进团队协作和知识共享，从而营造出一个良好的教育环境。

长期的职业幸福感宛如灯塔，引领教师在职业生涯的海洋中建立起坚实的职业归属感和认同感。这种认同感使得教师能够坚定自己的教育信念和价值观，抵御外界压力，始终保持对教育工作的热情。这不仅能促进教师的个人职业发展，还对学生的成长和教育机构的整体氛围产生显著的正面效应。

相反，长期的职业幸福感缺失可能引发教师的职业倦怠，导致离职率攀升，进而对教育质量产生不良影响。这种消极状态的持续累积，不仅会削弱教师的职业表现，还可能对学生的学习体验产生深远的负面影响。

综上所述，短期效应和长期效应在职业幸福感与教师表现特点之间的关系中各有其重要性。短期效应体现了教师情绪的即时波动及其对课堂表现的直接影响，而长期效应则反映了职业幸福感随着时间推移的持续影响，塑造着教师的职业发展和教育理念。理解这两者之间的关系，有助于我们制定更有效的策略，提升教师的职业幸福感，进而优化教育质量和学生的学习体验。

(四) 外部影响因素

在深入探讨高低职业幸福感教师与其表现特点之间的关系时，外部影响因素如同春风化雨，潜移默化地塑造着教师的职业体验。其中，工作环境、社会认同和政策支持作为三个关键支柱，交织在一起，形成了影响教师职业幸福感的复杂生态。

1. 工作环境

工作环境不仅指物理空间，也包括教师之间的互动氛围和学校文化。一个良好的工作环境，首先体现在基础设施的完善，这直接关系到教师职业幸福感的提升，同时也体现在教学资源的丰富，为教师的专业成长和教学工作提供有力支持。设想教师置身于宽敞明亮、设施完备的教室授课，其工作效率与满意度定会大幅提升。反之，若教室狭小、设备老旧、资源匮乏，教师难免心生挫败，职业幸福感亦随之受损。

更为重要的是，教师之间的合作与支持是工作环境的另一重要维度。团队精神浓厚的学校，教师间乐于分享教学心得，共商教学难题，彼此激励，遇困时同事间相互扶持，这种协作氛围极大提升了教师的职业满足感。反之，竞争激烈、缺乏沟通的环境容易导致孤立感和压力，进而降低教师的幸福感。

2. 社会认同

社会认同是教师职业幸福感的另一根重要支柱。教师在社会中的地位与影响力直接反映了社会对教育的重视程度。当社会普遍尊重教师这一职业，认可他们在学生成长、社会发展中所作出的贡献时，教师的职业自豪感和幸福感便会显著提升。譬如，媒体积极宣扬教师佳绩，凸显教育于国家发展的重要性，教师于工作中便能感受到更多的支持与认同。

然而，社会对教师的认同并非总是如人所愿。在一些地区，教师的薪酬水平和职业地位相对较低，社会对教育价值的忽视使得教师在教学过程中缺乏成就感。这种情况下，教师不仅容易感到疲惫和无助，还可能产生职业倦怠，进而影响他们的教学效果和与学生的关系。

3. 政策支持

政策支持是塑造教师职业幸福感的重要外部因素。教育政策的制定与执行，对教师的职业发展和心理健康起着决定性作用。有效的政策能够涵盖教师的培训、职业发展、心理健康支持及薪酬制度等多个方面。例如，提供定期的专业发展培训，能够帮助教师不断更新知识和教学方法，增强自我效能感，提升他们的职业满意度。

第四章
什么样的教师在职业中拥有幸福？

与此同时，合理的薪酬体系和工作保障也是政策支持的关键组成部分。在许多国家，教师的薪资未能与其所付出的努力相匹配，这种经济压力不仅会影响教师的生活质量，还会对其职业幸福感造成负面影响。此外，政策支持还应当关注教师的心理健康，提供心理咨询和支持服务，以帮助他们应对职业压力和情绪挑战。

4. 文化背景

除了上述因素，文化背景也是影响教师职业幸福感的重要外部因素。不同地区对教育的文化认同和价值观念，直接影响教师的职业体验。在一些文化中，教育被视为崇高的事业，教师受到高度尊重，职业幸福感较高。然而，在某些文化中，教育和教师并未得到应有的重视与尊重，被视为普通职业，这种文化背景无疑会削弱教师的自我认同和职业满足感。

这些外部因素共同构成了影响教师职业幸福感的多维生态，优化教师工作环境对提升教学效率和教育质量具有显著影响。良好的工作环境不仅能够增强教师的职业幸福感，还能促进学生学习效果的提升。因此，教育领导者和政策制定者应当关注这些因素，通过有效的措施支持教师的职业发展，为教育事业的蓬勃发展奠定坚实的基础。

小　结

本章围绕"什么样的教师在职业中拥有幸福"这一核心问题，系统阐述了高职业幸福感与低职业幸福感教师的特征差异，并从多个维度进行了深入分析。

首先，从工作态度与成就感来看，高职业幸福感的教师通常表现出高度的责任心和使命感，他们热爱教育事业，对工作充满热情。根据教师职业幸福感与工作表现关系的研究，教师职业幸福感对教育工作具有重要影响，它不仅关系到教师个人的职业满足感，还与教学效果密切相关。例如，教师在教学中不断取得成就，能够显著提升教学效果，从而获得强烈的职业满足感。相反，低职业幸福感的教师则可能对工作缺乏热情，成就感较低，甚至产生职业倦怠。

其次，在与学生和同事的关系上，高职业幸福感的教师善于与学生建立良好的师生关系，关注学生的成长，同时也能够与同事保持和谐的关系，共同推动教育事业的发展。而低职业幸福感的教师，在与学生的互动中往往感到深深的挫败，与同事间的相处也可能因压力而显得较为紧张与疏离。

在教学能力和心理状态方面，高职业幸福感的教师通常具备较高的教学能力，能够灵活运用各种教学方法和手段，提高学生的学习兴趣和效果。同时，他们拥有坚韧的心理状态，能够从容不迫地应对工作中的重重压力与挑战。而低职业幸福感的教师则可能在教学能力上有所欠缺，心理状态也较为脆弱，容易受到外界因素的影响。

此外，家庭背景、文化氛围、社会支持网络以及外部环境因素，连同教育技术的应用，均对教师的职业幸福感产生显著影响。通常，具有较高职业幸福感的教师能够获得家庭的支撑与理解，并处于更为积极向上的文化环境中。同时，他们亦能从学校、社会及同行中获得必要的支持与认可，并能有效利用教育技术以提升教学成效。相比之下，职业幸福感较低的教师，在上述诸多方面可能遭遇重重阻碍，这无疑会进一步削弱他们的职业幸福感。

最后，本章深入探讨了教师职业幸福感的多维度影响因素，包括因果关系、个体差异、长期与短期效应，以及外部影响因素，并基于实证研究提出了提升策略。

本章通过对比分析高职业幸福感与低职业幸福感教师的特征差异，为我们提供了深入了解教师职业幸福感的视角和方法。同时，也为改善教师工作环境、提升教师职业幸福感提供了有益的参考和启示。

（和子湲，宋国萍）

第五章 是什么在影响教师职业幸福感？

根据《中国教师发展报告2020—2021》的调查，418名中学教师在职业幸福感方面列举幸福因素，超过80%的教师能在工作中体验到职业幸福感，且初任教师和60岁以上教师的职业幸福感水平较高，呈现出"U"形波动趋势。最显著的因素包括：热爱其职业（72.7%），工作的稳定性（69.4%），师生共同成长（68.9%）和同事关系融洽（68.9%）则并列第三，领导的尊重与支持（45.4%），较高的社会地位（37.3%），学校的人文管理（35.9%）及专业自主权（29.7%）等。另有10.5%的教师提到了其他因素。

反之，在探讨幸福感缺失的因素选择中，研究发现工作压力、薪酬待遇、社会认知度等因素是导致中小学教师职业幸福感缺失的主要原因。薪酬与付出不匹配（74.8%）和工作任务繁重（70.8%）是两大主因，紧随其后的是58.2%的教师认为学生难管教。社会地位低且要求高（39.7%）、学校评价不公（39.4%）、成就感匮乏（33.3%）、专业自主权受限（23.3%）及人际关系不和谐（19.7%）也是不可忽视的原因。另有10.0%的教师归咎于其他因素。

从上面结果来看，根据《中国教师发展报告2020—2021》的研究，中学教师的职业幸福感受到多方面因素的影响。积极的社会价值导向、公正的外部评价、较高的收入、正确的自我定位以及学生考出好成绩等因素，是提升教师职业幸福感的关键。而工作压力、薪酬不公、工作负担重、学生管教难题以及社会地位要求等，则是导致幸福感缺失的主要原因。当然，不同的研究因为其研究对象、取样时间、取样地区等因素的差别，会显示出不同的研究结果，但是总体上来说，研究结论基本是一致的。

为了深入理解影响教师职业幸福感的因素，我们接下来将从个体、家庭、工作、组织和社会五个维度进行详细探讨。这是一种常见且系统的分析方法，尤其在研究人的心理状态、行为动机、工作满意度、幸福感等领域时广泛应用。

第一节　个体因素

个体因素我们将从心理学研究的角度来展开说明，分别介绍人口统计学因素、心理与认知因素、专业能力因素以及在中学教师群体中存在的对职业幸福感影响最直接、最广泛的工作压力和职业倦怠这四个因素。

一、人口统计学因素

人口统计学因素在多个领域中都扮演着重要的角色，尤其是在社会学、经济学和市场营销等领域。这些因素通常被用来描述和分析一个群体的基本特征和构成。人口统计学因素涵盖性别、年龄、收入水平、受教育程度、婚姻状况、职业等，还可能涉及种族、国籍、宗教信仰及健康状况等。这些因素在不同文化和社会背景下可能具有不同的重要性和影响。

关于人口统计学因素对中学教师职业幸福感的影响，众多研究得出了不同的结论。这可能是由于样本、研究方法和地域文化等的差异导致的。以下是对这些主要研究发现的详细梳理：

首先，研究结果显示，**中学教师整体的职业幸福感处于中等水平**。根据相关研究，中学教师在性别、学历、是否担任班主任、教龄、婚姻情况、职称以及任教学科等多个维度上的职业幸福感，并未表现出统计学意义上的显著差异。然而，值得注意的是，在不同学段上，教师的职业幸福感存在差异，其中**初中教师的整体职业幸福感高于高中教师**。

性别差异上，尽管职业幸福感整体无显著差异，但女教师在成效感方面显著优于男教师。这可能与女性在教育领域中的细腻与耐心等特质有关。

是否为班主任方面，职业幸福感水平总体相当，但班主任在身体健康维度上的得分明显低于非班主任。这可能与班主任需要承担更多的管理责任和工作压力有关。

研究发现,尽管大多数已婚教师对自己的婚姻感到满意,但他们在平衡家庭与工作关系时面临较大压力,这可能导致他们的职业幸福感水平低于未婚教师,且这种差异是显著的。

此外,随着**教师职业生涯**的发展,教师职业幸福感呈现出动态波动、积极上升的态势。新手型教师由于对职业的高度认同、积极的工作态度以及全身心地投入工作,因而拥有了较高的职业幸福感。然而,在胜任型教师阶段,教师们面临着工作负荷重、职称评聘等多重压力,这些压力可能导致他们的职业幸福感陷入'中年危机'的困境。而到了专家型教师阶段,历经艰辛与努力后,教师在专业能力、职称地位等方面已达顶峰,其职业幸福感水平也显著高于其他各教龄段。

总而言之,人口统计学因素对中学教师职业幸福感的影响是多方面的,且随着职业生涯的发展而呈现出不同的态势。因此,我们需要更加关注教师的职业幸福感,采取有效措施提升教师的职业认同感和工作满意度,从而进一步提高教育质量。

二、心理与认知因素

心理与认知因素是两个密切相关且相互影响的领域,它们共同构成了个体对外部世界的理解和反应方式。在中学教师群体中,职业认同感、自我效能感和自我实现需要等是经常被提及的研究课题,是非常重要的心理与认知因素,此外个人气质与性格、心理健康程度对于个体的影响是全方位的,在教师职业幸福感方面也是很有必要来探讨的。

(一) 职业认同感

职业认同是个体在工作过程中的心理感受。国内学者对于职业认同的定义有不同的偏向。王海涛认为,职业认同是指员工对自身行业的认可程度,对所从事行业充满向往与激情,使个体努力成为自己想成为的员工。宋广文,魏淑华的研究认为,教师职业认同是教师对自己从事职业各个方面心理上的认识,共包括四个维度:职业价值观、角色价值观、职业归属感和职业行为倾向。根据李向朝等人的研究,职业认同对教师的专业发展具有显著影响,这一点在教师职业认同研究中得到了广泛认可。例如,一项对中国知网核心期刊收录的 264 篇文献的分析显示,教师职业认同对教师个人的职业发展和教师队伍的整体建设都起着重要的作用。

有关教师职业认同的研究方法主要有两大类,一为质性研究、通过故事叙述、访谈、档案或日志、行动研究等方式收集数据,加以研究;二为实证研究法,主要采用问卷法对教师职业认同进行研究。职业认同的两大核心过程为职业探索和职业承诺,个体通过对自我和职业世界进行探索,继而做出职业承诺。因此,良好的职业认同意味着深入探索职业并做出承诺,实现自我与职业的匹配,从而助力个体应对挑战,在挫折面前坚持不懈。

多项研究表明,教师的职业认同程度总体较高,但仍有部分教师存在职业认同危机。职业认同与幸福感正相关,即职业认同程度越高的教师,其幸福感越高。这可能是因为职业认同高的教师对教育工作有更高的满足感和成就感,从而更容易体验到幸福感。研究发现,教师的职业认同与工作倦怠之间存在显著的负相关关系,即职业认同程度越高的教师,其职业倦怠症状越少。这可能是因为职业认同高的教师更加热爱教育事业,对工作有更高的热情和投入,从而降低了职业倦怠的风险。而职业倦怠与幸福感呈负相关,即职业倦怠越严重的教师,其幸福感越低。

(二)气质与人格类型

1. 气质类型

古希腊著名医学家希波克拉底认为人体内有四种液体,即血液、黏液、黄胆汁、黑胆汁。这四种液体在人体内的比例不同,形成了四种气质类型,即多血质、胆汁质、黏液质、抑郁质。这一理论为后世的人格研究提供了重要启发。尽管性格特质无优劣之分,但不同气质类型面对职业挑战和压力时,反应和体验各异。

黏液质的人通常表现为反应性低,情感和行为动作进行得迟缓、稳定、缺乏灵活性。情绪难起亦难显,激情鲜有,面对困境亦能泰然自若。这种气质类型的教师在面对工作压力时,可能更倾向于保持冷静和稳定,不易受到外界因素的干扰。然而,他们也可能因为缺乏灵活性和对新环境的适应能力而感到压力。

具有抑郁质的人倾向于展现出较高的感受性,他们的行为和情感表达往往缓慢而柔和,体验深刻但不轻易外露。他们容易陷入消极情绪的循环,特别是在面对职业挑战时,可能会感到焦虑、沮丧和不安,这可能对他们的职业幸福感产生负面影响。据研究,抑郁质倾向的人群中,心理疾病的患病率相对较高,这不仅可能影响他们的日常生活,还可能进一步削弱他们的职业幸福感。

相比之下,胆汁质的人反应速度快,具有较高的反应性与主动性,情感和行为动作产生的迅速而且强烈。多血质的人则行动具有很高的反应性,情感和行为动作发生得很快,变化得也快,但较为温和。这两种气质类型的教师在面对职业挑战时,可能更具适应性和灵活性,能够更快地调整自己的心态和情绪,从而更容易获得职业幸福感。

2. 人格特质

教师的个人特质是指教师在教育教学过程中表现出来的相对稳定的个人特点和品质。这些特质对于教师的教育教学效果以及学生的成长和发展都具有重要影响。例如性格、价值观及兴趣爱好等因素,均对其职业幸福感产生显著影响。例如,乐观、积极、有耐心的教师可能更容易感到职业幸福。这些个人特质并非孤立存在,而是彼此关联、相互作用。

在这里,我们主要说到的人格特质为大五人格。大五人格(OCEAN),也被称为人格的海洋,是心理学中一种重要的人格描述模式。它包括了五种主要的人格特质,分别是开放性(Openness)、责任心(Conscientiousness)、外倾性(Extroversion)、宜人性(Agreeableness)和神经质(Neuroticism)。这五种特质的首字母组合起来正好是OCEAN,因此得名。大五人格理论在心理学研究和实践中具有广泛的应用,可以帮助人们更好地理解和评估个体的人格特点,从而为心理咨询、心理治疗、职业规划和人力资源管理等领域提供有价值的参考。

开放性:描述一个人的认知风格和探索新事物的态度,包括想象力、审美、感受性、创新、求知欲和价值观等方面。开放性高的人往往愿意接受新鲜的观念和事物,而开放性低的人可能更务实、从众,不喜欢复杂和抽象的事物。

责任心如同一面镜子，映照出一个人的胜任力、公正无私、条理清晰、尽职尽责、成就斐然、自律严谨、谨慎行事及克制自我等品质。它往往与个体的明确目标导向、周密的计划安排及强大的自我控制能力紧密相连。

外倾性：表现为一个人的热情、社交、果断、活跃、冒险和乐观等特质。外倾性高的人往往善于社交，充满活力，而外倾性低的人可能更内向、保守。

宜人性涵盖了信任他人、利他主义、直率坦诚、顺从和谐、谦虚谨慎及移情理解等品质。高宜人性者往往能织就一张紧密的人际关系网，展现出卓越的合作精神；而低宜人性者则可能显得更为自私自利，对人冷漠。

神经质则揭示了人在平衡焦虑不安、敌对情绪、内心压抑、过度自我意识、冲动行为及脆弱心态等方面的挑战。高神经质者仿佛置身于情绪的惊涛骇浪中，易受波动；而低神经质者则如同航行在平静的海面，情绪稳定如初。

其中，宜人性、责任心和神经质三个特质对于中学教师职业尤为重要。宜人性高的教师通常更容易与学生和同事建立良好的关系，形成良好的教育环境，从而增加职业幸福感。责任心强的教师会更加认真地对待教学工作，尽职尽责，从中获得更多的成就感和满足感。而神经质较低的教师则能够更好地应对工作压力和挫折，保持情绪稳定，有助于提升职业幸福感。

查教师人格基本结构和职业倦怠感的关系，倦怠感得分高的教师在人格的神经质和内倾性上得分也高。神经质的教师表现出更多的负性情绪和压力反应，而内倾性意味着行为的被动、社会交往兴趣的减退。与此相反，外倾性的教师在教学上能够取得很好的成绩。研究还发现，宜人性得分低的教师有中度的人格解体（倦怠感的一个方面），而中等尽责性得分的教师其倦怠感的个人成就变量也是中等。

我们利用问卷调查的方式，对陕西某县级中学教师的大五人格特质进行了评分。结果显示，得分由高到低依次为：宜人性、尽责性、开放性、外倾性和神经质性，这表明该校教师整体上具有高宜人性、高尽责性以及低神经质性的特点。这个结果与2006年国内学者采用以"大五因素"人格理论编制的NEO人格问卷修订本（NEO-PI-R）对1 005名中学教师五种典型的人格特质及其教师特征因素进行分析的结果相同：宜人性和尽责性特质得分最高，神经质特质得分最低。此外,研究结果还揭示了一个显著特点:中老年教师的尽责性特质明显高于年轻教师。从教师特征因素来看,中学教师在人格宜人性方面存在性别差异,25岁以下的高学历教师在人格的开放性上显著高于其他年龄的教师,而不同职称的教师在人格各个特质上均不存在差异。

人格特质是影响中学教师职业幸福感的重要个体因素之一,其中宜人性、责任心和神经质等特质尤为关键。因此,在致力于提升教师职业幸福感的过程中,我们需着重关注并培养教师的人格特质,以促进其更好地应对工作中的压力与挑战,进而提升其工作满意度及幸福感。

(三) 自我效能感

自我效能感是指个体对自己完成特定任务的能力的信念和期望。对于教师而言,自我效能感主要体现在他们对自己教学能力、管理能力和人际交往能力等方面的信心和期望。

研究者们发现,在关于教师的职业倦怠研究中,自我效能感是教师内部因素的一个重要方面。国内学者徐富明、朱丛书及刘晓明关于职业倦怠与自我效能感关系的研究结果显示:自我效能感能够显著负向预测职业倦怠水平。沈杰和郑全全的研究表明,自我效能感在教师职业倦怠中扮演着重要角色,尤其是对个人成就感水平的显著影响。

前面也提到过,职业倦怠作为职业幸福感的对立面,自我效能感与职业倦怠的关系和与工作幸福感的关系刚好相反。自我效能感与工作幸福感之间存在显著正相关。这意味着个体的自我效能感越高,其工作幸福感也往往越高。自我效能感在职业选择与工作幸福感之间起到部分中介作用。即职业选择不仅直接影响工作幸福感,还通过自我效能感这一中介变量间接影响工作幸福感。其他研究还表明,心理资本对职业幸福感有积极影响,通过能量补充和动机激发等过程促进职业幸福感。一项针对教师性格与职业幸福感的研究表明,那些性格乐观、自我效能感较高的教师,在工作中的满意度和幸福感显著高于其他教师。这与经合组织制定的教师幸福框架和牛津大学福祉研究中心的研究结果相一致,这些研究强调了个人因素,如自我效能感,对教师职业幸福感的重要性。这类教师更能够应对工作压力,保持积极的心态。

(四) 身心健康状况

教师的健康状况也会影响他们的职业幸福感。一个身心健康的身体是教师能够全身心地投入教育工作中的前提,也是他们享受工作、体验职业幸福的基础。教师若身体健康、精力充沛,便能更有效地应对工作中的各种挑战,进而提升职业幸福感。

1. 身体健康状况

《中国教师发展报告2020—2021》以中小学教师职业幸福感为切入点,聚焦职业认知幸福感、主观幸福感、健康幸福感、社会幸福感四大维度,调查样本覆盖中国31个省区市(不含港澳台)的33 590名中小学教师。在四个维度中,健康幸福感均值最低,教师的身体健康、正负向情感以及健康预测等方面欠佳。有45.80%的教师经常因为工作而睡眠不足,47.72%的教师觉得自己的身体有明显不适感。

此外,教师在社会幸福感方面,整体表现出较高水平,具体体现在能够较好地处理领导、同事、师生、家校之间的关系,感受到社会对教师职业的尊重。主观幸福感方面,教师对工作满意度、价值认同、成就感、职业荣誉及精神状态评价较高。在认知幸福感方面,教师普遍具备良好的工作专注度、较强的自我效能感与职业安全感、突出的教师胜任力与职业吸引力。

2. 心理健康状况

根据《2022年中小学教师心理健康状况调查报告》,21 876名教师参与调研,发现约20%的教师心理健康状况需要关注,其中初等教育教师的心理健康状况相对较好。教师每周平均工作时长超过40小时,但工作时长对情绪健康的影响较小,相比之下,工作特征和职业承诺对情绪健康的影响更为显著。此外,睡眠质量和心理健康素养对情绪健康有正面影响。

教师心理健康整体状况显示:抑郁风险略低于全国平均水平。41~50岁教师群体的抑郁风险最高;专业背景为师范生的教师的抑郁水平显著高于非师范生教师;数学教师的抑郁水平显著低于其他科目教师;超过半数教师存在轻度及以上焦虑。31~50岁教师群体的焦虑水平较高;师范生出身和担任班主任的教师的焦虑水平较高;数学教师的焦虑水平显著低于语文和英语教师;在该调研中,两成多教师体验到倦怠感。其中,有20.7%的教师感到倦怠,还有3.5%的教师感到严重倦怠。

2019年,中国教师教育发展协会指导发行的国家级刊物《明日》杂志曾发表过一篇关于教师心理健康问题分析的文章。该文通过访谈和问卷调查分析得出,高达32.4%的教师深感工作压力巨大,而亚健康状态在教师队伍中更是普遍,占比高达72%。尤为值得关注的是,61.2%的中小学教师呈现出明显的焦虑迹象,具体表现为社会适应能力减弱、人际关系紧张、心胸不够开阔、自我封闭、情绪波动大、常发牢骚以及自卑或自负情绪极端化。

总的来说,教师身心健康问题亟待关注,需要采取有效的措施来改善他们的健康状况。为了提升教师的工作积极性和生活质量,教育部门采取了多项措施,包括但不限于:提高教师的薪资待遇和福利保障,减轻他们的工作压力,优化工作环境和氛围,提供心理健康教育和咨询服务,以及鼓励教师积极参与体育锻炼和健康生活方式等。

三、专业能力

专业能力构成了教师胜任教学工作的坚实基石,它不仅包括深厚的专业知识、精湛的教学技能,还涉及高效的课堂管理以及细致入微的学生辅导等多个维度。一个具备较强专业能力的教师,通常能够更有效地传授知识、激发学生的学习兴趣和积极性,从而取得更好的教学效果。

教师,这一特殊而重要的群体,他们的幸福感不仅关乎个人的身心健康与专业成长,更与学生的茁壮成长、学校的蓬勃发展乃至社会的和谐进步息息相关。教师职业能力的胜任力以及基于教师信念的个人教学效能感,对提升教师的职业幸福感具有至关重要的作用。大量的相关研究表明核心就业能力与个人职业幸福感密切相关,胜任力能够积极地预测员工对工作选择的满意度。

因此,强化教师的专业能力建设,不仅是提升教学质量、促进学生全面发展的需要,更是增强教师职业幸福感、推动教育事业持续健康发展的关键所在。借助持续的专业培训、深入的教学反思以及丰富的实践锻炼,教师能够不断提升自身的专业知识与教学技能,优化课堂管理,增强学生辅导效果,从而在工作中收获更多的成就感与职业满足。

四、工作压力与职业倦怠

(一) 工作压力

工作压力是指受工作某些内容影响而产生的负面情绪,是导致职业倦怠的重要因素之一。以往,中学教师这一职业常被视作稳定且轻松的代表。但是随着社会的发展,尤其是新冠疫情暴发之后,教师这份职业正逐渐脱离人们对它的陈旧看法。

根据2020年发表在Journal of School Psychology的研究,以及对小学教师职业压力的调查分析,我们发现教师群体普遍面临工作压力,其中94%的中学教师和超过八成的小学教师报告感受到强大的工作压力。研究人员一共收集了来自美国中西部地区九所中学的数据,这些数据包括教师对他们日常所受压力水平的看法、应对这些压力的能力、学生的破坏性和亲社会行为,以及家长的参与程度等。结果表明,根据最近的研究,美国超过3/4的州面临教师短缺问题,这反映了教师群体普遍承受着高度的工作压力。例如,全美教育协会的报告显示,55%的教师有离职打算,主要原因是教学环境恶化、薪酬偏低和财政支持不足。此外,国外研究指出,教师职业压力是一个普遍存在的问题,近90%的教师表示感受到了职业压力,其中英国教师的感受尤为强烈。有趣的是,在面对这些压力时,教师们会表现出不同的应对能力。有66%的教师在面对高水平的压力时会表现出较高的应对能力;有28%的教师在面对高水平的压力时会表现出较低的应对能力;仅有6%的教师表示,他们虽不常感受到压力,但在压力骤然而至时,能够迅速并有效地应对。

教师的工作压力是影响其职业幸福感的重要因素之一。工作压力可以来自多个方面,有学者认为教师的工作压力主要是教师面临的五种矛盾所带来的,分别是:

(1) **教师的职业角色和家庭角色之间的矛盾带来的压力**。教师不仅是校园内的教育者、知识的灯塔,更是家庭的坚强后盾,肩负着照顾家人的重任。这种职业与家庭角色的双重身份,往往让教师在时间和精力上捉襟见肘,难以两全,巨大的压力迫使他们在职业发展与家庭责任间做出艰难抉择,从而可能陷入焦虑与困惑的漩涡。

（2）**教师的职业光环和劳动价值低下矛盾带来的压力**。尽管教师被誉为"灵魂工程师",肩负育人重任,但他们的劳动报酬在不同地区存在显著差异。例如,北京的教师平均年收入可达18万元,而山西和河南的教师平均年收入则分别为70 640元和73 598元,远低于全国其他行业的平均水平。这种地区间的工资差异,以及与社会其他行业的对比,可能导致教师感到倦怠,认为自己的付出未能得到相应的回报。同时,社会期望过高也加重了教师的心理压力。

（3）**教师的实绩评定和量化管理矛盾带来的压力**。目前,学校多用量化管理考评教师,如考试成绩、文章发表数等,但教育复杂且个性化,难以量化衡量。这种矛盾如同迷雾般让教师困惑不已,他们不得不花费大量精力应对繁琐的考评检查,导致难以专注于教学和研究,不仅影响了工作效率,更削弱了他们的职业幸福感。

（4）**教师的课堂效率和校园安全矛盾带来的压力**。新课改下,教师面临提高课堂效率和保障校园安全的双重压力,一方面需要创新教学,同时又要关注学生安全,这增加了他们的心理负担,需付出更多精力时间。

（5）**教师的个人因素和课程改革带来的矛盾**。课程改革无疑是教师群体所面临的一项重大挑战,而个人因素,诸如年龄、学历及教学经验等,则在一定程度上决定了教师对新理念与教学方法的适应能力和接受程度。部分资深教师或因年龄偏大,或因学历背景的限制,难以迅速融入新的教学潮流,常感力不从心。与此同时,课程改革所提出的新要求与任务,无疑进一步加重了教师的学习与适应压力。

此外,综合大量文献我们在学校实地访谈所收集的信息,我们发现,是否担任班主任、教授主科还是副科、以及教师的管理层级(管理者与普通教师)等因素,均是教师压力差异的重要来源。

根据中职学校班主任工作压力的研究报告,班主任除了完成日常教学任务外,还需承担班级的日常管理、学生纪律的维护、学生成绩的跟踪以及与家长、学校管理层等多方面的沟通。这些工作不仅包括教育和管理职责,还涉及处理来自学校管理、家长和学生等多方面的压力。在课外时间需要准备班会内容、策划和组织各类活动、处理学生之间的纠纷和突发事件等,牺牲了大量的个人时间和休息时间。对学生的成长和发展负有直接责任,关注学生的学业成绩、身心健康、品德培养等方面,这些工作使得班主任的工作压力倍增,因此更容易感到焦虑和不安。而非班主任主要专注于教学任务,相对较少的非教学任务和沟通压力,因此工作压力相对较小。且非班主任课外时间相对自由,可以更多地用于个人休息和娱乐,在学生的成长和发展上责任相对较小,主要关注学生的学业成绩,焦虑感相对较低。

主科教师由于主科涉及考试,因此教学准备、批改作业等工作量较大,需要投入更多的时间和精力。家长与学校对主科教师期望高,成绩压力大,致使其承受更大职业压力。然而,在职业发展上,主科教师与副科教师的境遇却与职业压力相反。由于主科的重要性,主科教师在职称晋升、评优评先等方面具有更大的优势。副科教师在职业发展方面可能相对较慢,但这也取决于个人的努力和学校的需求。

管理者除教学任务外,还肩负行政管理、政策制定及多方沟通协调职责。这些额外的职责增加了他们的职业压力。管理者需要与学校高层、其他管理者、教师、学生以及家长等多方进行沟通和协调,这种频繁的人际互动可能带来额外的压力。管理者在决策时需要考虑到多方面的因素和影响,并承担相应的责任。这种决策责任也增加了他们的职业压力。普通老师主要专注于教学,职责相对单一,也相对较少面临这种复杂的人际关系压力,较少需要承担决策责任。

教师的工作压力是影响其职业幸福感的重要因素之一,这一点在高职教师的实证研究中得到了证实,研究显示职业压力与主观幸福感呈非常显著的负相关。这些压力如果处理不当,长期下来,可能会带来严重的负面影响。借助恰当的压力管理策略和有效的外部支持体系,我们能够显著削弱工作压力对职业幸福感的消极作用,进而提升教师的工作满意度及整体生活质量。

(二) 职业倦怠

职业倦怠,这一由工作过度索取个体能力、精力及其他关键资源所引发的心理状态,自1974年由Freudenberger首次提出以来,便成了心理学界和教育领域广泛关注的问题。它不仅深刻影响着个人的心理健康,更在教师这一职业群体中,构成了对其职业幸福感的巨大挑战。深受职业倦怠困扰的教师,常感失败与枯竭,乃至身心俱疲,工作中显得无助且情绪衰竭。这种状态严重侵蚀了他们的职业成就感与个人价值感,进而剥夺了他们追求职业幸福与内心满足的根本动力。

国家中小学心理健康教育课题组的调查结果显示,在被调查的168所学校的2 292名教师中,有超过半数的教师存在不同程度的心理问题。其中,职业倦怠是导致心理问题的重要诱因。为了深入理解并有效应对教师职业倦怠,国内学者从多维度、多角度进行了广泛的研究,探讨了教师职业倦怠的原因、特征以及应对方法。然而,值得注意的是,由于研究视角和方法的不同,部分研究结论存在不一致性。

在应对教师职业倦怠的过程中,有学者提出了"告别三个分离"的重要观点。这三个分离分别是:**教师与自己执教的学科分离、与自己的学生分离以及与教师自己分离**。这三个分离不仅是教师职业倦怠的重要诱因,更是教师职业幸福感缺失的根源所在。

首先,教师与学科的分离导致教师缺乏长远的眼光和积极主动的态度,他们常常把学科视为孤立知识点的堆砌,将其拆解为互不关联的考试要点,进而忽略了学科内在的本质和连贯性。这种教学模式非但不能激发学生的求知欲和创新能力,反而使教师在频繁的考试压力中疲惫不堪,最终步入职业倦怠的深渊。其次,教师与学生的分离让教师忽视了教育的对象和主体。他们大多仅聚焦于学生的学业成绩,却忽略了学生独特的性格、广泛的爱好、复杂的家庭背景以及个性化的成长轨迹。这种教学方式不仅无法建立有效的师生关系,更让教师失去了教育的真谛和乐趣。一旦教师难以从与学生的互动中寻得成就与满足,其职业幸福感便会大打折扣,渐行渐远。最后,教师与自己的分离让教师失去了自我反省和改进的机会。他们往往无法清晰地认识自己的优点和不足,无法及时调整自己的教育教学方法以求得最佳的教学效果。这种自我认知的缺失不仅让教师无法充分发挥自己的潜力,更让他们在职业发展中迷失方向,陷入职业倦怠的困境。

鉴于职业院校教师职业倦怠检出率高达34.2%的情绪衰竭、15.7%的低成就感和11.1%的人格解体,以及普通高校公体教师群体职业倦怠的严重性,特别是教龄、性别和职称差异对职业倦怠的影响,我们必须采取有效措施应对教师职业倦怠问题，以提升教师的职业幸福感和整体心理健康水平。这包括加强实证研究、完善教师培训体系、优化教育评价机制以及建立有效的心理干预机制等。此外，教师需主动寻求成长，实现与学科融合、与学生共鸣及自我认同。只有这样，我们才能找回常识中的教师概念，不被现实中的纷扰所干扰；只有正本清源，我们才能发现教师职业的根本价值，从而有效避免职业倦怠的缠绕与影响。

影响教师职业幸福感的个体因素是多方面的，其中人口统计学因素、心理与认知因素、专业水平、职业压力和职业倦怠尤为关键。例如，性别与幸福感之间存在显著关联，即与女教师相比，男教师往往有更高的幸福感和职业满足感，以及更低的压力、焦虑和职业倦怠。此外，教师的身心健康能够直接影响其职业幸福感，教师由于职业压力，患高血压、疲劳、焦虑症等身体或精神疾病的几率更高。人口统计学因素如年龄、性别、婚姻状况等，虽非决定性因素，但也在一定程度上影响着教师的职业满意度和幸福感。心理与认知因素则包括职业认同感、气质与人格类型、自我效能感以及身心健康状况，这些因素直接关系到教师对职业的热爱程度、面对挑战的态度以及处理问题的能力，从而影响其职业幸福感。专业水平的高低不仅影响着教师的教学效果，也与其职业成就感紧密相关。职业压力则是教师职业中不可避免的一部分，过度的压力会导致教师产生职业倦怠，进而影响其职业幸福感和整体生活质量。因此，重视并优化这些个体因素，对于增强教师的职业幸福感及推动教育事业的蓬勃发展具有深远的意义。

第二节　家 庭 因 素

"跟公公婆婆楼上楼下的关系。早上给孩子做饭，送孩子上学。成家后生活基本就是从学校到家两点一线。两个孩子只差一岁 10 个月。每天都是高压状态。寒暑假刚结束这几天就特别紧张。快收假的时候脾气就特别火爆。这时候一个人坐在小区门口，感觉风都是甜的。有时候管孩子管的特别累的时候就感觉特别想放松，一个人静一静。生活中不喜欢操心，但喜欢家里干

第五章 是什么在影响教师职业幸福感？

净,如果家里乱就没有好心情,跟老公吵架的大部分原因就是老公带着两个孩子把家里弄得特别乱。认为做家务、做饭是对身心的放松,不用思考,有时候还很有成就感,会让心情很愉悦。"

上面是我们访谈的一位教师提到的自己的家庭和工作的状态。家庭状况对于每一个人来说,都有着特别的影响,家庭和谐,经济良好,能给到成员助力,都是让人感觉很安心的事情。在家庭因素里,我们主要从家庭支持和经济状况、家庭负担以及工作家庭平衡和工作家庭冲突三个方面来说明。

一、家庭支持和家庭经济状况

家庭支持是工作—家庭支持(work-family support)内容的一部分,在家庭领域中,我们可获得两种不同类型的支持:工具性支持和情感性支持。工具性支持指家庭成员在日常管理中提供的实质性帮助,旨在协助管理家庭事务,减轻外出工作者的家庭责任和家务负担,从而满足其工作时间和职业要求。而当家庭成员展现出一种情感上的支持、体贴、照顾、关注和问候行为时,这种行为被称为情感性支持。情感性支持也指对家庭中的外出工作者表现出倾听、交流并愿意提供合理化建议的态度。此外,家庭经济支持也至关重要,它能帮助家庭成员保持轻松心态,减轻工作压力,进而促进职业幸福感。

家庭支持是指员工体会到的来自家庭成员给予的支持,主要是配偶之间的相互理解和情感安慰,员工父母给予的帮助,以及工作相对轻松的配偶在员工工作压力较大时,能够积极主动地承担更多的家庭责任,以减轻员工的家庭负担等。家庭方面的积极举措能有效减轻员工工作与家庭冲突带来的负面影响,进而提升他们的工作效率及生活质量。比如体贴的家庭成员对个体的关注越多,个体就越能感受到被关心、被认可和被赞赏,从而引起积极的情绪,有助于激发个体的工作积极性;此外家庭成员为个体提供的支持,使个体不用将更多的精力放在家庭里,从而让个体能够将更多的精力和激情投入工作中,对工作表现出更多的积极性,从而逐步提高教师的职业幸福感。有研究证明,东方女性的幸福感水平与家庭生活之间的关系是紧密联系、密不可分的,要想不断提高幸福感水平,必须具备融洽的夫妻感情,且对于家庭生活高度满足。已有研究证明,配偶的支持与工作成果之间存在显著的正向关联,涵盖了职业成功、身体健康、工作满意度和职业幸福感等多个方面,即家庭对员工支持力度越大,其工作幸福感、满意度以及身体健康水平也会随之增加。

相反,若是家庭支持不足,或是有家庭负担,这对于教师来说,心理压力会大大增加,进而可能对其工作表现和生活质量产生一系列负面影响。缺乏家庭支持的教师可能会感到孤立无援,情感上得不到足够的慰藉和理解,这会导致他们情绪低落,缺乏工作动力。同时,家庭负担过重可能会使教师分心,无法全身心地投入教育教学工作中,影响他们的教学质量和效率。

家庭支持匮乏,教师常在工作与家庭间徘徊,难以维系二者的平衡。长期承压,教师易陷身心疲惫、焦虑抑郁之境,进而阻碍其职业生涯及个人成长。

二、工作家庭平衡和工作家庭冲突

"教师的整体心理状况我认为大多数都会有一些各种各样的困扰,最常见的是工作家庭等的平衡。"在影响中学教师职业幸福感的家庭因素里,表现最明显,同时也是研究最多的问题是工作家庭平衡和工作家庭冲突。

工作—家庭平衡是指个体能够在工作和家庭两个领域之间取得适当的平衡和协调。研究表明,工作—家庭平衡与职业幸福感之间存在正相关关系。当中学教师能够在工作和家庭之间取得平衡时,他们更有可能感受到工作的满足感和幸福感。有一项研究表明,在控制一些相关人口学变量影响的基础上,中学教师工作—家庭平衡水平能够显著正向预测其工作满意度和生活满意度。配偶支持能够显著正向预测中学教师的工作—家庭平衡,主管支持和同事支持对中学教师工作—家庭平衡的预测作用均不显著。配偶支持不仅能够直接正向影响中学教师的工作满意度和生活满意度,还能通过促进工作与家庭之间的平衡,间接地提升他们的工作满意度和生活满意度水平。

有一项关于工作家庭平衡和生活满意度关系的调查显示高中组的工作—家庭平衡程度要高于初中组,而且生活满意度水平要明显高于初中组。这说明高中教师更容易实现工作和家庭关系的平衡,在生活当中的幸福感指数也较初中教师高。可能的原因包括:一是经济效益方面,高中教师的收入普遍高于初中教师,且收入差距呈现扩大趋势;二是社会地位方面,高中教师在职称评定等荣誉获取上拥有更多机会,且通过率相对较高。这种差距导致中学教师心理落差,影响其满意度,从而在工作家庭平衡上表现不同。

研究结果还显示学历水平越高,工作家庭平衡的得分也就越高,各种支持水平得分也越高。这说明高学历者更容易受到领导、同事和家人的重视与帮助,更容易实现工作和家庭关系的平衡。高学历者因社会和家庭对其的高期望而获得更多的支持:领导期望他们发挥骨干作用,同事希望他们带动团队整体提升,配偶及家人则期待他们带来更高的收益或社会地位。

工作和家庭冲突是指工作和家庭领域间存在某种程度的不相容,从而造成角色间的冲突与压力。来自中学教师群体工作和家庭的冲突表现形式主要有三种:**基于时间的冲突**。当个人需同时扮演多重角色,而这些角色对时间的需求相互冲突时,时间冲突便会产生。具体表现为分身乏术,即无法同时兼顾;或心不在焉,即注意力无法集中。即尽管个体的身体条件允许,但他/她的精神却被另一种角色给提前占据了,注意力不能集中。**基于压力的冲突**。当某一领域的角色压力使人产生心理或生理紧张,而阻碍他/她完成另一领域的角色期望时,压力冲突就会发生。如不安、焦虑、疲劳、沮丧等负面情绪,以及冷淡、易怒等行为表现。**基于行为的冲突**。在工作和家庭领域中,合适的行为模式不尽相同,当这些模式之间产生矛盾,而必要的行为调整已无法完成时,行为冲突就会发生。比如,工作角色要求个人自立、理性,家庭成员更希望感性和平易近人。尤其是男性教师在工作中的理性、自立风格,往往与子女渴望的感性、平易近人的行为模式不一致,这构成了基于行为的冲突。

有一项针对中学教师工作家庭冲突的调查研究显示,性别差异在工作家庭冲突方面表现显著。具体而言,女性教师在工作资源侵占和心理因素方面的得分显著高于男性教师,这表明她们面临的工作与家庭冲突更为严峻,尤其是已婚女性教师和中年教师,她们承受的心理压力远比其他教师大。其中社会高期望、家人不理解、职场压力大是造成中学教师工作与家庭冲突的根本原因。

平衡教师工作与家庭冲突,需从学校和个人两个维度共同发力。然而,当前多数学校在应对这一问题时,尚缺乏行之有效的策略,且实践操作中规范性不足,这在一定程度上与我国经济发展水平和管理水平密切相关。在我国,工作依然是大多数人维持生计和供养家庭的主要途径。同时,受传统文化中集体主义、奉献精神的影响,学校在系统性平衡教师工作与家庭关系方面显得力不从心。然而,倡导协助教师处理工作与家庭关系,并不意味着要求学校放弃教育目标。相反,这是寻求在提升工作效率的同时,更加关注教师的日常生活和职业发展,从而实现组织与员工的双赢局面。

第三节　工作相关因素

探讨中学教师职业幸福感,工作相关因素对其产生的影响是不可忽视的。我们主要探讨的因素包括工作量与压力、收入与保障、学生与教育资源以及职业发展机会四大方面。因为它们不仅关乎教师的日常体验与心理状态,更是衡量教师职业满意度与幸福感的重要指标。接下来,我们将深入剖析这四个方面如何具体作用于中学教师的职业幸福感,以期为促进教师职业发展、提升教育质量提供有益参考。

一、工作负担

(一) 教学负担

在教学工作负担方面,不同教龄段的初中教师展现出截然不同的承受力与态度。具体而言,1～9年教龄的教师与10～19年教龄的教师在面对工作负担时表现出明显的差异,其中,10～29年教龄段的教师相较于1～9年教龄的教师,其承受工作负担的能力有所减弱,且随着教龄的增长,教师们逐渐倾向于避免承担除教学以外的额外职责。值得注意的是,10～19年教龄的教师群体通常充满活力,他们是教学工作中的核心力量,部分教师甚至能够同时兼任两个班级的教学以及年级或行政主任的职务,这无疑体现了他们出色的负担承受能力。至于30年以上教龄的教师,他们普遍渴望从事较为轻松的工作,为即将到来的退休生活做好准备。

此外,班主任与非班主任在工作负担上的差距也尤为显著。班主任不仅需履行专任教师的职责,还需承担班级管理、学生教育等多重任务,因此其工作负担最为沉重。

不同年级的教师同样面临着不同的工作负担。初一年级教师的工作负担远重于初二年级教师,因为他们需要面对新学生,进行规则制定、学籍管理等烦琐工作。而初三年级教师则因频繁的模拟考试、改卷及评讲试卷等工作而身心俱疲,工作负担同样偏大。

初中教师工作负担重,主要体现在每周课时多、晚自习值班频繁、实际投入时间长、教学成绩公示及考勤制度严格等方面。专任教师人数不足,导致每位教师需要承担更多课时,进一步加重了教学负担。

综上所述,初中教师工作负担存在的问题主要体现在以下三个方面:一是学校要求过高,导致教师教学负担过重;二是形式检查过多,增加了教师的非教学负担;三是教师角色冲突,使得心理负担加重。这些问题亟待引起关注并采取有效措施加以解决。

(二) 非教学工作负担

除了教学工作负担,初中教师的非教学工作同样繁重,包括参加继续教育培训、频繁参与讲座和会议、完成上级分派的任务以及填写繁琐的表格等,这些都对教师的非教学工作情况产生了影响。

在我们对中学教师访谈和调查也表现出相同的现象。中学教师普遍工作负担较大,其中班主任比非班主任任务量更多。

"之前一直担任班主任,感觉压力很大,评比压力大,制度要求班主任包办所有事情,工作时间长。2016年开始负责班主任工作室,相比代课老师工作更多,压力更大,也需要评比。团队中十多位老师,其积极性对我带领团队的工作有显著影响,部分老师参与活动主要是出于对外部奖励的追求。日常我们会开展多种活动,如班徽设计、读书会和图说我的班级等,并致力于将这些活动打磨成精品。工作室的经历对我影响深远,获奖后我负责起工作室的工作,投入了大量精力,并参加了多次专业培训。现在不当班主任,一半精力投入语文教学工作中,一半想兼顾工作室。"

二、收入与保障

依据国家统计局发布的2019年城镇非私营与私营单位分行业就业人员

年平均工资数据,教育行业在全国范围内的平均年薪达到了97 681元,这一数字在城镇非私营单位中位居全国第七。单从数据层面分析,教师群体月均8 140元的收入并不处于低水平。然而,不论是社会舆论的反馈,还是教师群体内部的声音,普遍反映出教师待遇并不理想。这一现象背后的原因,可归结为以下两点:

首先,统计数据所依据的是教育行业的全国平均值,这一处理方式忽视了地域间的显著差异。教师的工资收入深受当地经济发展水平及财政收入状况的影响。在经济较为发达的地区,多数教师的年收入能达到18万至20万元,而在诸如珠三角的深圳、东莞等地,教师的薪资水平更是远超这一标准。然而,对于中西部地区的教师而言,多数人未能触及这一平均薪资线,而职称与绩效的差异更是进一步模糊了不同职称教师间的薪资界限。

考虑到我国的实际情况,中学教师的薪资主要由地方财政负担。由于学校作为非营利性组织,其教育成果难以迅速转化为地区的经济收益,因此,在一些地区,教育部门在财政预算中的优先级常常靠后。这种现象导致中学教师的薪资水平深受地方财政状况的影响。更为严重的是,在当前的教育管理体制下,尽管义务教育阶段的投入主要由县级财政负责,但根据最新数据,2023年全国义务教育经费总投入达到28 427亿元,比上年增长6.0%,显示出国家对义务教育阶段的重视和投入的增加。由于我国地域辽阔,各地经济发展不均衡,部分中西部省份的地方财政在面临教育投入压力时,往往需要依赖中央财政的转移支付。在这种背景下,教师薪资拖欠问题时有发生,即便是基本工资的发放也时常面临挑战,更不用说教师的其他福利待遇了。

在访谈中,有老师表达了这样的困境:对于教龄短、职称较低的年轻教师而言,他们面临着高昂的生活成本与相对较低的薪资水平之间的巨大反差。这种巨大的反差让他们的生活质量难以保障,职业幸福感更是无从谈起。此外,根据社会比较理论,中学教师往往会将自己的薪资与同事或同行业其他职工的薪酬进行比较,从而对职业价值进行评价。还有老师提到,工作地域差异导致薪资水平与经济发达地区教师存在显著差距,职称较低的年轻老师虽付出同样努力,但报酬却远低于资深同事。这种比较使得教师产生了不公平感,进而引发了消极情绪。

三、学生与教育资源

在我们的访谈中,学生管理问题被多次提及:"学习懈怠现象普遍,尤其关注放假消息,无论学习困难生还是优等生均受影响。学生德育教育缺失,不尊重老师、无所畏惧的情况频发。学生沉迷网络情况严重,进而导致其他很多方面的问题。""学生知道自己犯错误也不会得到惩罚,只会得到老师苦口婆心的教育,因此不在乎犯错误,也不会从错误中吸取经验教训。认为对学生的惩戒应该从幼儿园、小学开始,现在学生缺少的是最基本的行为习惯的教育。例如初三的学生还需要抓书写习惯,时间上也来不及,很无奈,只能尽力改善。"

这些问题一方面体现了学生管理的严峻挑战,另一方面也有教育资源分配不均的原因。在资源匮乏的学校,中学教师面临的负担尤为沉重,不仅需要教授多个学科或班级,还常常需要承担额外的行政和管理工作。例如,根据一项全国性的调查,教师在专业类方面的负担包括学生成绩考评、班级管理考评、作业批改和教案检查等,而行政类负担则涉及绩效考评及非本职工作执勤。此外,教师还可能需要参与各种非教学的事务性工作,如文明城市创建、普法学习督促等。这种过度的工作负担可能导致教师身心疲惫,影响教学质量和效果。资源有限之下,教师们肩上的教学重担愈发沉重,不仅要竭力提升学生的学业成绩,还需妥善应对来自家长及社会各界的殷切期望。这种压力可能导致教师产生焦虑和挫败感,进而影响其职业幸福感和工作满意度。

在针对乡村和县城的研究中,教师缺乏必要的培训和发展机会这个问题特别突出。"培训机会也有,相对来说不能平均到每一个人,请专家来培训多,去外面培训少。"对于那些资源匮乏的学校而言,教师们往往难以触及最新的教学理念与方法,更无从谈起获得专业发展的有力支持和悉心指导。这限制了教师的专业成长和职业发展。由于资源有限,一些学校的职称评定可能更加严格和困难。这可能导致部分教师无法获得应有的职称晋升,进而影响其职业发展和收入待遇。教师们在教学手段与工具上的匮乏,使得他们的教学方法趋于单一,创新之路举步维艰。这可能影响学生的学习兴趣和积极性,进而影响教学质量和效果。资源分配不均还可能导致学生发展受限。在资源匮乏的学校,学生可能无法获得足够的课外辅导、实践活动等机会,影响其综合素质和能力的发展。这也会间接影响教师的教学成果和成就感。长期置身于资源匮乏的工作环境之中,教师们的职业认同感难免逐渐削弱,甚至消磨殆尽。他们可能感到自己的工作无法得到应有的认可和重视,进而产生挫败感和失落感。教学负担沉重、压力巨大及职业发展受限等因素,可能导致教师逐渐减少对工作的情感投入。这些问题进而可能导致师生关系紧张、课堂氛围沉闷,最终影响教学质量和效果。

教育资源分配不均还加剧了教育不公平问题。在资源匮乏的学校,学生可能无法享受到与城市或优质学校同等的教育资源和机会。这可能导致学生之间的教育差距扩大,进而影响整个社会的教育公平和和谐发展。

四、职业发展机会

在一所乡村普通初级中学,对 102 名教师进行的有关职业发展的问卷调查结果显示:对自己目前工作持低满意度的研究对象接近一半。换句话说,近一半的中学教师对教师岗位存在负面感受,岗位幸福指数偏低,难以全身心投入日常教育教学任务。40%地任教者岗位满意度持中,既不认同也没有抵触。而岗位满意度高的任教者只占到差不多一成。

在后续的访谈活动中,有教师提出对职业满意度低的主要缘由是感觉教学工作的付出和回报并不对等。尤其是青年教师,在日常课务、监考、阅卷及参会等方面承担的任务远重于资深教师,但薪资却远低于他们。另外,评定职称、评优教学以资历为核心,都让青年教师觉得压力巨大且付出无望。教师对岗位满意度的形成,关键在于薪酬水平、工作任务量以及职称评定等因素。相较于这所普通初级中学的情况,我们可能会好奇,如果逐级往上,比如在更高级别的学校、县城或更广阔的地区从事教育工作,职业发展会不会好一些。尽管向更高级别的学校或地区发展能为教师带来诸多优势,如更丰富的教育资源、更先进的教学设施以及更宽广的职业发展空间,这些优势可能会为教师们提供更多的学习机会、更高的薪酬水平以及更公平的职称评定机制,从而有助于提升教师的职业满意度和幸福感,但并非绝对。教师在做出选择时,需全面考量个人兴趣、能力、职业规划,以及目标地区的教育环境、政策等因素,力求找到最适合自己的发展路径。

在中学教师职业发展有一些普遍存在的问题：生活和工作压力，缺乏职业认同感，自主性不强，效能感过低，职称压力大。前文已述及中学教师职业发展存在的问题，其根源可能在于职业通道狭窄、效能感失衡、职业倦怠频发以及终身学习意识薄弱。

教师职业幸福感是从教师职业中教师能自由地发挥潜能、满足自我物质性和精神性的需要、实现自我理想和自身价值从而获得的一种积极的主观体验。因此教师幸福感与教师获得发展机会密切联系。调查结果显示，中学教师职业幸福感与单位提供的发展机会以及教师主动寻求的个人发展机会之间，存在着显著的正相关关系。因此，中学管理者在考虑组织目标时也要考虑教师个体的发展。

第四节　组织相关因素

一、管理与领导

有研究表明，包容型领导正向影响教师工作满意度；变革型领导对中学教师教学创新有影响；差序式领导风格（领导者根据部属与自己关系的远近亲疏不同将其分为自己人和外人，在资源或者利益分配上对偏好的部属给予较多偏私的一种领导行为）影响中学教师工作投入。领导风格作为一种关键的工作资源，对下属的工作态度、行为及绩效等组织情境变量产生着重要影响。依据社会信息加工理论，领导风格可引导下属的感知，影响其工作态度与行为；也可激发下属的工作动机，对其绩效以及团队、组织的产出产生重要影响。

有学者将现在学校的管理模式，总结为文化管理模式、传统管理模式和混合的模式。文化管理模式强调扁平化的组织结构，其中教师致力于为学生提供优质服务，而领导则负责为教师提供服务和后勤保障。在这种模式下，领导与教师之间建立了平等的关系，教师之间也形成了合作与竞争并存的良性互动，大家共同学习进步，这种和谐的人际关系氛围极大地提升了教师的幸福感。倾向文化管理模式的学校中，教师们普遍认为学校领导与老师能够平等沟通，学校成为了一个经验分享的平台，这样的环境让他们感到幸福，甚至有了家的温馨。而倾向传统管理模式的学校教师们则感觉学校是一个上下级关系森严、领导和教师很难沟通或者比较难沟通的组织，多数教师觉得不幸福、压抑。研究指出，中学教师所处的人际关系氛围与学校管理模式之间存在显著的相关性，即不同的管理模式会塑造出不同的教师人际关系氛围。

二、决策与自主权

根据1993年11月31日第八届全国人民代表大会第四次会议通过的《中华人民共和国教师法》第二章权利和义务中的第七条规定教师享有进行教育教学活动，开展教育教学改革和实验的权利，享有从事科学研究、学术交流，参加专业的学术团体，在学术活动中充分发表意见的权利。就是说，教师有权根据教学的需要，采取自己认为是最合适的教学形式和教学方法。教师应该享有教学自主和学术自由权。

尽管法律层面已经为教师提供了教学自主权和学术自由权的保障，但在实际操作层面，受多种因素影响，中学教师的教学自主权仍然有限。为了提高教师的教学自主权和职业幸福感，需要学校、家长、社会以及政策制定者共同努力，为教师创造一个更加宽松、自由的教学环境。这涵盖了完善学校管理制度、强化教师培训与发展、提升教师薪资待遇等多个方面。同时，必须加强对教师权益的保护与尊重，确保教师能够充分施展其专业能力与创新精神。

三、同事与团队

教师的大部分时间都在校园中度过，其中与领导关系、同事关系、师生关系构成了其主要的人际关系网络，也是教师幸福感的重要来源。没有一个良好和谐的人际关系，教师的幸福感无从谈起。校长负责制、教师聘任制为主体的学校管理体制在全面推行。而在实施的过程中有些学校的错误做法造成了教师与领导、教师与教师之间的关系紧张，有些校长把聘任制当作迫使教师就范的手段，教师惧怕下岗无形中互相成了竞争对手，这增加了教师心理负担，损害了教师的身心健康，影响了教师的职业幸福感。根据教师幸福指数调查报告，教师在不同人际关系氛围中的职业幸福感存在显著差异。例如，在中学环境中,良好的人际氛围被发现对教师的职业幸福感有积极影响。在像一个和谐的大家庭的氛围中,36.4%的教师总能感受到幸福感的教师,58.2%经常能感受到幸福感;而在像一个复杂的小社会、像一个冰冷的监狱、像一个有着严格等级制的氛围中,分别有60.6%、66.7%、78.6%的教师偶尔能感受到幸福感。

四、评价与激励

"班级学生分配不均,导致评价体系失衡。自觉的学生无需督促便能取得好成绩,而不自觉的学生则成绩不佳。尽管老师对两者都倾注了大量心血,但评比结果仍主要依据成绩,忽视了学生的个性化成长。"

"考核体系包括考试成绩、平时工作量及三评议(教师互评、领导评价、学生评价)。体音美信息科目缺乏期中期末考核,仅依赖三评议和工作量总结。我深知此体系存在不合理之处,但作为非领导角色,我难以提出更有效的改进建议。"

在我们亲自进行的访谈中,虽然有些教师认为学校的评价和激励机制相对公平公正,但也存在不少不同的声音。有研究表明,某中学的教师评价和激励问题既涉及保健因素,也涉及激励因素。**保健因素**方面,教师们反映的问题主要包括:工资水平偏低,学校的管理制度存在不足,以及领导与教师之间、同事之间的人际关系不够和谐。这些问题可能源于经济落后导致的教师激励缺乏经济基础,学校管理制度缺乏科学性,以及学校领导的管理能力有待提升。**激励因素**方面,教师们面临的主要挑战有:职称晋升难度大,工作压力沉重,以及成就感较低。这些挑战可能由职称晋升的高要求和有限的名额造成,同时也与教师的高要求以及缺乏认可和自我提升机会有关。

评价与激励机制对中学教师职业幸福感的影响,在我们的访谈中频繁出现,亦是众多文献探讨的热点话题,其在提升教师职业幸福感方面发挥着关键作用。

当然,针对这些问题,分析原因后,也有研究者提出针对策略:第一,重视物质激励、多举措增加教师收入;第二,增强制度意识、实现制度管理科学化;第三,提高领导管理能力、建立和谐人际关系;第四,多渠道助力教师职称晋升;第五,通过加减法、减轻教师压力;第六,发挥领导艺术,提高教师认可度;第七,优化教师培训机制。期望上述对策建议,能提高教师的工作热情和工作积极性。通过教师激励,敦促教师不断提高教学水平,从而促进学校、教师和学生共同发展进步。

第五节 社会因素

在探讨教师职业幸福感的多维度影响因素时,社会因素无疑占据了举足轻重的地位。教师作为社会的重要组成部分,其职业体验与幸福感不仅受到个人特质、工作环境等内部因素的影响,更深受广泛的社会外部环境的制约与塑造。社会期望与压力、教育政策与改革、社会地位与认可度、家长支持与合作以及媒体舆论,这些社会因素在教师职业发展的道路上,既提供了成长的土壤,也带来了不可忽视的挑战。

一、社会期望与压力

社会期望与压力对教师职业幸福感的影响,在第一章为什么关注教师职业幸福感的客观原因部分我们已经说明。社会的高期望激励教师不断自我提升,追求卓越;同时,教育政策与改革为教师提供了专业培训、学术交流等宝贵机会,助力其更新知识、提升技能,进而增强职业自信心,提升幸福感。同时,政策的优化还能改善教师的工作环境,减轻工作压力,为教师创造更加宽松和有利的工作氛围,进一步提升其职业幸福感。

然而,社会期望过高往往给教师带来沉重的心理负担,使他们时刻感受到各方压力,进而可能导致职业认同感降低,产生倦怠情绪。同时,过高的期望还可能限制教师的职业发展,使他们在工作中过于谨慎和保守,不敢尝试新的教学方法和理念。此外,教育政策与改革带来的不确定性,如职称评定标准的调整、学校管理方式的变革等,也可能使教师感到职业稳定性受到威胁,从而产生焦虑和不安的情绪,降低职业幸福感。

二、教育政策与改革

关于教育政策与改革对教师职业幸福感的影响,同样在第一章为什么关注教师职业幸福感的客观原因部分已经说明。

《中华人民共和国教师法》明确规定,教师享有按时领取工资报酬、享受国家规定福利待遇及寒暑假带薪休假等权利,这些构成了教师的基本物质保障,是宪法中公民劳动权和休息权的具体体现。具体而言,教师有权依据国家法律及聘用合同,要求学校及主管部门按时足额支付工资;同时,教师还享有国家规定的医疗、住房、退休等福利待遇,以及寒暑假带薪休假等权益。

这些政策的实施,不仅能吸引更多优秀人才加入教育行业,更能激发广大教师的工作热情与创造力,推动我国教育事业持续迈向新高度。因此,我们有理由相信,在国家和社会的共同努力下,教师的职业幸福感将会得到进一步提升,教育事业也将会迎来更加美好的明天。

三、社会地位与认可度

尊师重教作为中华民族的传统美德,为教师职业赋予了深厚的文化底蕴和社会尊重。然而,在当下社会快速发展的背景下,教师的社会地位与公众认可面临着新的挑战与机遇。经济条件作为衡量个人价值与成就的重要标尺,在一定程度上影响了教师群体的社会地位。尽管教师的职业贡献与努力显著,然而其薪资水平却未能充分彰显其社会价值,进而在一定程度上阻碍了教师社会地位的提升。

与此同时,社会对教师的期待与要求却日益复杂与多元。传统的"教师是蜡烛,燃烧自己,照亮别人"的比喻,虽然体现了教师的奉献精神,但也无形中为教师角色设定了过高的道德标准。这种刻板印象导致了对教师角色的过度解读,即认为教师只能默默奉献,不应计较个人得失,这可能会造成对教师人性的忽视与误解。

为了提升教师的社会地位与公众认可,我们需要从多个层面入手。首先,经济上的支持与改善是提升教师社会地位的基础。根据最新的教师工资调整政策,从 2023 年 9 月 1 号起,新的规定将替代原有的等级和学历划分,旨在进一步完善教师工资制度,促进教师的终身发展,提高教师的职业发展空间和薪酬待遇。此外,教师职业自豪感的研究表明,教师对自身职业的认同、价值和成就的满足是提高教育教学质量的重要因素。因此,通过提高教师薪资、优化福利待遇,以及实施公平透明的绩效工资制度,可以吸引更多优秀人才投身教育事业,同时增强教师的职业自豪感和归属感。

其次,社会各界应深化对教师角色的全面认知与理性评价。我们应摒弃对教师角色的刻板印象,尊重其职业选择与个人发展意愿,深切理解他们在教育事业中的无私奉献与不懈努力。同时,通过媒体宣传、教育引导等方式,营造更加尊重和理解教师的社会氛围,让教师在社会中得到应有的尊重与认可。

四、家长支持与合作

在当今的教育生态中,家长的支持与合作对中学教师职业幸福感的塑造起着举足轻重的作用。通过一项针对中学教师的问卷调查,我们特别设置了一道填空题:"职业幸福感的关键在于",旨在深入了解教师们的内心感受与期望。在回收并分析的759份有效回答中,提及"家长"一词的频率高达71次,这一数据揭示了家长因素在中小学教师职业幸福感构建中的显著作用。

教师们普遍认为,职业幸福感的源泉之一是获得学校与家长的理解与支持。这种理解与支持不仅体现在对教育理念的一致认同上,更在于日常教学工作中家长与教师间的默契配合,共同为孩子的成长铺设坚实的基石。同时,"学生的理解与家长的尊重"频繁出现,凸显了良好师生关系与家校关系在提升教师职业满足感中的关键作用。

随着教育理念的不断进步与家庭观念的日益开放,家长与教师之间的关系正逐渐从传统的单向指导转变为双向合作与共同成长的伙伴关系。当家长积极支持教师的教育工作,与教师保持密切沟通,共同关注孩子的成长需求时,教师能够感受到来自家庭的支持与理解。这种支持不仅体现在对孩子学业的关注上,更体现在对孩子心理健康、情感发展以及社交能力的全面关注上。根据教师家长对学校工作满意度的调查总结,大多数教师和家长对学校的工作表示满意。家长的积极参与和配合,不仅使教师能够更加顺利地开展工作,还能减少因沟通不畅或误解而产生的困扰,从而提升教师的职业满意度

第五章
是什么在影响教师职业幸福感？

与幸福感。例如，87%的教师对学校的沟通与合作表示满意，而家长对学校工作的满意度也达到了80%。此外，家长的信任、尊重和肯定被证实是影响教师幸福感的重要因素。

此外，家长的合作与支持如同为教师点亮了一盏明灯，照亮了了解学生个性与需求的道路，使教师能够据此制定出更加科学、合理的教育策略。当教师精准把握学生实际，因材施教时，学生的学习效果与行为表现往往会迎来质的飞跃，这无疑为教师的成就感与职业自信增添了浓墨重彩的一笔。

然而，当家长与教师之间缺乏有效沟通或存在误解时，教师的职业幸福感可能会受到负面影响。例如，家长对教师教育方式的不理解或过度干预，可能导致教师感到困扰与压力，进而影响其工作热情与教学质量。因此，建立良好的家校合作机制，加强双方之间的沟通与理解，对于提升教师的职业幸福感至关重要。

五、媒体舆论

在这个时代，媒体舆论对中学教师的影响无疑显著且复杂，其作用力如同一把双刃剑，既闪耀着正面的光芒，也潜藏着阴影。

首先，从正面影响来看，媒体犹如一座桥梁，连接着教师与社会各界。它经常将那些在教育领域默默耕耘、做出杰出贡献的教师推向公众视野，如那些教学成果斐然、全心全意关爱学生、勇于在教育实践中创新的教师。正面报道不仅塑造了教师的良好形象，使社会各界对教师职业有了更全面深入的认识，还进一步增强了人们对教师职业的尊重与认可。媒体对教育改革和创新的持续关注，还常常引发公众对教师教学方法和教育理念的热烈讨论，这种讨论如同一股清新的风，吹拂着教育改革的田野，激励着教师不断学习和创新，以适应不断变化的时代需求。教师的优秀事迹经媒体广泛传播，使他们深感自豪与满足，这份荣誉感成为他们坚定教育道路、提供优质服务的强大动力。

其次，尽管每个人的行为都应接受舆论监督，但媒体舆论的某些负面影响仍需被审慎对待。在媒体的高度聚焦下，教师的言行确实更容易成为社会的关注点，这相应地给教师群体带来了较大的舆论压力。当教师的行为或言论受到质疑时，可能会迅速发酵成广泛的社会讨论，这种讨论如同强烈的情绪波动,对教师的心理状态构成挑战,带来不必要的困扰和压力。更为关键的是,媒体若过度聚焦于个别教师的负面事件,如不当行为或教学质量问题,这些报道便如同锋利的舆论之刃,严重损害教师的公众形象与职业声誉,对其职业生涯构成长远的负面影响。此外,媒体在报道教师相关事件时,若片面追求点击率和关注度,极易导致事实被夸大或信息被误导,这样的报道无形中编织了一张扭曲公众对教师职业认知的复杂网络,从而进一步加深了对教师群体的误解与不信任。因此,在发挥舆论监督作用的同时,也应注重报道的客观性和平衡性,以促进健康的社会舆论环境。

因此,面对媒体舆论的影响,中学教师需要保持清醒的头脑和坚定的信念。他们应当积极面对媒体的关注,既要珍视正面报道赋予的荣誉与激励,也要勇于承受负面报道带来的挑战与压力。

小 结

本书第五章深入探讨了影响教师职业幸福感的五大因素,即个体因素、家庭因素、工作因素、组织因素和社会因素。个体因素主要涵盖人口统计学特征、心理与认知状态、专业能力水平以及职业压力和倦怠感。家庭因素则涉及家庭的支持力度、经济状况,以及家庭与工作之间的平衡与冲突。工作因素包括工作负担的合理性、收入与保障的充足性、学生与教育资源的匹配度,以及职业发展的机会与前景。组织因素聚焦于管理与领导的风格、决策与自主权赋予、同事与团队的协作氛围,以及评价与激励机制的有效性。最后,社会因素涵盖了社会对教师角色的期望与压力、教育政策与改革的导向、教师的社会地位与认可度、家长的支持与合作程度,以及媒体舆论对教师形象的影响。这些因素相互交织,共同作用于教师的职业幸福感,为我们全面理解并提升教师的工作满意度和幸福感提供了丰富的视角和深入的洞察。

(陈悦,宋国萍)

第六章 如何提升教师的职业幸福感

教师是教育的核心力量,既传授知识,又引导学生道德成长,激发兴趣,促进个性发展,扮演着多重重要角色。这一职业特性决定了教师工作不仅仅是技术性的教学活动,更包含了大量情感劳动和人际互动,从而对教师的心理素质和职业幸福感有更高要求。在本章中,我们将了解目前国内外教师职业幸福感的干预现状,以及在干预中采用的技术和方式等,为读者在设计合适的干预方案时提供一定的思路和帮助。

教师职业幸福感的提升是一个系统工程,需要政府、学校、社会和教师自身的共同努力。各国提升教师职业幸福感的措施各异,如芬兰、瑞典等国通过高薪和良好的社会保障及职业发展机会来吸引教师;而美国则通过教师专业发展学校提供实践教学、合作研究等平台,助力教师专业成长。这些措施使保障教师权益和促进教师专业发展等方面更加完善和具体。近些年,我国出台了一系列政策文件,如《关于全面深化新时代教师队伍建设改革的意见》,旨在加强教师队伍建设,提高教师的地位待遇和职业吸引力。同时,我国积极推进教育改革,旨在为教师创造更多发展机会和更广阔的发展空间。当前,国内外针对教师职业幸福感提升已实施多项干预措施,成效显著,但仍面临若干问题和挑战。

提升教师职业幸福感是一个长期而复杂的过程,需要不断地探索和创新。如前两章所叙,教师的职业幸福感可能会受到多种因素的影响,且不同教师在职业发展阶段、工作压力来源、个人需求等方面存在差异。在持续关注干预措施持续有效性的基础上,需设计科学合理、针对性强的干预方案,以切实解决教师面临的问题。同时,对于干预技术的选择也尤为重要。当前,学校广泛采用积极心理学、认知行为疗法和团体心理辅导等技术。例如,研究显示积极心理学能显著提升教师的积极情绪和总体幸福感,如在江西省上饶市广丰区的中小学教师中实施的积极心理学工作坊,通过前后对比测评,发现教师的心理状况得到显著改善。此外,积极心理团体辅导在困难大学生中也取得了显著成效,如通过团体辅导干预,实验组在焦虑自评量表、症状自评量表和总体幸福感量表的得分均达到差异水平。这些实践案例表明,积极心理学及其相关技术在学校中的应用不仅得到了理论支持,而且在实际操作中也取得了积极的效果。

鉴于现实情景下教师面临的压力与挑战,以及理论背景中对职业幸福感重要性的认识,开展教师职业幸福感的干预研究十分必要。通过科学的干预措施,不仅能够提升教师的心理健康与职业满足感,还能够促进教育质量,为学生提供更优质的教育环境。

第一节　教师职业幸福感的干预现状

在全球教育体系中,教师的职业幸福感不仅是教育质量的关键指标,也是教师个人福祉与职业发展的核心要素。随着教育领域对教师心理健康的关注度提升,国内外关于教师职业幸福感的干预研究与实践不断深入。了解这些干预现状,对于营造健康的教育环境、优化教学质量、推动教师个人发展具有深远影响。本节主要介绍国内外在教师职业幸福感提升方面的先进经验与创新实践,为设计科学、合理的干预方案提供一定指导与帮助。

一、国外教师职业幸福感的干预现状

教师职业幸福感是全球教育界普遍关注的话题,对教师的健康、教育质量及学生的学业成就有深远影响。国外在提升教师职业幸福感方面采取了多种措施,积累了丰富的实践经验和坚实的理论基础。具体体现在以下几个方面,如在提供心理支持与专业发展机会、改善工作环境与条件、实施激励与认可机制、促进工作生活平衡与建立社群支持与合作等。

提供心理支持与专业发展机会。众多国家的教育机构建立了心理健康支持体系,为教师提供专业的心理咨询服务,助力他们缓解职业压力,提高情绪管理和应对策略的有效性。如美国设立教师心理健康热线,提供免费心理咨询服务;实施教师领导力项目,提升领导技能。同时,国外学校和教育部门经常举办教师培训工作坊,涵盖教学技能、课堂管理、心理疏导等多个领域,促进教师专业成长,增强职业认同感。芬兰相关部门定期组织教师心理健康研讨会,并开设心理辅导课程,同时高度重视教师的继续教育,以确保教学的专业水准。

改善工作环境与条件。升级教室和办公设施,配备现代化的教学设备,营造安全舒适的教育氛围。尤为重要的是,通过简化行政手续和减少会议,有效减轻了教师的非教学性工作负担,使他们能更加专注于教学和学生发展。如在挪威等国家,通过加强校舍设施,提供舒适教学环境,并通过强化教师参与决策,聆听教师心声;实施弹性工作制度,提高工作灵活性,从而减轻教师不必要的负担。

实施激励与认可机制。实施公平的评估体系,优秀教师将会获得的物质奖励和职业晋升机会增加,同时,举行年度教师表彰大会,公开表彰表现突出的教师,提升其职业荣誉感。在新加坡,有关部门会颁发教师卓越奖,表彰杰出教育者。加拿大通过实行教师薪资透明化,来增强教师职业认同感。此外,还会为其提供个性化职业规划,促进个人成长。

促进工作生活平衡。如在丹麦等国家,有关部门会推广工作时间改革,确保教师足够休息;同时提倡健康生活方式,也允许教师根据需要调整工作与个人生活之间的平衡。澳大利亚积极倡导教师投身社团活动,以此拓宽工作之外的社交圈,同时鼓励教师充分利用假期时光,投身于丰富多彩的休闲活动中,从而确保身心的健康与愉悦。

建立社群支持与合作。通过建立教师互助小组或在线论坛,促进同行间的交流与支持,分享教学经验,解决共同面临的问题。并且会增加家长和社区成员对学校活动的参与度,构建家校社三方合作网络,为教师提供更广泛的支持。如英国建立了家校合作机制,增强家长参与;提供教师关怀计划,也包括心理与法律支持。

各国在提升教师职业幸福感方面采取了综合措施,涵盖心理、环境、激励、工作与生活平衡等多个层面。这些措施的成功实施,不仅提高了教师的幸福感,也促进了教育质量的整体提升。通过借鉴这些经验,可为其他国家和地区制定相应的教师幸福计划提供有益参考。

二、国内教师职业幸福感的干预现状

近年来,提高教师职业幸福感已成为我国教育政策的重要议题,旨在优化教育环境,提升教育质量。各级教育部门和社会各界正积极探索有效的干预措施,以增强教师的职业满足感和幸福感。我们同样从以下几个方面展开阐述。

提供心理支持与专业发展机会。目前,教育部和有关部门积极推进"教师心理健康行动计划",提供专业心理咨询服务,定期举办教师心理健康培训。同时,实施"国培计划",显著提升了教师的专业素养,强化了教学能力和心理调适技巧,得到了教师的高度评价和普遍认可。如北京市成立了"教师关怀中心",提供一对一心理辅导和举办专题讲座等。并启动了"名师工作室"项目,搭建起教师间交流互鉴的桥梁,以此激发教师的学习热情,提升他们的职业荣誉感与成就感。广东省也推出了"粤师讲堂"系列,为教师提供在线专业发展课程,促进其自我提升。

改善工作环境与条件。有些地区通过提供现代化教学设备等改善教室、办公室条件,为教师、学生创造舒适的教学和学习环境。同时注重减轻教师工作负担,如广东地区,积极推行了"教师减负清单",减少教师非教学任务及行政工作,关注教师身心健康,让教师专注于教学与学生指导。

实施激励与认可机制。多地实施"优秀教师奖励计划",根据教学成绩、学生评价发放绩效奖金。在一定程度上是对优秀教师的鼓励与支持。同时,有关部门会对优秀教师公开表彰,这也增强了教师的职业认同感与归属感。如张桂梅老师以"素心托高洁"的感人事迹入选"《感动中国》2020年度人物",她不仅是丽江华坪女高的守护者,更是全国教育工作者的榜样!

促进工作生活平衡。目前,部分地区试行教师弹性工作时间,鼓励工作与个人生活的和谐统一。如上海市实施"教师弹性工作制"试点,赋予教师更多的自主权。同时,有关地区也推行教师关怀计划,为教师组织休闲娱乐与健康促进活动,如体育比赛、艺术沙龙等。浙江省推出了"教师之家"项目,为教师提供休闲与心理支持空间,促进工作与生活平衡。

建立社群支持与合作。有关地区建立了家校沟通渠道,增进家长与教师的互动,构建支持网络,共同促进学生健康成长,如北京市发起"家长参与计划",建立家校沟通桥梁,增进家庭与学校的互动。此外,通过整合社区资源,为教师提供更多支持与服务。上海市实践"教师与社区合作项目",促进教师参与,提升社区教育意识。江苏省也通过实施"教师伙伴计划",新老教师结对,促进教学经验传递。

国内对教师职业幸福感的干预措施多元且细致,从心理支持到职业发展、工作生活平衡,展现了对教师全面关怀的态度。地方举措各有特色,体现了因地制宜的原则,为教师创造了更加健康、和谐的工作环境。未来,要持续优化这些措施,确保教师职业幸福感的持续提升,这将对构建高质量教育体系产生深远影响。

第二节 干预方案的设计

一、干预要素

提升教师职业幸福感是一个系统工程,涉及多个关键要素的协同作用。同时,结合以往国内外对教师职业幸福感的干预策略,我们将从个人、工作环境和组织管理三个层面着手,为设计具体、成熟的方案提供思路。

(一)个人层面

1. 自我认知与成长

(1) 目标设定

通过分析教师工作规划的成功案例,教师可以科学地进行自我评估,明确个人优势和不足,结合教育改革要求和学校实际情况,设定短期和长期的职业目标,并通过教学能力提升、教学实践创新、教研团队合作等方法,实现这些目标。学校可组织专业的教育发展规划团队，为教师开展目标设定专题讲座与培训。随后，教师需结合自身学科特色、教学经验及学生实际情况，制订个性化的目标计划。同时，经验丰富的骨干教师将与每位教师进行一对一交流，对其目标计划进行审核与优化，并提出建设性意见，帮助教师合理调整目标难度与进度，确保目标既具挑战性又切实可行。此外，学校还建立了目标跟踪与反馈机制，要求教师定期提交目标执行进展报告，由教育发展规划团队进行评估与反馈，及时发现问题并协助教师调整策略，保障目标能够顺利达成。

（2）优势发掘

组织教师进行优势评估活动，如通过问卷调查、同行评价等方式，让教师了解自己在教学、沟通、组织等方面的优势。例如，设计一套全面且细致的教师优势调查问卷，涵盖教学方法运用、课堂氛围营造、与学生互动效果、与家长沟通能力、团队协作组织等多个维度的问题。同时，开展同行评价活动，组织教师们相互听课、评课，听课教师应关注授课教师的教学内容及方法，并着重留意其在课堂管理、学生引导及突发情况处理上的优势与特长。学校依据评估结果，为教师提供个性化发展机会与平台，激励其在学校活动中发挥更大作用，从而增强其自信，提升职业价值感。

2. 情绪管理与心理调适

（1）培训与辅导

开展情绪管理和心理调适培训课程，教授教师应对工作压力和负面情绪的方法。例如，传授深呼吸、冥想等放松技巧，让教师在面对课堂突发状况或教学压力时能够迅速调整心态。根据研究，教师的情绪状态直接影响其教学效果，积极的情绪有助于提高学生的兴趣和积极性，而消极的情绪可能导致学生注意力分散、学习效果不佳。此外，教师的情绪还会影响师生之间的关系，积极的情绪有助于建立良好的师生关系，提高学生对教师的信任感和尊重感；而消极的情绪可能导致师生关系紧张、矛盾加剧。长期处于不良情绪状态下的教师容易出现焦虑、抑郁等心理问题，甚至引发身体疾病，影响身心健康。同时，为了提升教师的情绪管理能力，学校定期邀请专业的心理咨询师或心理专家来校举办培训讲座与工作坊。这些活动旨在教授教师们情绪识别与表达的技巧，帮助他们更好地理解自己的情绪状态，并学会用恰当的方式与他人沟通自己的情绪感受，从而避免情绪积压导致的心理问题。在工作坊中，教师们有机会进行实践操作与小组讨论，分享自己在情绪管理方面的经验与困惑，通过互动交流，加深对所学知识与技巧的理解与掌握。

（2）压力缓解活动

定期组织教师参与轻松愉快的活动，帮助教师释放工作压力。如，每月组织一次教师户外徒步活动，在大自然中放松身心，增进同事间的感情。学校特设教师活动组织委员会，负责策划组织压力缓解活动，并巧妙融入知识问答、趣味游戏等互动环节，旨在促进同事交流，营造轻松愉快氛围，助力教师释放压力，强化团队凝聚力。

（二）工作环境层面

1. 教学资源与支持

（1）物质支持

确保教师拥有充足教学设备与材料，如更新多媒体设备，提供丰富教材教具，并依据课程实验项目，配备高精度电子天平、先进显微镜、多功能物理实验箱等先进仪器，助力教学实验顺利开展，提升教学质量与效果，使教师在优越物质支持下，更专注于教学创新与学生培养，增强职业幸福感。

（2）专业支持

构建教师专业发展支持体系，由教学管理部门主导，制定详尽专业发展计划，明确活动时间、主题及参与范围，形式涵盖定期教学研讨、专家讲座、师徒结对等。如，在教学研讨活动方面，按照学科划分研讨小组，每周安排固定的时间进行学科内部的教学研讨。研讨主题可以紧密围绕教学实践中的热点与难点问题，如何有效开展小组合作学习、如何提升课堂提问的质量、如何应对学生的个性化学习需求等。

2. 人际关系与团队合作

（1）同事关系

营造和谐合作、互帮互助的同事氛围，学校工会与教师发展中心携手策划多样同事关系建设活动，包括趣味运动会、团队聚餐等，以加深教师间的情谊。如每学年开展一次教师团队拓展训练，加强教师间的沟通与协作。这些团建设活动有效营造了积极向上的氛围,促进了团结和谐的同事关系,使教师们在工作中倍感温暖与支持,从而提升了工作满意度与幸福感。

(2) 师生关系

鼓励教师构建良好师生关系,学校每学期举办一次师生座谈会,广泛讨论学习生活中的各类问题,包括学习方法、课程设置、校园文化建设等。师生们依次分享自己的读书心得与感悟,交流读书过程中的思考与疑问,通过书籍这一桥梁,跨越年龄与身份的差异,深入探讨人生哲理、社会现象、文化传承等话题,让教师更加了解学生的内心世界,也让学生感受到教师的学识魅力与人文关怀,从而提高教师对教育工作的热爱与投入。

(三) 组织管理层面

1. 管理政策与制度

(1) 公平合理地评价

建立公平、科学的教师评价体系,综合考虑教师的教学效果、师德表现、专业成长等多方面因素。教学效果评价应综合考虑学生考试成绩、课堂观察及学生反馈,以规避单一指标评价可能引发的不公平现象。例如,在观察一位语文教师的课堂时,观察团队将关注教师能否通过生动讲解和有效提问,引导学生深入理解课文;同时,考察学生在课堂讨论中的参与度和思维活跃度,以及课堂练习中对知识的掌握程度。此外,高度重视学生反馈,每学期通过问卷调查、学生座谈会等形式收集学生对教师教学的评价与建议,经过整理与分析的学生反馈,将被纳入教学效果评价体系中。通过多维度、全方位的教师评价体系,全面、客观、公正地评价教师的工作表现,激励教师不断提升自己的综合素质与教学水平,提高教师的职业幸福感与满意度。

(2) 灵活的工作制度

学校教学管理部门应基于对教师工作需求与实际困难的充分调研,制定灵活的工作时间和任务安排制度。允许教师在一定范围内自主选择备课时间,对于有特殊情况的教师提供工作任务调整的机会。保障教师能够在兼顾家庭与个人特殊情况的前提下,顺利完成教学工作任务。例如,对于有年幼子女需要照顾的女教师,可以在不影响教学工作的前提下,适当调整其值班时间。这些举措充分展现了学校对教师的人文关怀,进而有效提升了教师的工作满意度和职业幸福感。

2. 组织文化与氛围

(1) 积极的文化塑造

积极向上的学校组织文化对于提升教师的工作满意度和职业认同感具有显著的正向影响,强调教育的使命感和教师的职业价值是构建学校文化的关键要素。学校宣传部门与文化建设部门共同策划组织一系列文化塑造活动。如,校史展览精心设计,通过文字、图片、实物、多媒体等多种形式展示学校的发展历程、办学理念、教育成果以及历代教育工作者的辛勤付出与卓越贡献。通过学校校史展览、优秀教师事迹宣传等方式,让教师感受到学校对教育事业的执着追求,激发职业自豪感。此外,学校还可以开展教育主题征文、演讲比赛等活动,鼓励教师们深入思考教育的使命与价值,分享自己在教育过程中的点滴感动与成长,进一步营造积极向上的教育文化氛围。

(2) 领导风格与支持

学校领导秉持民主、支持型及变革型的领导理念,在日常管理中,学校领导积极构建多样化的沟通桥梁,包括定期的教师座谈会、校长信箱以及线上意见征集等,确保教师能随时反馈想法与建议。尊重教师的意见和建议,鼓励教师参与学校决策,让教师成为改革的参与者和推动者。同时,构建课程改革激励机制,对在课程改革中表现卓越的教师予以表彰和奖励,例如评选'课程改革先锋教师',设立'课程改革优秀成果奖'等,以此激发教师参与课程改革的热情与主动性,鼓励他们在学校的发展变革中积极贡献智慧与力量,从而增强教师的归属感与职业幸福感。

二、干预特点

(一) 针对性

1. 个体差异

不同教师的年龄、教龄、学科背景、性格特点等存在差异,对职业幸福感的需求和影响因素各不相同。例如,年轻教师,尤其是那些在农村初中和小学工作的教师,可能更关注职业发展机会和专业成长。他们渴望在教学领域迅速崭露头角，获得更多的教学资源和培训机会，以提升自己的教学技能和知识储备。例如，根据一项调查，农村初中青年教师的专业成长现状显示，他们积极自学，喜欢阅读教育理论著作，并自主购买或订阅教育教学杂志，这表明他们对知识的累积是主动的，这是他们专业成长的基石。而年长教师可能更重视工作环境的稳定性和工作中的人际关系，他们在多年的教学经历中积累了丰富的经验，更希望在熟悉且和谐的环境中继续发挥余热，与同事保持良好的合作关系，对学校的归属感较强。

对于性格内向的教师，可能在团队合作和社交互动方面存在一定困难。在设计干预方案时，可以先从一些小型的、轻松的团队活动入手，逐步引导他们参与到更大范围的同事交流与合作中，例如先组织小组读书分享会，再过渡到全校性的教学经验交流大会。而性格外向的教师能更积极地投身于学校的对外交流及社区教育推广活动，利用其出色的沟通和社交能力，有效拓宽学校的教育资源和社会影响力。

2. 解决导向

借助详尽的问卷调查，掌握教师每周课时、备课、批改作业及行政事务耗时，剖析教学任务繁重的原因及教师幸福感缺失的症结，据此设计针对性的解决方案。若发现教师因职业发展迷茫而幸福感缺失，则深入了解教师在专业成长方面的困惑和期望。是缺乏晋升渠道的清晰指引，还是对自身教学特色和研究方向不明确？如果是由于师生关系紧张导致教师职业幸福感下降，那么可以通过学生和教师的双向匿名问卷调查、座谈会等形式，找出师生关系存在的问题根源。若是教学方法问题，则组织教师进行教学方法的反思与改进研讨活动，鼓励教师尝试新的教学方法，提高教学的趣味性和有效性，增进师生之间的理解与信任。

（二）可行性

1. 资源可获取性

方案设计需考虑学校现有的人力、物力、财力资源。如教师培训项目规划时，学校需细致核算财务预算。统计教师培训专项经费，评估各级别专家费用（授课费、差旅费、住宿费）。并检查校内培训场地（多媒体教室、会议室）是否满足需求,不足时考虑租赁校外场地。为减轻教师负担,应利用假期、课余时间,或采用线上线下混合培训。线上平台安排理论课程,教师自主安排进度;实践操作、研讨交流则安排在周末或假期,确保时间合理灵活,不影响教学。

2. 操作实施难度

干预措施应该简单易行,避免过于复杂的程序。在设计教师心理调适方案时,所推荐的放松方法和心理调节技巧应便于教师在日常工作中操作,如简单的办公室伸展运动或快速的心理放松冥想方法。教师可以在课间休息或工作间隙,按照教程进行几分钟的伸展运动,缓解长时间久坐带来的身体疲劳和肌肉紧张。而心理放松冥想方法,则可以通过组织简短的培训讲座,向教师介绍基本的冥想原理和简单的操作步骤。同时,提供轻柔的自然音效和舒缓的音乐等辅助冥想的音频资源,供教师在需要时通过手机或电脑播放,以迅速进入冥想状态,达到放松身心、减轻工作压力的效果。

(三) 持续性

1. 长期规划

教师职业幸福感的提升是一个长期的过程,干预方案不能只是短期的应急措施。在设计教师专业发展计划时,可以规划出教师在三到五年内的专业成长路径,包括逐年递进的培训内容和发展目标。例如,教师可以通过不断学习和提升学历、开展教学研究和教育实践、积极参与教师职业发展计划、参与教学团队合作、关注教育前沿和趋势、建立教师发展档案和评估机制等途径,确保教师能够持续获得专业成长带来的幸福感。如在第一年,为教师提供基础教学技能巩固与提升的培训,如教学方法的优化、课堂管理技巧的强化等。到了第二年,拓展教师的专业知识领域,根据不同学科教师的需求,提供相关领域的前沿知识讲座和线上学习课程。在第三年,着重培养教师的教学创新能力和团队协作能力。设立教学创新奖励基金,旨在鼓励教师积极探索和尝试新的教学模式和方法,如项目式学习、翻转课堂等。此举得到了亿方教育基金等机构的支持,通过奖励教学业绩突出的教师和品学兼优的学生,推动了区域教育事业的发展,并在全校范围内进行教学创新成果展示与分享。

2. 跟踪评估与调整

建立有效的跟踪评估机制，定期对干预方案的实施效果进行评估。如，在每学期初，设计一套全面的教师职业幸福感调查问卷，涵盖工作满意度、职业成就感、人际关系、工作压力等多个维度的问题。随后，我们将对调查和访谈所得数据进行深入分析，细致统计教师在各个评估维度上的得分，从而精准识别出得分偏低的项目以及普遍存在的短板问题。根据评估结果，及时调整干预方案。一旦发现某个培训项目未能达到预期效果，且教师普遍反映学习收获有限，我们便会立即着手对培训内容、方式及师资队伍进行优化调整。或者，如果发现某种团队建设活动未能达到预期的增强教师凝聚力的效果，就需要重新设计活动形式和内容，确保干预措施能够切实满足教师的需求，不断提升教师的职业幸福感。

（四）参与性

1. 教师参与设计

在方案设计过程中，要充分听取教师的意见和建议。如，在教师座谈会上，提前确定与教师职业幸福感相关的讨论主题，如教学资源需求、工作环境改善、职业发展期望等。我们鼓励教师们积极发言，坦诚分享自己在教学工作中的真实感受、遇到的难题，以及对干预方案的独到见解和宝贵建议。同时，开展在线问卷调查，问卷内容涵盖教师的个人基本信息、工作现状、对职业幸福感的认知以及对各类干预措施的期待等方面。通过广泛的问卷调查，收集大量教师的数据信息，运用数据分析软件进行统计分析，了解教师群体的整体需求和不同教师群体的个性化需求。

2. 全员参与实施

鼓励全体教师积极参与到干预方案的实施过程中。在组织教师团队建设活动时，需提前规划详尽的活动方案，明确时间、地点、内容及参与要求，形式可涵盖趣味运动会、户外拓展及文化艺术展览等，力求多样。活动结束后，组织总结分享会，鼓励教师交流体验与收获，以此深化活动成效，增强团队凝聚力与归属感，确保每位教师均能在干预方案实施中获益，共筑职业幸福感。

三、干预方案案例

以下是部分教师幸福感干预方案的案例:

(一)专业发展型干预

1. 案例背景

在某中学的教学工作场景中,经学校管理层的深入观察与综合评估后发现,相当一部分教师在长期的教学实践中,逐渐形成了较为固化的教学方法模式。这种教学方法的固化,使得课堂缺乏活力与创新性,难以充分满足学生日益多样化的学习需求。与此同时,众多教师对于自身在专业领域的长远发展方向感到迷茫与困惑,不清楚如何在现有的基础上进一步提升自己的专业素养与教学能力。这种对未来发展路径的不确定性,直接导致了教师们的职业成就感呈现出明显的下降趋势,进而影响了整体的教学热情与工作积极性。

2. 干预方案

个性化培训。学校管理层高度重视这一问题,经过多番研讨与精心策划,决定实施个性化培训方案。具体而言,学校全面梳理并细致分析了每位教师的学科背景、教龄及个人专业发展需求。基于精准的数据收集与深入分析,学校为每位教师量身定制了针对性强的培训计划。以具有多年教龄的数学教师为例,考虑到数学学科在现代教育中对学生逻辑思维与实践应用能力培养的重要性,以及数学建模在解决实际问题方面的独特优势,学校为其提供了基于数学建模的教学方法专项培训。在培训过程中,通过邀请业内知名专家进行深入浅出的理论讲解、展示大量成功的教学案例、组织教师们进行模拟课堂实践并及时给予专业的点评与反馈等多种方式,使这些数学教师能够深刻理解数学建模的核心思想与操作要点,并巧妙地将其融入日常的课堂教学之中,为数学课堂注入了全新的活力与魅力。

教学研究激励。为了进一步激发教师们的专业探索精神与创新意识,学校专门设立了专项教学研究基金。该基金旨在鼓励教师们积极主动地开展各类教学研究项目,深入挖掘教学过程中的问题与机遇,寻求更优的教学策略与方法。此激励机制赋予教师充分自主权,允许他们根据教学实践中的问题或兴趣方向自主申报课题。课题申报成功后,学校将提供充足资金,支持购买研究资料、设备,并开展调研等活动。此外,学校邀请相关专家为教师提供一对一指导,涵盖研究思路、方法选择及成果总结推广,全方位支持教学研究。

师徒结对。为了促进教师队伍的整体成长与协同发展,学校建立了新老教师师徒结对制度。这一制度旨在充分发挥经验丰富的老教师的传帮带作用,同时也为年轻教师提供快速成长的平台与机会。师徒结对让年轻教师在教学实践各环节获得老教师的悉心指导和帮助。从备课环节中教学目标的确定、教学内容的筛选与组织,到课堂教学中教学方法的运用、课堂节奏的把控以及与学生的互动技巧,再到课后作业的布置与批改、学生学习情况的反馈与辅导等,老教师都将自己多年积累的宝贵经验毫无保留地传授给年轻教师。

3. 实施效果

经过一段时间的持续推行与深入实施,这些干预措施取得了显著的成效。在教学方法层面,教师们积极摒弃了以往的固化模式,大胆引入新的教学理念与方法,课堂教学因此焕发了新的活力,变得既生动有趣又充满创意,学生的参与热情空前高涨,学习效果也随之实现了质的飞跃。在后续开展的教师职业满意度专项调查中,令人欣喜的是,超过80%的教师明确表示,能够深切感受到自己在专业素养与教学能力方面有了明显的进步与提升,这种在专业领域内的成长与突破,不仅让他们在教学工作中重拾了自信与热情,更让他们的职业幸福感如雨后春笋般迅速滋生,愈发强烈。

(二)组织文化与心理支持干预

1. 案例背景

某职业学校的教师群体正面临着来自多方面的压力与挑战。从外部环境来看,社会舆论对职业教育的关注度与期望值不断攀升,使得教师们承受着较大的社会舆论压力。在这种日益加剧的舆论压力下,教师们不得不在资源有限、条件苛刻的情况下,奋力满足社会各界对职业教育人才培养的严苛要求,这无疑给他们本就繁重的心理负担又增添了一份重量。而从学校内部环境而言,学校长期以来形成的组织文化氛围较为沉闷压抑,教师之间缺乏有效的沟通与交流渠道,彼此之间的互动较少。由于缺乏活力与凝聚力的组织文化,教师们在工作中难以获得足够的情感支持与归属感,这导致了职业倦怠现象的产生。教师们表现出工作热情减退、教学态度消极、对学生缺乏耐心等症状,这些症状不仅影响了教师的个人健康,还对学校的教育教学质量与整体发展造成了严重影响。

2. 干预方案

文化建设。为了改善这一现状,学校决定从组织文化建设入手,开展了一系列丰富多彩且富有创意的活动。首先,学校定期举办教师风采展示活动,活动内容涵盖了教学成果展示、个人才艺表演等多个方面。在教学成果展示环节,教师们可以将自己在教学过程中的优秀教案、创新教学方法、学生的优秀作品或学习成果等进行展示与分享,让其他教师能够深入了解彼此的教学特色与亮点,促进教学经验的交流与借鉴。而个人才艺表演则为教师们提供了一个展示个人魅力与特长的舞台,无论是歌唱、舞蹈、绘画还是书法等才艺,都能在这里得到充分地展现。通过这些展示活动,教师们不仅能够发现身边同事的闪光点,增进彼此之间的了解与尊重,还能够在展示自我的过程中获得成就感与自信心,为沉闷的校园文化注入了一股清新的活力之风。

同时,学校还充分利用校报、校内广播等宣传平台,大力宣传优秀教师的先进事迹。深入挖掘并广泛传播教师们在教学、科研、学生管理等领域的感人故事与卓越贡献,通过文字、图片、音频等多种生动形式,展现身边的榜样力量,营造积极向上的校园文化氛围,崇尚先进,激励教师们增强职业自豪感与使命感。

心理支持。在关注教师文化建设的同时,学校也深刻认识到教师心理健康的重要性,因此专门聘请了专业的心理咨询师为教师们提供定期的心理辅导服务。学校特设"教师心灵驿站",一个专为教师打造的私密舒适心理辅导空间。教师在日常工作中遇到工作压力、人际关系紧张或职业发展困惑等心理问题时,可随时前往"教师心灵驿站"寻求咨询。心理咨询师将根据教师的具体情况,运用专业的心理学知识与技能,为其提供一对一的心理辅导,帮助教师们缓解压力、调整心态、化解困惑。

此外,学校还组织了教师心理成长小组。心理成长小组以小组为单位,定期开展活动。在教师心理关爱活动中,教师们有机会敞开心扉,分享自己在工作与生活中所面临的压力与困惑,倾听其他教师的经验与建议。通过这种互动交流与情感支持的方式,教师们能够感受到自己并不孤单,身边有一群志同道合的同事在共同面对困难与挑战。例如,某学校组织的心理关爱活动邀请了专家进行心理健康讲座,并通过团体心理辅导活动帮助教师们缓解工作压力,增强团队合作精神。在相互支持与鼓励的过程中,教师们的心理韧性得到了有效提升,能够更好地应对工作中的各种压力与挫折。

3. 实施效果

根据学校文化建设对师生关系影响的研究,实施组织文化建设与心理支持干预措施后,学校的整体组织文化发生了显著变化。研究显示,学校文化建设有助于营造积极向上的文化氛围,改善师生关系。例如,通过案例分析,学校文化建设在优化师生关系中的具体实践表明,原本沉闷压抑的氛围逐渐被活跃、积极向上的文化气息所取代,教师之间的关系也从过去的相对疏离走向了融洽和谐。在心理支持方面,教师们切实感受到了学校对他们心理健康的重视与关爱,通过心理辅导与心理成长小组的活动,他们学会了有效的压力应对策略,心理压力得到了明显缓解,职业倦怠现象得到了有效控制。

在后续开展的相关调查中,约70%的教师表示,能够明显感觉到自己在学校中得到了更多的尊重与支持,这种良好的校园氛围与情感体验,使得他们对自己的职业有了新的认识与定位,职业幸福感也在潜移默化中得到了提升,从而以更加饱满的热情与积极的态度投入教育教学工作中,为学校的长远发展奠定了坚实的基础。

第三节　干 预 技 术

一、积极心理学干预

(一) 感恩练习

1. 感恩日记

鼓励教师每天花 10～15 分钟记录感恩事件。可以是在工作中,例如学生取得的进步、同事给予的帮助;也可以是生活中的,像家人的支持等。一位教师在感恩日记中写道:"今天小明同学在课堂上主动回答问题,而且回答得非常有创意,这让我感到自己的教学有了成果,很欣慰。"

根据教育管理部门和研究机构的研究,书写感恩日记有助于教师将注意力从工作压力和负面情绪转移到积极方面,通过回顾一天中的美好事件,强化积极情感。长期坚持这一习惯,有助于教师形成积极的思维模式,提升对工作和生活的满意度,进而增强职业幸福感。

2. 感恩分享会

定期组织教师感恩分享会,比如每周一次的小组分享或者每月一次的全校性分享。在分享会上,教师们可以轮流讲述自己近期最感恩的事情。例如,一位经验丰富的教师在分享会上感慨道:"我深感学校师徒结对活动的益处,我的年轻徒弟充满活力,时常带来新颖的教学思路,这些创新想法不仅激发了我的教学灵感,更让我在教学领域实现了新的飞跃。"

分享感恩事件如同一股暖流,在教师群体中流淌,不仅传递了正能量,还紧密了教师间的情感纽带。当教师听到他人的感恩故事时,会受到感染,从不同的角度发现工作和生活中的美好,进一步放大感恩的效果,营造积极的校园文化氛围,提升教师整体的职业幸福感。

(二) 优势发现

1. 优势评估与反馈

采用专业的心理测评工具,如盖洛普优势识别器等,对教师进行优势评估。评估后,为教师提供详细的优势报告,包括他们在教学、沟通、组织、创新等方面的优势。例如,一位教师通过测评发现自己在沟通能力方面有显著优势,报告中详细列出了他在与学生、同事和家长沟通时的优势表现。

了解自身优势能够增强教师的自我认同感和自信心。一旦教师清晰地认识到自己的优势,他们便会在工作中自然而然地运用这些长处,进而收获更加丰硕的工作成果。这种成就感会提升他们对职业的满意度,感受到自己在教育工作中的独特价值,进而提升职业幸福感。

2. 基于优势的工作安排与项目

根据教师的优势来安排工作任务和项目。例如,针对组织能力突出的教师,建议分配其负责学校大型活动的组织策划;而对于富有创新思维的教师,则鼓励他们积极参与并引领学校的教学改革项目。在学校开展校本课程开发时,邀请具有课程开发创新思维的教师加入团队,充分发挥优势。

当教师能够在工作中充分发挥自己的优势时,工作本身对他们而言就不再是一种负担,而是一种自我实现的过程。他们在工作中能够体验到更多的乐趣和成就感,工作效率和质量也会提高,这无疑会促进他们的职业幸福感。

(三) 心流体验

1. 设置挑战性目标

协助教师在教学和专业发展方面设定具有挑战性但可实现的目标。例如,对于一位数学教师,可以设定在本学期内将班级学生的数学平均分提高10分的目标,同时为其提供相应的教学资源和支持,如组织数学竞赛辅导资料等。

在设定目标时,需充分考虑教师的个人能力和所处的专业发展阶段。具体而言,新手教师的目标应侧重于教学基本功的夯实,如提升课堂管理效率;而经验丰富的教师,则可着重于教学创新或教育科研项目的突破。

2. 优化工作流程与环境

帮助教师分析和优化教学工作流程,减少不必要的环节和干扰。使其有利于心流体验的产生。例如,为教师提供标准化的教学流程模板,以简化备课步骤,并建议他们科学规划批改作业的时间,从而有效避免过度疲劳。

优化工作流程并创造良好工作环境,能够显著提升教师的专注度,进而降低他们进入心流状态的门槛。在心流状态下,教师能够体验到工作的乐趣和价值,从而对自己的职业产生更积极的感受,提升职业幸福感。

二、认知行为疗法

(一) 识别和挑战消极思维

1. 思维记录

为教师提供思维记录表,他们可以在遇到让自己感到不开心、有压力或产生职业倦怠的事件时,记录下当时的情境、自己的情绪反应以及脑海中出现的想法。例如,一位教师在处理学生课堂违纪后感到很沮丧,他在思维记录表中写道:情境是"小张同学在课堂上多次讲话,不听劝阻",情绪是"沮丧、挫败感",想法是"我是个失败的教师,连课堂纪律都管不好"。

通过记录和分析,教师能够更加清晰地意识到自己的消极思维模式。小组讨论中,教师能借鉴他人经验,从反馈中认识到自身想法的潜在不合理性,为挑战消极思维奠定坚实基础。

2. 挑战消极思维

引导教师对自己记录下的消极思维进行质疑和反驳。我们可以运用苏格拉底式提问法来引导教师反思,比如面对教师自称"我是个失败的教师"时,可以启发他/她思考:"在你的指导下,是否有学生取得了显著的进步?"或者"一次课堂纪律的小插曲,是否就足以全盘否定你的教学能力呢?"

挑战消极思维有助于教师打破不合理信念的束缚,以更客观、理性的视角看待工作中的问题,减少因消极思维带来的负面情绪,进而提升职业幸福感。

(二) 行为激活

1. 制订活动计划

根据教师工作规划实施成果评估,教师应制订个人的行为激活计划,其涵盖工作和生活领域。工作上,教师可尝试创新教学方法或参与学校项目,例如,语文教师可规划本学期开展课外文学采风活动。生活方面,教师应安排个人兴趣活动,如定期参加绘画班或健身,以促进个人发展和提高生活质量。

行为激活策略能够有效打破教师因消极情绪而陷入的行为僵局,促使他们重新行动起来。通过参与有意义的活动,教师能够体验到成就感和愉悦感,无论是在工作中的新尝试取得成果,还是在生活中享受个人爱好带来的乐趣,都有助于改善情绪,提升对生活和职业的积极感受。

2. 监督与反馈

为了确保行为激活计划的有效执行,我们可以建立监督机制,比如鼓励教师之间互相督促,或者安排专业人员定期评估教师的活动进展。例如,在教师小组中,成员们每周分享自己行为激活计划的执行进度。

根据上海市中小学教师幸福感的调查结果，教师们对工作和价值体现的满意度较高，但对健康和物质生活水平的满意度较低。及时的监督、反馈、鼓励和支持能够确保教师持续地执行行为激活计划，避免计划的半途而废，并增强教师的自信心，强化他们从活动中获得的积极体验，进一步提升职业幸福感。

(三) 应对策略与问题解决技巧

1. 应对策略培训

开展应对策略培训课程，包括应对工作压力、人际冲突等方面的策略。例如，在应对工作压力方面，教授教师放松技巧，如深呼吸、渐进性肌肉松弛等方法；在处理人际冲突时，教导教师积极倾听、换位思考等沟通技巧。

掌握应对策略能让教师在面对职场挑战与压力时，拥有更多有效的应对手段，避免陷入无助与焦虑的困境。通过练习，这些策略能够内化成为教师的行为习惯，更好地应对职业挑战，减少负面情绪的产生。

2. 问题解决技巧训练

教授教师问题解决的通用步骤，包括明确问题、提出解决方案、评估方案、选择和实施最佳方案、评估结果等。例如，当教师面临班级成绩下滑的问题时，首先引导他们准确分析问题产生的原因，可能是教学方法不适合、学生学习动力不足等。

问题解决技巧的培训能提升教师自主解决职场难题的能力。一旦成功解决问题，教师将感受到更强的职场掌控力，进而增强职业自信，提升幸福感。

(四) 重构工作意义

1. 意义探索活动

组织教师开展工作意义探索的小组活动，例如通过分享教育故事、回忆自己选择教师职业的初心等方式，引导教师重新审视自己工作的意义。一位经验丰富的老教师，可能会深情地讲述自己如何一步步引导学生成长，最终成才的感人故事，让年轻教师在这些故事中汲取智慧和力量，深受启发。

意义探索活动能够帮助教师从日常琐碎的工作中跳出来，从更宏观的视角看待自己的职业。回忆初心和分享教育故事可以唤起教师内心深处对教育事业的热爱,明确的教育使命宣言则为教师的工作提供了方向感和价值感,进而提升职业幸福感。

2. 工作价值强化

定期在学校范围内展示教师的工作成果,包括学生的进步、教师的教学创新等。例如,在学校宣传栏展示学生的优秀作品以及教师对他们的指导过程,或者在学校大会上表彰教师在教学改革中的突出贡献。

通过定期的展示和积极的反馈,教师们能够清晰地看到自己的辛勤付出所带来的成果,从而更加深刻地认识到自己工作的价值和意义。这种对工作价值的充分肯定,无疑会点燃教师们的工作热情,让他们在教育的道路上更加坚定地走下去,收获更多的满足和幸福。

四、正念疗法

(一) 正念冥想

1. 引导式冥想练习

定期组织教师进行集体的引导式正念冥想练习。可以每周安排 2~3 次,每次 20~30 分钟。在安静、舒适的空间内,由专业的正念训练师或者经过培训的教师进行引导。引导教师专注于呼吸,缓缓吸气,感受空气充盈肺部,再慢慢呼气,体会腹部起伏。

正念冥想能够帮助教师集中注意力,减少杂念。在繁忙的教学工作后,通过冥想放松身心,缓解工作压力。长期坚持能调节教师神经系统,平稳情绪,提升职业生活感受,增强幸福感。

2. 短休息时的微冥想

鼓励教师在课间或者工作间隙进行短时间的微冥想。比如,在课间 10 分钟内,教师可以坐在椅子上,闭上眼睛,简单地进行 3~5 分钟的冥想,专注于自己当下的状态,放松身心。

微冥想助力教师快速恢复精力,缓解持续累积的工作压力。这种短时间的自我调节方式有助于教师以更好的状态投入后续的工作,减少因长时间工作带来的倦怠感,提升职业幸福感。

（二）正面沟通

1. 培训与工作坊

开展正念沟通培训课程或工作坊,每学期至少举办 1～2 次。培训中,教授教师正念沟通技巧,如专注倾听、不打断、不急于判断,用同理心感受对方情绪。例如,通过角色扮演的方式,让教师模拟与学生、家长或同事沟通的场景,练习正念沟通技巧。

正面沟通可以改善教师与学生、同事和家长之间的关系。教师采用正念沟通,能有效降低误解与冲突,加深相互理解和信任。良好的人际关系会让教师在工作环境中感到更加和谐和愉快,从而提升职业幸福感。

2. 日常实践与反馈

鼓励教师在日常工作中实践正念沟通,并建立反馈机制。教师可以定期记录自己在沟通中的体验,如在与一位情绪激动的家长沟通后,记录自己是如何运用正念沟通技巧保持冷静,并达到较好沟通效果的。

日常实践与反馈机制,助力教师持续提升正念沟通能力。分享交流促使教师从他人经验中汲取灵感,不断优化沟通策略。良好的沟通效果带来的成就感会提升教师对工作的满意度,进而增强职业幸福感。

（三）正念日志

1. 日志记录指导

向教师介绍正念日志的记录方法,建议教师每天花 10～15 分钟进行记录。引导教师在日志中如实记录自己当天的感受、想法和经历,重点关注在工作和生活中的正念时刻。一位教师在日志中写道"今天在课堂上,我注意到了小李同学的一个小进步,我当时很专注地表扬了他,看到他脸上露出的笑容,我感觉自己很投入、很满足。"

正念日志可以帮助教师提高自我觉察能力,让他们更加关注当下的生活和工作体验。通过细致回顾自己的正念时刻,教师得以深化对积极工作体验的理解,从平凡的日常中挖掘出更多的乐趣与深层意义,进而显著地提升他们的职业幸福感。

2. 定期回顾与反思

引导教师定期回顾自己的正念日志,比如每周或每月进行一次。在回顾过程中，教师可以反思自己在一段时间内的情绪变化、工作状态和人际关系等方面的情况。例如，通过对比不同周的日志，教师可能会发现自己在处理学生问题时的心态有了改善。

定期且深入的回顾与反思，使教师能够从过往的记录中提炼出宝贵的经验，清晰地洞察到自己在心态调整与行为改进上的显著成长。小组讨论则可以进一步拓展教师的思维，让他们从彼此的经验中汲取力量。这种自我成长和相互交流的过程有助于提升教师的职业幸福感。

五、团体辅导

（一）团体分享与支持

1. 定期分享会

组织每周或每两周一次的教师团体分享会。每次分享会设定一个主题，例如"教学中的难忘瞬间""我在工作中遇到的挑战及应对方法"等。在分享会上，教师们轮流上台，满怀深情地讲述着各自在教学中的动人故事与深刻感受。例如，在"教学中的难忘瞬间"主题分享中，一位教师可能会分享自己帮助一个学习困难的学生取得明显进步时的喜悦心情。

团体分享能够让教师们意识到自己并非独自面对工作中的喜怒哀乐。听到同行们相似的经历，教师们往往能产生强烈的共鸣，从而有效减轻孤独感。同时，分享成功经验能增强教师的职业认同与成就感，而分享难题与解法则促进教师间的相互学习，提升解题能力，最终提升职业幸福感。

2. 互助小组

根据教师的需求和特点组建互助小组，如按照学科、教龄或性别划分。小组成员定期会面，一般每月 2~3 次，互相提供支持和帮助。例如，新手教师互助小组可以重点讨论教学实践中的困惑，有经验的教师可以分享自己的入门经验和快速成长的方法。

互助小组构建了教师们的长期支持网络，让他们得以深入交流、紧密合作，形成坚不可摧的职业共同体。这种关系有助于教师在面对工作压力时获得及时的情感支持和实际帮助，增强他们对工作环境的满意度，从而提升职业幸福感。

(二) 压力管理与放松练习

1. 压力管理工作坊

举办压力管理工作坊,每学期 1～2 次,邀请专业的心理咨询师或压力管理专家进行授课。工作坊内容包括压力的来源分析、压力对身心的影响、应对压力的策略等。例如,专家利用案例分析和小组讨论,帮助教师识别教学、人际、职业发展中的压力源。

根据教师压力管理研究,工作坊形式的培训能够显著提升教师对压力的科学认识,帮助他们识别压力源并采取有效应对措施。通过掌握压力评估工具,教师能够更好地监控自身压力水平,增强心理状态的掌控感,从而减少焦虑和不安,提高职业幸福感。

2. 放松技巧培训

开展放松技巧培训,包括深呼吸训练、渐进性肌肉松弛、冥想、瑜伽等方法。培训分阶段进行,先理论讲解示范,后实践练习。例如,在深呼吸训练中,教师们学习如何通过缓慢而有节奏的呼吸来放松身心,每次培训时都进行现场练习,持续 10～15 分钟。

放松技巧能够直接帮助教师缓解身体和心理的紧张状态。定期练习,教师能在繁忙工作中迅速恢复精力,保持良好身心状态。这种身心的放松会让教师在工作中感到更加舒适和自在,提升他们对工作的耐受能力,进而增强职业幸福感。

(三) 情绪智商与沟通工作坊

1. 情绪智商培训

组织情绪智商培训工作坊,每学期至少一次。培训内容包括情绪的识别、理解、表达和管理。例如,通过面部表情识别训练和情绪案例分析,教师们能学会准确识别自身及他人的情绪,并掌握在不同工作场景下恰当表达情绪的方法,从而避免情绪失控。

通过情绪智商培训,教师能够更深入地理解自身和学生的情绪,有效管理情绪,从而在教育工作中更好地满足学生的情感需求,提升教学效果。当教师能够准确识别和管理自己的情绪时,他们可以避免因情绪波动而产生的职业倦怠和人际冲突。同时,理解和回应他人情绪的能力可以改善教师与学生、同事和家长之间的关系,营造和谐的工作氛围,提升职业幸福感。

2. 沟通工作坊

开展沟通工作坊,内容可以涵盖与学生、同事和家长的有效沟通技巧。例如,在与学生沟通方面,教授教师如何使用积极倾听、开放式提问、正面反馈等技巧来建立良好的师生关系。通过小组讨论和实际案例分析,让教师们了解不同沟通方式的效果。

沟通工作坊旨在提升教师的沟通能力,助力他们在工作中顺畅交流信息和情感。良好的沟通可以减少误解和冲突,提高工作中的协作效率,让教师在和谐的人际关系中感受到工作的乐趣,从而提高职业幸福感。

六、OH 卡牌

(一) 个人探索与反思

1. OH 卡牌自我介绍

在教师团体活动中,让每位教师抽取若干张 OH 卡牌来进行自我介绍。例如,教师抽取一张图卡来代表自己的性格特点,再抽取一张字卡来描述自己当前的心境。一位教师抽到太阳图案图卡,自比为乐观的太阳;又抽到"探索"字卡,寓意其教学方法正处于不断探索之中。

这种方式使教师得以轻松直观地自我探索,发掘出平时未曾察觉的性格特点和心理状态。这种自我了解有助于教师更好地接纳自己,为进一步的个人成长和职业发展奠定基础,从而提升职业幸福感。

2. 回顾重要经历

组织教师使用 OH 卡牌回顾自己的重要教学经历或职业生涯中的关键节点。教师抽取一组卡牌,根据卡牌内容联想相关经历并分享。例如,有教师抽到高山与"挑战"字卡的组合,联想到首次参赛时历经艰辛终获佳绩的往事。

回顾重要经历可以帮助教师梳理自己的职业轨迹,从过往的成功和失败中汲取经验教训。通过 OH 卡牌的视觉和文字刺激,教师能够更生动地回忆起相关事件,深化反思,进而对自己的职业发展有更清晰的认识,提升职业幸福感。

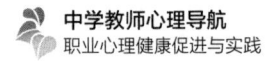

(二) 情绪管理与压力释放

1. 情绪表达与识别

开展OH卡牌情绪工作坊，让教师随机抽取卡牌，然后描述卡牌所引发的情绪感受。例如，教师抽到一张带有黑暗、神秘图案的图卡和"焦虑"字卡，借此分享自己在面对教学评估时的焦虑情绪。

OH卡牌构建了一个安全的情绪释放空间，使教师得以将内心难以言表的情感，通过卡牌的图像具象地展现出来。同时，通过倾听和猜测他人的情绪，教师能够提高情绪识别能力，更好地理解自己和他人的情绪，有助于情绪管理，释放工作压力，提升职业幸福感。

2. 压力情境处理

让教师抽取OH卡牌来代表自己当前面临的压力情境，再抽取卡牌来寻找可能的解决方案。例如，一位教师抽到一张有杂乱书本图案的图卡来象征自己教学任务繁重的压力，然后再抽取卡牌，抽到一张有合作图案和"支持"字卡，联想到可以寻求同事的支持来缓解压力。

这种方式使教师能够直观地面对自己的压力问题，并通过卡牌的启发和集体智慧来寻找解决方案。在这个过程中，教师感受到自己不是独自面对压力，同时能够学习到不同的压力应对方法，有效地释放压力，增强对职业的积极感受。

(三) 职业目标与规划

1. 目标设定

引导教师使用OH卡牌来设定短期和长期的职业目标。教师先抽取卡牌来代表自己理想中的职业状态，再抽取卡牌来确定实现目标的步骤。例如，一位教师抽到明亮灯塔图卡，寓意成为教学引路人，随后抽取"学习""合作"字卡，计划借此不断学习和与同事合作，达成目标。

OH卡牌能够激发教师的想象力和创造力，帮助他们更形象地描绘出职业目标。将抽象目标转化为具体卡牌内容，再细化为可操作步骤，使教师明确职业方向，增强发展动力，提升职业幸福感。

2. 规划调整

在教师实施职业规划一段时间后，再次使用OH卡牌进行评估和调整。

教师抽取卡牌来反映自己在职业发展过程中的现状，对比之前设定的目标，分析进展情况。例如，教师抽到一张有半杯水的图卡和"停滞"字卡，意识到自己的职业发展出现了停滞，然后抽取卡牌寻找突破的方向。

通过OH卡牌对职业规划进行定期评估和调整，教师能够及时发现职业发展中的问题并作出改变。团体交流中，教师可借鉴他人经验，优化职业规划，保持发展活力，提升职业幸福感。

小　结

教师作为教育的核心力量，其职业幸福感不仅直接影响教育质量和学生的成长，还对营造积极的学习氛围和提升教学效果具有重要作用。当前，教师面临工作负荷重、心理压力大、职业晋升难等问题，导致职业倦怠感上升，影响教育事业的长远发展。设计教师职业幸福感干预方案不仅是教育者的责任，也是社会整体进步的体现。教师的幸福感不仅关乎他们自身的福祉，而且对教育质量的提升和下一代的成长具有深远的影响。通过科学的方法与人文关怀相结合，我们能够共同构建一个充满爱与智慧的教育环境。

（赵苑，宋国萍）

第七章 教师职业幸福感提升整体方案
——学校帮助计划

在第六章中,我们已经深入探讨了教师职业幸福感的干预研究,在此基础上,本章将进一步聚焦于学校帮助计划(School Assistance Program,SAP)的理论基础与技术应用,旨在为构建一个全面、有效的教师心理健康支持体系提供理论支撑与实践路径。

探讨教师职业幸福感提升方案时,我们首先引入职业健康心理学的三级预防模式这一全面系统框架,该框架着重于预防、干预及康复,对维护教师心理健康至关重要。结合这一模式,我们将在本章详细阐述一个以 SAP(教师援助、家长援助、学生援助)为核心的教师职业幸福感提升整体方案。

在整个方案中,我们将结合 SAP 模式,详细阐述各项干预措施的具体流程和技术手段。同时,我们将深入分析方案的实施难点,展望其发展前景,力求不断完善与优化。

此外,我们还将关注未来趋势和技术创新。随着人工智能、区域心理支持网络、学习网络等技术的不断发展,教师职业幸福感的提升也将迎来新的机遇和挑战。我们将深入探究新技术与 SAP 模式的融合方式,共同促进教师职业幸福感的提升。

本章致力于为教育工作者和研究者提供一份全面而实用的教师职业幸福感提升方案。本书旨在通过深入探讨和研究,助力教育事业发展,期望能让更多教师在工作中收获幸福与满足,进而为学生的成长和教育事业的繁荣贡献力量。

第七章 教师职业幸福感提升整体方案——学校帮助计划

第一节 基础逻辑：SAP 模式

一、职业健康心理学的三级预防模式

职业健康心理学的三级预防模式通过实施多层次的预防措施，旨在全方位保障心理健康，降低心理问题的发生率和影响。三级预防模式在心理领域的应用，主要是针对心理健康问题构建的一套系统性的预防、干预和康复体系。

在探讨教师职业幸福感的提升方案时，引入职业健康心理学的三级预防模式，并与 SAP 相结合，是因为心理卫生的三级预防模式有其显著的优势。主要体现为：

系统性：心理卫生的三级预防模式涵盖了初级预防（减少问题发生）、二级干预（及时应对问题）和三级康复（促进恢复与预防复发）三个层次，形成了一个全面且连贯的心理健康维护体系。系统性地考虑教师职业幸福感的各个方面，有助于制定全面且综合的提升方案。

针对性：该模式强调针对不同阶段和不同类型的心理问题采取不同的干预措施。SAP 在制定教师援助计划时，凭借针对性能够精准识别教师需求，提供个性化支持。

预防性：三级预防模式注重心理卫生的预防，通过早期识别和干预，减少心理问题的发生。这与提升教师职业幸福感的初衷相契合，即通过预防性的措施来避免教师陷入职业倦怠、压力过大等负面状态。

职业健康心理学的"三级预防"模式是一种系统的、全面的方法，旨在预防和解决与工作相关的心理健康问题。这一模式涵盖了员工心理健康的监测、评估、干预和培训等多个方面，以建立一个更加健康和安全的工作环境。这三级预防模式的关系是：突出一级预防，加强二级预防，做好三级预防。通过这种多层次、全方位的预防策略，可以更有效地保护和促进工作者的安全、健康与幸福。

（一）一级预防：病因预防

一级预防的核心在于通过测评、诊断发现问题所在，探讨问题产生的来源及解决问题的途径，消除或减少导致心理障碍的因素，减少职业压力源，并适当进行管理机制调整，以降低员工与组织的健康风险，力求从根本上解决问题，从而防止或减少心理障碍的发生。这包括在组织层面进行工作再设计，提高工作环境的安全性；在个体层面，员工可以通过学习并掌握沟通技巧，减少工作中的人际冲突。初级预防的目标是从根本上消除或最大可能地减少对职业性有害因素的接触。

（二）二级预防：提升心理素质，预防心理问题

通过教育、培训等多种形式，在较为广泛的员工层面帮助员工了解职业心理健康的有关知识，提高应对能力及方法，实现员工心理素质的提升，同时实现对心理问题的预防。降低职业压力源对员工身心健康、工作士气、组织绩效的影响。在组织层面，可以建立有效的工作支持系统或引进员工帮助项目，以缓解压力的危害程度；在个体层面，员工援助计划可以采取主动或问题导向的应对策略来化解压力。

（三）三级预防：临床预防与康复

主要任务是通过有效的干预策略来进行身心健康的康复、工作士气的重振、信任关系的修复等。在组织层面，可以通过有效的人力资源管理措施，降低危机事件（例如，裁员、灾难等）的伤害程度；在个体层面，通过创伤后应激障碍的干预，提高受伤害员工的心理弹性或恢复程度。目标是在明确诊断后，得到及时合理的心理治疗，帮助心理障碍患者渡过危机，促进康复，提高生活质量。

二、SAP 模式

（一）校园帮助计划 SAP

1. SAP 的背景

员工帮助计划（Employee Assistance Programs，EAPs）是一个由企业为员工提供的系统性、长期性的福利项目，旨在支持员工的身心健康。这个项目不

仅关注员工的心理健康,也涉及他们的生活质量和工作效率。EAP通常包括一系列的服务,如心理咨询、职业规划、家庭问题咨询、法律咨询等,以帮助员工应对各种生活和工作中的挑战。

随着对心理健康和个人福祉重视程度的提高,这种关注个体福祉和支持的理念逐渐扩展到了其他领域,包括学校。受到EAP的启发和影响,学校开始意识到关注学生的心理健康和个人发展对于提高教育质量和学生的整体福祉至关重要。例如,EAP在大学生心理健康教育中的应用研究表明,它能够有效促进学生心理减压、职业生涯规划,并有助于高校组织目标的实现。因此,学校帮助计划(SAP)应运而生,旨在为教师、学生和家长提供一系列的支持服务,包括心理健康咨询、学业辅导、职业规划、社交技能培养等。

2. SAP是什么?

校园帮助计划(School Assistance Program,SAP),是为中小学青少年及教师、家长奉献的一套系统长期的心理服务支持项目。它主要通过全面提升学生、家长及教师的心理素养,充分开发学生的潜能,提升家长的家庭教育能力,构建和谐的家校氛围,来为青少年的健康成长构建良好的社会支持系统,让家长成为更合格的家长,让教师成为更优秀的教师,实现个人、家庭、社会的共同幸福与发展。

SAP服务体系广泛覆盖多个关键领域,如心理测评与档案管理、心理咨询与课堂教育、学习品质提升与管理优化、家庭教育指导、教师职业倦怠克服与培养、研学旅行与社会实践组织、FAP家庭咨询服务、立体教育模式实施及夏令营举办等。此外,还设有危机干预机制、心理热线以及家长热线,以确保能够及时有效地应对各种需求与挑战。

3. SAP发展现状

随着社会对心理健康和个人福祉的重视程度不断提高,越来越多的国家和地区开始关注并投入资源发展校园帮助计划。这些计划不仅关注学生的学业成绩,更注重学生的心理健康、社交能力和个人成长。校园帮助计划(SAP)的发展现状呈现出以下几个特点:

综合性的服务与支持:校园帮助计划(SAP)通常涵盖心理咨询、学业指导、职业规划咨询以及社交技能培训等一系列综合性的服务与支持,全方位满足师生的成长需求。这些服务旨在全面满足师生发展需求,助力他们克服学习、生活和工作挑战。

专业化与规范化的推进:为了提高校园帮助计划(SAP)的质量和效果,越来越多的学校开始引进专业化的心理咨询师和辅导员,并制定规范化的服务流程和评估标准。这些措施有助于确保教师和学生能够得到科学、有效地帮助和支持。

多样化的实施策略:校园帮助计划(SAP)的实施策略呈现出多样化的特点。学校可以根据自身的实际情况和师生需求,灵活选择不同的服务方式,如个别咨询、团体辅导、线上咨询等。这些不同的策略可以更好地满足师生需求,提高帮助计划的针对性和有效性。

家校合作与社区参与:校园帮助计划(SAP)不仅关注学校内部的支持,也注重与家庭和社会的合作。通过与家长的沟通和合作,学校可以更好地了解学生的需求和问题,并提供更有针对性的帮助。同时,社区资源的参与和支持也可以为校园帮助计划提供更多的资源和支持。

总的来说,校园帮助计划(SAP)的发展现状呈现出全球范围内的关注与重视、综合性的服务与支持、专业化与规范化的推进、多样化的实施策略以及家校合作与社区参与等特点。这些特点有助于更好地满足教师和学生的需求,促进他们的全面发展和成长。

三、SAP 常用技术

SAP 是一个综合性的心理健康支持体系,技术手段丰富多样、各具特色。下面介绍 SAP 中常用的治疗技术:焦点解决短程治疗、动机面询、家庭治疗、认知行为治疗、正念疗法、表达性艺术治疗、沙盘治疗及存在主义治疗。

值得注意的是,SAP 中的"短程"概念强调了治疗的时效性,即在有限的时间内达到最佳的治疗效果,这对于忙碌的教师和学生群体尤为重要。此外,SAP 还需应对"非自愿"治疗情况,既要尊重个体选择权,也要考虑特殊情境下的必要干预。此外,在 SAP 系统中,系统观作为一种整体性的思维方式被广泛应用,它不仅强调从个体与环境的互动关系中寻找问题的根源,还通过性能监控和效益评估来设计出相应的解决方案。

（一）焦点解决短程治疗

1. 核心理念

焦点解决短程治疗（Solution-Focused Brief Therapy，SFBT）是一种心理治疗技术，它强调以解决问题为核心，注重寻找并实现解决方案，而非过度关注问题的根源。这种治疗方法通常在有限的时间内进行，强调简洁高效，适合在校园帮助计划（SAP）等环境中应用。在实施焦点解决短程治疗时，咨询师会运用一系列具体问句和咨询技术，如奇迹询问、例外询问等，引导关注已有成功经验与未来可能性，从而探索并实施解决方案。这些技术包括但不限于：奇迹提问、例外提问、赋值提问、小步提问等。通过这些技术，咨询师可以帮助识别问题的核心，找到实现目标的资源和能力，进而实现问题的有效解决。

SFBT 因其高效性和短时性和灵活性，在 SAP 中有其突出的优势。

目标设定与问题解决。SFBT 强调建构解决方法而不是寻找问题，因此，在 SAP 中，可以引导设定清晰、具体、可衡量的目标，并关注如何实现这些目标。通过提问、倾听等技术，帮助识别并利用自身的资源和优势，构建解决问题的方法。

正向引导与积极反馈。SFBT 认为，没有失败，只有回馈；没有抗拒的个案，只有不知变通的治疗师。因此，在 SAP 中，应给予教师和学生积极的反馈和鼓励，关注他们的进步和小改变。通过赞许、肯定等技术，增强教师和学生的自信心和动力，促使他们更加积极地面对问题和挑战。

例外情况与假设架构。SFBT 注重寻找例外情况，即在过去或现在哪些时候问题没有发生或发生得较轻。在 SAP 中，可以引导回顾自己的经历，发现那些成功的经验和资源。通过假设架构技术，如"奇迹询问"等，帮助想象问题解决后的情景，从而激发他们的改变动力和创造力。

简短高效与灵活调整。SFBT 是一种短程心理治疗模式，强调治疗的高效性和实用性。在 SAP 中，可以根据具体情况和需求，灵活调整干预措施和时间。通过高效会谈和咨询，助力教师迅速识别问题、明确目标、制定解决方案并付诸行动。

(二) 动机面询

1. 核心理念

动机面询技术(Motivational Interviewing,MI)是一种以来访者为中心的咨询技术,旨在通过探索和解决来访者内在的矛盾和冲突,增强其改变行为的内在动机。这种技术最初由 Miller 和 Rollnick 在 20 世纪 90 年代初为治疗酒精依赖患者而建立,后来逐渐应用于更广泛的领域,包括教育、心理健康和成瘾治疗等。

动机面询技术的四大基本技术包括:

动机面询技术(MI)帮助教师和学生在面对需要改变的行为时,识别和解决他们内心的矛盾和障碍,从而增强他们作出积极改变的内在动机。

在 SAP 中,动机面询技术可以应用于以下几个阶段:

问题识别阶段:使用动机面询技术,通过开放性问题引导自我探索,识别出他们自身需要改变的行为或习惯。

目标设定阶段:学生和教师在咨询师的引导下,通过动机面询技术,明确自己想要达到的目标,并制定具体、可行的行动计划。

行动计划执行阶段:通过运用动机面询技术,协助克服在执行行动计划时遇到的种种困难和挑战,进而提升他们的执行能力和自信心。

评估与反馈阶段:采用动机面询技术,评估执行行动计划过程中的具体表现和取得的成果,并提供积极的反馈和建设性建议,激励他们持之以恒并寻求更大的进步。

借助动机访谈技术,校园帮助计划(SAP)有效地协助学生和教师应对挑战,增强自我认知与自我管理,从而促进其全面成长。同时,这种技术也有助于建立师生间的信任关系,提高教学的效果和满意度。

(三) 家庭治疗

家庭治疗技术,作为一种心理治疗方法,将家庭视为一个整体系统,通过理解和改变家庭结构,增进家庭功能。它包括代际、结构、策略和经验的家庭系统治疗等方法,旨在改善家庭成员间的互动关系,解决家庭内部的问题和冲突。

首先，家庭治疗技术可以帮助识别和解决家庭内部的问题和冲突。家庭作为成长的首要环境，其内部的和谐程度深刻影响着心理健康状况及学业成绩。SAP 借助家庭治疗技术，能够协助识别并解决家庭中的沟通障碍、关系紧张等问题，进而优化家庭环境。

此外，家庭治疗技术对于强化家庭支持系统具有显著作用。家庭治疗技术促使 SAP 助力教师和学生与家庭成员构建更加和谐、支持性的关系，进而加深对家庭的信任与依赖，提升其心理韧性和应对挑战的能力。

(四) 认知行为治疗

认知行为治疗（Cognitive Behavioral Therapy, CBT）是一种心理治疗方法，旨在通过改变个体的思维模式和行为习惯来解决情绪问题和解决心理困扰。CBT 强调个体思维、情感和行为之间的相互关系，并认为这些因素共同影响着个体的心理健康。

CBT 的核心在于，个人情绪与行为受其对事物的认知与解读所左右。调整这些不合理的思维与信念，即可转变情绪与行为反应。CBT 的目标是帮助个体建立更加健康、积极的思维模式，并学会应对困难情境的有效策略。

认知行为治疗技术在校园帮助计划（SAP）中有广泛的应用。SAP 的目标是为学生提供心理辅导和学习策略帮助，以改善他们的心理健康状况并提高学业成绩。作为一种有效的心理治疗方法，认知行为治疗技术能够很好地融入 SAP 中，助力学生解决各类心理和行为难题。

首先，认知行为治疗技术可以帮助学生识别和改变不合理的思维模式。许多学生在学习、人际交往等方面存在消极的思维模式，这些思维模式会影响他们的情绪和行为。运用认知行为治疗技术，SAP 能够帮助学生识别这些不合理的思维模式，并提供相应的思维重构策略，进而促使他们建立起更加积极、健康的思维模式。

其次，认知行为治疗技术还可以帮助学生掌握有效的情绪调节技能。在学习过程中，学生可能会面临各种压力和挑战，导致情绪波动和焦虑等问题。SAP 通过教授学生一系列情绪调节技能，诸如深呼吸、放松训练以及积极思考等方法，使学生能够更有效地应对情绪问题，进而维持情绪的稳定与积极

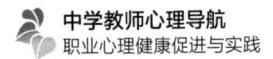

状态。

此外,认知行为治疗技术还可以帮助学生解决学习上的问题。许多学生在学习上面临注意力不集中、记忆力差、学习策略不当等挑战。认知行为疗法(CBT)是一种广泛应用于精神心理领域的有效治疗方法,它通过改变患者的思维模式和行为习惯来应对各种心理问题。在教育领域,CBT 可以帮助学生识别学习问题的根源,例如通过自我观察与问题识别、认知重构和行为实验等步骤,调整认知结构,培养积极的学习态度和良好的学习习惯。例如,一项针对学龄儿童的研究表明,通过游戏治疗介入,可以显著改善学生的作业拖延问题,提高他们的课堂注意力和学习成绩。因此,SAP 运用 CBT 技术,能够为学生提供定制化的学习策略和技巧,从而有效提高他们的学习效率和成绩。

最终,认知行为治疗技术能够与 SAP 中的其他服务和资源紧密融合,共同构建一个更为全面且高效的帮助体系。例如,SAP 可以提供心理咨询服务、家长培训、教师培训等,这些服务和资源可以与认知行为治疗技术相互配合,为学生提供更加全面、个性化的帮助和支持。

(五) 正念疗法

正念技术(Mindfulness Techniques)是一种心理训练方法,旨在通过增强个体对当下经验的意识和注意力,帮助他们更好地管理情绪、减轻压力,并提升生活质量。正念技术强调将注意力集中于此刻的身体感受、思维、情绪和外部环境,而不是沉溺于过去的回忆或担忧未来。

正念技术的核心包括三个方面:集中注意(止禅)、开放觉知(观禅)和慈悲接纳。正念技术的实践方式多种多样,包括但不限于冥想、瑜伽练习、呼吸控制训练以及身体扫描等。其中,冥想是最常见的正念练习方式之一,它通过坐禅、呼吸控制、身体放松等步骤,帮助个体将注意力集中在当下的身体感受和思维上,从而减轻焦虑、提高情绪调节能力。

正念技术在许多领域都有应用,如心理治疗、教育、企业管理等。在 SAP 校园帮助计划中,正念技术也可以发挥重要作用。例如,通过教授教师和学生正念冥想技巧,可以帮助他们更好地管理情绪、减轻压力、提高注意力和专注力,进而提升学习工作效果和生活质量。同时,正念技术还可以帮助建立更加积极、健康的心态,更好地应对生活中的挑战和困难。

(六) 表达性艺术治疗

表达性艺术治疗技术,借助创造性艺术媒介,助力个体抒发内在情感、思绪及难题,是一种有效的心理疗法。它涵盖绘画、音乐、舞蹈、戏剧、写作等多种艺术形式,为非言语沟通搭建桥梁,尤其适宜那些难以用语言充分表达自身情感和经历的人群。

参与艺术活动,使个体得以更自由地抒发情感与想法,这些在日常中难以言表的内心世界,得以在艺术中展现。凭借对个体艺术作品的观察与解读,深入洞察其内心世界与情感状态,进而提供更为精确且有效的治疗援助。在SAP校园帮助计划中,表达性艺术治疗技术可以发挥重要作用。它宛如一方净土,为师生营造一个既安全又自由的空间,使他们得以借助艺术的翅膀,尽情挥洒内心的情感与过往的经历,从而有效缓解心理压力,驱散焦虑的阴霾。此外,表达性艺术治疗如同一盏明灯,照亮师生自我认知的道路,助力他们提升情感管理的能力,为他们的个人成长与发展铺设坚实的基石。

(七) 沙盘治疗

沙盘治疗技术,又称为沙盘游戏治疗(Sandplay Therapy)或沙箱治疗,是一种广泛应用的心理治疗方法。这种方法基于荣格心理学原理,由多拉·卡尔夫(Dora Kalff)发展创立,主要通过使用沙子、水和沙具(玩具、模型等)在沙盘中创造出一个场景,让来访者在这个自由、受保护的空间中表达自我、探索内心世界,从而达到治疗的目的。

沙盘治疗技术的主要功能和作用包括:提供自由表达空间,使来访者能够通过摆放模型和符号自由表达内心感受;反映和探索来访者的内心世界,帮助咨询师更好地理解个体的内心状态;促进情感释放和认知重建,为个体提供安全空间以表达难以言说的情感;增强自我觉察和洞察力,通过与模型和符号的互动,个体可以更深入地了解自己的行为和动机;促进治疗过程,成为咨询过程中的有力工具,帮助个体和咨询师共同探索问题和解决方案。

作为一种非言语的沟通媒介,沙盘治疗技术在校园环境中展现出独特的优势,可以通过提供一个自由、安全的环境,使用沙子、沙具等材料表达自己的情感。通过创造沙盘场景,可以直观地呈现内心的冲突和困扰,从而更好地理解和处理自己的情绪;在处理创伤后应激障碍、焦虑、抑郁等情绪问题上。沙盘治疗技术,通过象征性的方式在沙盘中呈现过去的经历,并引导他们在安全的环境中重新体验和解决这些问题。这有助于心理康复和情绪稳定;通过引导创建沙盘场景,直观展现其人际关系模式,助其洞察人际交往中的难题与挑战;通过沙盘游戏,可以发挥自己的创意,构建出各种有趣的场景和作品,这不仅可以提供心理支持,还可以促进艺术素养和审美能力的发展。

(八) 存在主义治疗

存在主义治疗技术是一种心理治疗方法,它基于存在主义哲学的基本原理,强调人的主观体验和自由意志。存在主义治疗技术的核心使命,在于助力个体觉醒于自身的存在与自由之中,使他们能够更加从容地应对生活中的种种挑战与困境。

存在主义治疗技术聚焦于个体的主观体验与心理自由,作为一种心理治疗方法,它助力个体深刻认识自我存在与价值,进而更加从容地应对生活中的种种挑战与困境。在 SAP 校园帮助计划中,存在主义治疗技术通过深入的对话和探索,SAP 可以帮助认识到自己的内心世界,从而更好地理解和处理自己的情绪和困扰在 SAP 中,通过组织各种活动、讨论和反思来实现探索生活的意义和价值。通过教育和引导来强调人的自由和责任感。学生被鼓励在面对困境时做出积极的选择,并为自己的行为承担责任,助力面对挑战时更加从容不迫。还通过营造充满支持的环境,提供情感上的支持和理解。

四、SAP 发展的挑战

(一) 保密问题

在实施 SAP 过程中,保密问题是一个关键难点。正如学校保密工作实施方案中强调的,保护敏感信息和机密数据对于维护学校声誉、保障教学科研成果以及保护学生和教职工的隐私权至关重要。保密在心理健康服务中至关重要,它关系到学生的信任、隐私权的保护以及服务的有效性。以下是关于 SAP 校园帮助计划中保密问题的几个关键点:

（1）法律与伦理要求：心理健康服务提供者必须严格遵守保密法律和伦理准则，这包括保护来访者的隐私和保密信息，如个人生活、成长状况、个人成长过程、个人恋爱、婚姻、交友、工作等，未经来访者同意，不得泄露给他人，包括来访者的亲属。同时，心理咨询师在特定情况下，如来访者可能危害他人或自身安全时，有责任向相关部门报告，以遵守法律规定。这些规定要求他们不得无故泄露学生的个人信息和咨询内容。在SAP计划中，确保所有参与人员都了解和遵守这些法律和伦理要求是至关重要的。

（2）信息共享的限制：在SAP计划中，不同人员（如心理咨询师、教师、家长等）需共享学生信息以提供全面支持，但前提必须确保学生隐私不受侵犯。因此，关键在于建立明确的信息共享协议和流程，并严格限制敏感信息的访问权限，仅授权人员可访问。

（3）家长与学生隐私权冲突：青少年心理健康服务中，家长常希望了解子女状况，而学生可能希望保持信息私密。在这种情况下，SAP计划需要制定明确的政策来处理这种隐私权冲突，同时尊重学生的自主权和家长的关心。

（4）培训与教育：为确保SAP计划保密性，需对所有参与人员实施全面保密培训。培训内容涵盖保密法律、伦理准则、信息共享协议及潜在保密违规处理。

（5）技术安全措施：随着电子健康记录和其他数字工具的使用日益普遍，确保这些系统的安全性对于保护学生隐私至关重要。SAP计划应采用最新的加密技术、访问控制和审计日志等措施来保护存储在数字环境中的敏感信息。

（6）应对泄露事件的预案：尽管采取了多种措施来防止信息泄露，但仍需为可能发生的泄露事件做好准备。这包括制定应急响应计划、指定负责处理此类事件的人员以及与法律机构合作的准备等。

保密问题是SAP校园帮助计划中的一个重要难点。遵守法律与伦理要求，限制信息共享，妥善处理家长与学生隐私权冲突，加强培训与教育，实施技术安全措施，并制定详尽的泄露事件应对预案，可有效解决此问题，全面保护学生隐私权。

（二）体系建设

SAP在体系建设上所面临的挑战，主要聚焦于以下几方面：

（1）跨学科协同工作：SAP 的实施需要心理学、教育学、社会学等多个学科的协同工作。然而，由于学科之间的差异和沟通障碍，如何实现跨学科的有效合作成为一个难点。

（2）资源整合与利用：SAP 计划的实施需要整合学校、社区、家庭等多方面的资源。然而，由于资源分布不均、信息沟通不畅等原因，如何有效地整合和利用这些资源成为一个挑战。

（3）标准化与个性化：SAP 计划需要在满足学生个性化需求的同时，保持一定的标准化和规范性。在保证服务质量的同时，如何平衡标准化与个性化需求，成为体系建设中的关键议题。

（4）持续性与稳定性：SAP 计划需要长期、稳定地运行，以确保学生能够持续获得心理支持。然而，由于人员流动、资金短缺等原因，如何保证 SAP 计划的持续性和稳定性成为一个难点。

为了解决上述难点，我们需要从多个方面入手，完善 SAP 计划的体系建设。例如，完善资源整合机制：构建资源数据库，清晰界定资源分布及利用现状，强化学校、社区与家庭间的沟通合作，以提升资源利用效率。制定标准化服务流程：在确保服务质量基础上，设计标准化流程，并依据学生个性化需求灵活调整，实现标准化与个性化的有效融合。强化人员培训与管理：定期为 SAP 计划参与者提供专业培训，提升其专业素养和服务水平；并构建完善的考核机制，保障人员稳定、持续地投入 SAP 计划。

（三）文化背景

在中国实施 SAP 时，文化背景作为一个重要难点，主要原因在于：

（1）传统观念与现代理念的冲突：中国传统文化强调家庭、学校和社会的责任，有时可能将心理问题视为个人或家庭的私事，而不是寻求专业帮助。这种传统观念可能与 SAP 的现代心理健康理念存在冲突，导致 SAP 在校园中的推广和接受度受到一定限制。

（2）隐私与保密的顾虑：在中国文化中，隐私和保密是非常重要的。学生和家长可能担心个人信息和心理健康问题被泄露，从而不愿意参与 SAP 计划。因此，确保隐私和保密是 SAP 计划在中国实施时必须认真考虑的问题。

（3）语言与沟通障碍：尽管普通话是中国的官方语言，但在中国的某些地区，方言的使用仍然十分普遍，影响着超过 10 亿人的交流。例如，官话作为使用人数最多的方言，其使用人口超过了 10 亿，而其他方言如粤语、吴方言、闽方言等也有数千万到数亿不等的使用者。这种语言多样性可能会导致 SAP 工作人员在与学生沟通时遇到障碍，尤其是在提供心理支持时，需要考虑到方言的差异。因此，SAP 计划需要考虑到这一点，并提供适当的翻译和沟通支持。

（4）文化敏感性和适应性：中国是一个多民族、多文化的国家，不同地区和民族之间的文化差异显著。SAP 计划必须充分考虑到这些文化差异，并提供具有文化敏感性和适应性的支持措施。这包括理解不同文化背景下的学生需求，以及调整心理支持策略以适应不同的文化背景。

针对上述挑战，我们可以从以下几个方面来应对：

首要任务是开展深入的文化敏感性培训。对 SAP 工作团队实施深入的文化敏感性培训，旨在加深他们对中国文化精髓及核心价值观的理解与尊重，从而在服务过程中展现出更高的文化包容性，使服务更加贴近学生的文化背景。

其次，构建严密的隐私保护体系。我们必须建立健全的隐私保护机制，确保每位学生的个人信息及心理健康状况得到最高级别的安全保障，以此消除学生和家长对于信息泄露的担忧，增强他们对 SAP 计划的信任感。

再者，提供多语种服务支持。鉴于中国地域之广袤，语言之多样，SAP 计划理应涵盖方言及少数民族语言，提供全方位的多语种翻译与沟通服务，确保服务能够惠及每一位有需求的学生，无论其身处何种语言背景之下。

此外，还需实施文化适应性调整。在坚守 SAP 计划核心原则的同时，我们应深度融合中国特有的文化背景与社会环境，对其实施策略与方法进行细致入微的调整，使之更加契合中国学生的实际需求与心理预期，进而增强服务的针对性与实效性。

通过全面考量文化背景这一关键因素，并采取上述针对性措施，SAP 计划在中国校园中将能更加精准地满足学生的心理健康需求，有效提升服务的整体效能与影响力。

五、SAP 干预计划方案

全方位的 SAP 干预方案旨在通过凝聚学校、教师、家庭和学生四方而形成合力,共同应对并提升教师的职业幸福感这一核心挑战,以营造一个更加健康、和谐的教育生态环境。

(一) 学校心理服务的需求

1. 教师层面

老师提升:克服职业倦怠,培养优秀教师,教师情绪压力管理,教学与家庭的平衡,如何处理学生情绪?如何教育自己的孩子?心理学在教学中应用,如何提高学生学习积极性?

2. 学生层面

(1) 学生安全:如何防范学生意外和过激行为?避免校园欺凌?

(2) 学习动力:中等及中等以下学生如何更愿意学习,提高学习动力,如何帮助学生更好地进行学业规划?

(3) 压力管理:如何帮助学生摆脱学习压力所带来的焦虑或者抑郁等心理疾病?使得学习好的学生在考试当中发挥更为出色?

3. 家长层面

家校合作:探讨如何促进家长配合学校工作,处理家长间的冲突,提升家庭教育质量,改善亲子关系,从而提高学生学习品质。

(二) 教师援助计划

教师援助计划,作为 SAP 的关键一环,其核心在于深度关注与支持教师的心理健康及职业发展。包括一系列举措:心理健康培训、专业心理咨询服务、职业发展指导以及家庭指导等,全方位助力教师有效应对工作压力,妥善处理家庭与情感难题,从而不断提升教学能力和职业幸福感。教师援助计划的深入实施,不仅有望改善教师的工作状态,提升教育教学质量,更能为学生的健康成长奠定坚实基础。

教师作为学校灵魂,面对学习压力增大、个性多样且常被宠溺的学生,需智慧应对高效教学、平衡工作与家庭、管理情绪与压力,以及扮演好父母角色

第七章
教师职业幸福感提升整体方案——学校帮助计划

而非"延伸教师",这些挑战考验着他们的智慧与韧性。为此,教师援助计划不仅仅倡导奉献精神,更强调从"心"出发,为教师提供专业且全面的支持。

教师援助计划的主题聚焦为:克服职业倦怠,培育卓越教师。具体方案设计覆盖了以下关键领域:

教师心理支持:提供专业心理咨询,帮助教师识别、应对心理困扰,并增强心理韧性。同时,通过教授情绪调节技巧,引导教师合理释放压力,保持积极心态,实现情绪与压力的有效管理。

心理教师专业发展:为心理教师持续提供学习机会与专业督导,以提升其专业素养,确保他们能为其他教师提供卓越的心理支持。

工作与家庭平衡:借助工作坊、研讨会等形式,深入研讨教学与生活平衡之道,助力教师实现工作与家庭的和谐共赢。

心理学应用与教学提升:将心理学原理巧妙融入教学实践,以精进教师的教学艺术与成效。这包括提供具体的培训,使教师能够更好地理解学生心理,优化教学策略。

家庭教育指导:为教师提供家庭教育指导服务,助力他们在家庭中转换角色,成为孩子成长路上的良师益友。

在实施层面,采取多元化、多层次的服务模式,包括但不限于:

心理健康及技能提升培训:定期举办线上线下结合的培训课程,涵盖心理调适、教学技巧、时间管理等多个维度,助力教师全面发展。

援助热线与即时支持:设立24小时教师援助热线,为教师提供即时的心理支持与危机干预,确保在任何时间都能获得专业帮助。

试点班级与个性化教学:选取部分班级作为心理健康教育的试点,实施个性化教学方案,探索心理健康教育与学科教学融合的最佳实践。

内部EAP督导与评估:建立内部EAP督导机制,定期评估教师援助计划的实施效果,及时调整优化策略,确保服务的有效性与针对性。

转介服务与专业合作:针对需要深度或长期心理关怀的教师,我们提供转介服务,携手专业的心理健康机构,力保每位教师都能获取到最契合其需求的援助。

此设计意在全面且深入地促进教师的成长与发展,进而提升其职业素养,改善生活质量。

(三) 学生援助计划

学生援助计划的主题聚焦为：学生心理服务。具体服务内容涵盖：

(1) 365天心理服务热线：提供全年无休的专业心理支持，确保学生在任何时刻都能获得及时的帮助与指导。

(2) 心理测评/心理档案：运用专业量表、访谈等形式评估学员心理、学员品质现状、生活质量现状、压力来源、人格特质、能力结构，并结合个体的目标、规划以及遇到的困难给出初步的科学分析和建议。

(3) 心理课堂：根据学生家庭的实际情况与内心需求，我们巧妙地融合了授课与心理互动，不仅传递知识与理念的光芒，还精心运用多种心理学技巧，深深触动学员的心灵层面。

(4) 心理咨询与辅导：在个体自愿或教育机构推荐的方式下，咨询师将和来访者形成专业的资方关系，帮助他们自我了解、自我适应，克服成长中的障碍，充分发挥个人潜能，迈向自我实现的目标。

(5) 学习品质：影响孩子学习成绩的主要是非智力因素，即心理因素，当青少年的学习提升是伴随综合素质的提升而来时，这一提升才是健康的、可持续的和有生命力的。

(6) 学习管理：它如同搭建一座桥梁，连接孩子、家长与学校老师，共同携手提升孩子的学习效率，优化家庭教育环境及家庭关系，让孩子在有条不紊、科学严谨的学习氛围中，逐步累积成就感，掌握并内化高效的学习习惯与方法。

(7) 夏令营：学习品质夏令营、未来领袖夏令营，帮助孩子认识自我，突破自我，挑战自我，磨炼意志，学习沟通与合作，培养品质，提高组织与领导力等综合素质和能力。

(8) 研学旅行：以知促行，以行促知，学以致用。推出学生研学旅行、家庭研学旅行，以理想美、人文历史美、自然美、人格美等系列美的体验教育贯穿全程，将使孩子在教室外、在愉悦的感受中提升学习品质、塑造优秀品格。

(9) 立体教育：全面而系统地帮助学生在学习能力、学习心态、情商、意志品质等方面获得提升，树立人生目标，培养自我管理能力，从而更好地适应学校学习与生活。同时,该体系也致力于帮助家长优化家庭教育方式,增进亲子关系,营造和谐的家庭氛围,并协助学校构建良好的师生关系,实现对学生的有效管理和指导。

(四)家庭援助计划

家庭援助计划(Family Assistance Program,FAP)——通过提供心理顾问服务、个性化心理咨询及系统性培训,为家庭成员提供全面的心理支持。家长援助计划的根本目的在于赋能家长,助力其更好地承担教育责任,推动家庭教育的和谐进步。我们致力于缓解学习与工作压力,改善情绪状态,激发学习、工作及生活的积极性,增强个人自信心,开发内在潜能,确保每位家庭成员都能保持心理健康与成熟。同时,FAP还着眼于改善家庭关系,提升整体家庭幸福感。

家庭援助计划具体服务内容涵盖:

(1)365天家庭教育热线:提供全年不间断的专业咨询服务,即时解答家长在教育子女时遇到的各种疑问与挑战。

(2)家庭教育测评:借助科学评估手段,协助家长清晰认识家庭教育状况,发现潜在问题,为后续的改进措施提供有力依据。

(3)家庭公益教育讲座:定期开设讲座,特邀教育专家传授育儿经验,助力家长提升教育智慧。

(4)家庭系列教育培训:内容覆盖亲子沟通、情绪调控、高效学习方法等多个方面,帮助家长掌握实用的育儿技巧。

(5)家庭咨询:提供一对一深度咨询,针对家庭具体情况,制定个性化解决方案。

(6)家庭游学:组织亲子游学活动,增进家庭成员间的情感交流,拓宽孩子视野,促进家庭共同成长。

第二节 实施流程:从需求评估到效果评估

在构建与提升教师职业幸福感的综合方案时,具体流程的设计和执行至关重要。它不仅决定了方案的有效性和可行性，更直接关系到教师能否真正从中受益。

流程设计以需求评估为起点，深入剖析教师的实际需求与困扰，为精准设定目标及合理规划流程奠定坚实基础。基于此，我们将明确提升教师职业幸福感的短期及长期目标，并进行详尽的目标设定与流程规划，设计出贴合实际需求的实施路径。

为了确保目标的实现，我们将依据最新的教育研究，提供一系列综合性的培训内容，包括心理健康知识、压力管理技巧以及提升职业幸福感的策略。同时，教练和咨询也是流程中不可或缺的一环。通过专业的教练技术和咨询技术，我们将帮助教师更好地认识自己，解决问题，实现个人和职业的双重成长。团体辅导亦占据重要位置。我们组织多样化的团体活动，旨在增进教师间的交流与合作，共同面对职业挑战，分享宝贵经验。

最后，我们将对整个流程进行效果评估，以确保每一步都取得了预期的效果，并根据评估结果对方案进行持续优化。

一、需求评估

进行学校帮助计划（SAP）的需求评估时，细致而周到的准备工作是确保评估过程顺利进行、收集到准确且有价值信息的关键。

（一）为何先进行需求评估

需求评估是 SAP 计划的基础，它帮助学校深入了解学生的实际需求、问题和挑战。通过需求评估，学校能够：

精准识别问题：发现学生学业、行为、情感等方面的具体问题，为后续制定干预措施提供方向。

优化资源配置：依据评估结果，科学调配校内外资源，实现资源的高效利用。

提升计划效果：以真实需求为导向设计的援助计划，更能贴合学生实际，有效提升计划成效与满意度。

增强家校合作：评估过程中的有效沟通与反馈，加深了家长、教师及相关

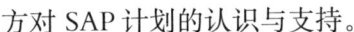

方对 SAP 计划的认识与支持。

需求评估在任何计划或项目的实施过程中都占据着举足轻重的地位,特别是在 SAP 这类旨在提升教师和学生福祉以及支持他们发展的项目中,需求评估更是起到了至关重要的作用。

只有当需求和供给实现精准匹配时,SAP 才能发挥出其最大的作用。如果缺乏准确的需求评估,所提供的支持和服务可能无法真正满足学生的实际需求,从而导致资源的浪费和效果不佳。相反,通过深入的需求评估,我们可以全面了解学生的学业、行为、情感等方面的需求,以及家长和教师对学校支持服务的期望。这些信息为制定有效的干预措施提供了坚实的基础,确保了所提供的支持和服务能够精准对接学生的实际需求。因此,进行详尽的需求评估是确保 SAP 计划成功实施的关键,它不仅有助于资源的有效利用,而且对于最大化计划效果至关重要。唯有深入了解教师和学生的需求,并据此提供精准支持和服务,SAP 计划方能带来显著的积极成效。因此,需求评估工作务必高度重视,确保过程科学准确,为 SAP 计划的成功实施打下坚实基础。

(二) 如何提高需求评估的效率和准确性

提高需求评估的效率和准确性是确保学校帮助计划(SAP)或其他任何项目成功的关键。

1. 提高需求评估效率

明确评估目标与范围:需求评估前,需清晰界定目标与范围,确保相关利益者共识。这有助于聚焦评估工作,避免不必要的资源浪费。比如我们想要了解中学教师群体的工作压力现状,那我们要先确定是包括初中和高中,还是更具体的其中一个。接下来我们就需要考虑是所有地区的教师,还是城市、县城或是农村地区的教师。或者还需要考虑我们想了解所有教龄的教师工作压力,还是想重点关注新老师等等问题。目标越清晰,对我们想要研究的问题来说,就会越精准。

选择适当的评估工具和方法:根据评估目标和资源情况,选择最适合的评估工具和方法,如调查问卷、访谈、观察记录表等。运用现代技术,例如在线问卷工具和数据分析软件,能大幅提升评估效率。需特别注意,跨文化工具在使用前需严格审查与测试,确保其含义既符合原意,又适应中国文化背景的理解与使用习惯。

优化数据收集和分析流程:设计简洁明了的数据收集表格和问卷,减少填写时间和错误率。利用数据库或电子表格软件高效整理和分析数据,快速生成评估报告。

跨部门合作与信息共享:邀请学校各部门代表参与需求评估过程,确保从多个角度收集信息。建立信息共享机制,避免重复劳动和数据不一致。

2. 提高需求评估准确性

通过家访深入了解:教师通过家访与学生、家长进行深入交流,全面掌握学生的家庭背景、个性特点和成长环境,从而有针对性地制定教育计划和策略。通过观察学生在课堂和校园活动中的表现,获取第一手资料。访谈对象选择需全面,针对目标人群(如调查教师职业幸福感),需涵盖不同年级、学科、性别及职位的教师,以确保获取的信息真实全面。此外,访谈的时间、地点和形式的选择也会影响访谈对象的回答。如果选择学生考试之前做访谈,可能教师的绩效压力较大,会影响我们对其职业幸福感的判断。

选用经过验证的标准化评估工具,如行为评定量表,确保评估客观准确。并根据特定环境和文化背景,对工具进行必要的本土化调整。

评估中定期沟通验证需求,根据实际情况更新清单和结果,确保评估的时效性和准确性。心理学从业者访谈或培训时,与服务对象间存在破冰期,即从陌生疏离到熟悉信任的过程。学校心理服务中,社会赞许性效应明显,源于对保密性的怀疑、真实想法泄露的担忧及对陌生人的防御。对少接受心理服务的个体,定期验证更新需求尤为重要,因评估前后信息可能不同。

专业培训与指导:对评估人员进行专业培训,提高他们的评估技能和知识水平。提供详细的评估指南和手册,确保评估过程的规范性和一致性。

注重细节和反馈:在评估过程中,注重细节,确保每个评估环节都得到有效执行。

建立反馈机制:及时收集和处理评估过程中的问题和建议,不断改进评估方法。

基于过往实践,需求评估环节我们提供以下关于准备要素的实用策略:

(1) **评估工具**

调查问卷：设计用于收集学生、家长和教师关于学生需求、问题和挑战的信息，如常用的标准化问卷，能够全面覆盖关键领域，常见的普适性问卷包括焦虑自评问卷、抑郁自评问卷、大五人格问卷、症状自评量表(SCL-90)等。针对学生的重大生活事件量表、学习行为问卷、中学生考试焦虑问卷、中学生人际关系测验等。

访谈指南为关键人员（学生、教师、管理人员等）准备问题清单，确保访谈深入且有针对性。

观察记录表记录学生在校园活动中的表现，助力发现潜在问题。

行为评定量表：用于评估学生的行为问题或情绪状态，为制定个性化干预措施提供依据。

(2) **数据收集工具**

数据库或电子表格软件：用于整理和分析收集到的数据，提高数据处理效率。录音笔或录音软件：记录访谈内容，便于后续详细分析和整理。摄影或录像设备：记录学生的活动或行为，为观察和分析提供直观依据。

(3) **培训材料**

评估者培训手册：包含评估流程、评估工具的使用说明和注意事项，确保评估过程规范、准确。培训视频及演示文稿旨在教授评估者如何运用评估工具，进而提升其评估技能。

(4) **政策和程序文件**

SAP政策文件清晰界定了其目标、原则、执行流程及责任划分，为评估工作提供明确指引。数据保护和隐私政策：确保评估过程符合伦理和法律要求，保护学生的隐私权益。

(5) **评估指南和手册**

需求评估流程指南详尽阐述了评估的步骤、方法及时间安排，以保障评估流程的有序推进。评估手册：包含评估工具的使用方法、评估标准的解释和评分指南，为评估者提供操作指南。

(6) **通信和协调工具**

会议日程及议程用于有效组织并管理涉及家长、教师及相关方的会议，确保沟通渠道畅通无阻。电子邮件或通信软件：用于与评估团队成员、家长和

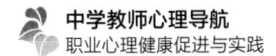

其他相关者进行及时沟通和协调。

（7）**反馈和跟进工具**

反馈表用于汇总家长、教师及利益相关方对评估过程及结果的反馈意见，为优化评估方法提供有力支撑。跟进计划：制定针对评估结果的具体干预措施和时间表，确保问题得到有效解决。

（8）**资源清单**

学校现有资源清单：包括学校现有的教育、心理、社会和其他支持服务，为制定干预措施提供参考。外部资源清单：包括社区、政府和非政府组织等提供的支持和服务，为拓展支持渠道提供依据。

（9）**其他**

评估环境准备：确保评估环境安全舒适且私密，便于参与者自由表达。同时，准备充足的打印和复印材料，包括评估工具、记录表等必要文件，以保障评估过程顺畅进行。

提高需求评估效率和准确性需综合考虑多方面因素：明确评估目标和范围，选择适当工具和方法，优化数据收集分析流程，加强跨部门合作与信息共享，深入访谈了解，使用标准化工具，定期验证更新需求，提供专业培训与指导，并注重细节和反馈。我们务必具备这样的心理预期：前期的筹备工作是绝对必要的，且通常需投入较长时间。只有前期全面细致准备，如精确评估需求和科学设定目标，才能确保后续方案设计与执行顺畅，成效显著，同时减轻工作压力，避免无谓的劳累。

二、目标设定

SAP的目标设定遵循以下三个原则：

(一) 明确总体目标

SAP的总体目标是增强教师的职业幸福感。通过改善教师的工作环境和心理状况，提高教师的教学效能感和职业满意度。

(二) 具体目标细化

1. 工作环境改善

优化办公设施：提供舒适、安静的办公环境，配备必要的教学辅助设备和办公工具。

减轻非教学负担：通过优化任务分配，削减冗余会议及行政事务，确保教师能集中精力于教学及个人成长。

构建积极校园文化：营造基于尊重、理解和支持的和谐氛围，强化教师间的协作与交流，从而增强团队凝聚力。

2. 心理状况支持

提供心理健康服务：设立心理健康咨询室，定期邀请心理咨询师为教师提供心理辅导和咨询服务。

开展心理健康教育：组织心理健康讲座和培训，提升教师的心理调节能力和应对压力的能力。

建立情感支持网络：鼓励教师间建立互助小组，分享教学经验和情感支持，共同面对职业挑战。

3. 教学效能感提升

提供丰富专业发展平台：定期组织教学研讨会、工作坊及学术交流，激励教师积极参与，以精进教学技艺及深化专业知识。

建立教学激励机制：对教学工作表现优异的教师予以表彰及奖励，以此激发其教学热情与创新能力。

鼓励教学创新：支持教师尝试新的教学方法和理念，为学生提供更多元化的学习体验。

4. 职业满意度提高

合理薪酬与福利：确保教师的薪酬与工作量相匹配，提供具有竞争力的福利待遇，增强教师的职业吸引力。

职业发展路径规划：为每位教师提供个性化的职业发展路径规划，帮助教师明确职业目标和发展方向。

认可与尊重：在学校及社会中树立教师职业形象，提升其地位，并增强教师的荣誉感与归属感。

5. 学生全面发展与学校教育质量提升

优化课程设置：依据学生需求与兴趣，调整课程安排，提供多样化课程选项。

加强师生互动：促进师生建立积极平等关系，关注个性化需求，提供定制化学习支持。

评估反馈机制：构建有效学习评估体系，即时反馈学习进展与教学效果，推动教学持续改进。

(三) SMART 原则

具体(Specific)：确保每个目标都是具体、明确的。如教师职业幸福感的提升比例、学生学习成绩的进步幅度、学生心理健康问题的减少比例等。

可衡量(Measurable)：设定可以量化的指标来衡量目标的达成情况。

可实现(Achievable)：确保目标是实际可达成的，不过于理想化。

相关性(Relevant)：确保目标与 SAP 的总体目标相关联。

时限性(Time-bound)：为每个目标设定明确的时间限制。如一年内实现教师职业幸福感的显著提升，两年内实现学生学习效果的全面提高等。

明确总体目标、细化具体目标并遵循 SMART 原则，SAP 将有效提升教师的职业幸福感，进而促进学生的全面发展和学校教育质量的提升。

三、流程规划

SAP 的实施离不开明确的目标设定和科学的流程规划。需求评估（精准识别具体需求和存在的问题）、目标分解（将总体目标细化为具体子目标，确保各子目标与总体目标紧密关联）、制定行动计划（为每个子目标制定详尽的行动计划，涵盖实施策略、所需资源、参与人员及明确的时间表）、实施与监控（按照计划执行）、定期评估与调整（根据评估结果调整行动，确保 SAP 的持续有效）、沟通与反馈以及总结与持续改进等七个方面。

明确的目标设定与科学的流程规划，将确保学校帮助计划 SAP 得以有效执行，全面且有针对性地支持教师。

四、具体工作—培训

在设计 SAP 的培训部分时，我们需要确保培训内容全面、实用，并能够满足学校教职员工的需求。以下是一个详细的培训方案示例：

（一）培训目标

提升学校教职员工对学生需求的敏感度及应对能力。

提供实用的辅导技巧，助力教职员工高效支持学生。

培养团队协作与跨部门沟通能力，促进帮助计划的高效实施。

（二）培训内容

1. 学生需求识别与评估

学生心理与行为特征分析

学生需求调查与评估方法

特殊需求学生的识别与支持策略

2. 沟通技巧与心理辅导

有效沟通技巧：倾听、表达与反馈

心理辅导基础：情绪管理、认知调整与行为干预

危机干预与应对策略

3. 跨学科合作与团队协作

跨部门沟通与合作的重要性

团队协作模型与实例分析

跨学科合作项目的策划与实施

（三）培训形式

1. 讲座与研讨会

邀请专家进行主题讲座，分享学生帮助计划的理论和实践经验。

组织研讨会，让参与者分享自己的经验和心得，互相学习。

2. 案例分析

提供真实案例，让参与者分析并讨论如何制定干预计划。

借助案例分析，使参与者深入理解理论知识的实践应用。

3. 角色扮演与模拟实践

构建多样化的模拟场景，让参与者分饰不同角色，亲身体验模拟实践。

通过模拟实践，提高参与者的实际操作能力。

4. 在线学习平台

提供丰富的在线学习资源,涵盖视频教程、电子书籍等多种类型。

方便参与者随时随地进行学习,巩固和拓展知识。

(四) 培训时间与地点

时间安排灵活,依据学校实际情况,确保每位参与者都能充分投入。

培训地点多样,包括学校会议室及便捷的在线学习平台。

(五) 培训效果评估

(1) 通过问卷调查、访谈等方式收集参与者对培训的反馈。

(2) 设定具体的评估指标,如参与者在培训后的实际操作能力、学生问题解决效果等。

(3) 根据评估结果对培训计划进行调整和改进,增强培训效果。

在培训部分,我们展示一个已有培训方案,是针对陕西某县级中学教师进行的。结合访谈、实地调研以及问卷调查结果,基于组织健康干预的基本原理,以"增加保护因素,减少风险因素"为基本原则,以落地务实为出发点,以"心悦红烛"为目标,陕西省安康市中学教师心理健康现状调查、中小学教师心理健康案例分析、陕西省中学心理健康教育实施状况调查分析、初中心理健康教学中的有效干预策略教学研究课题报告以及中学教师因职业压力引起的心理健康问题的研究及对策的中期报告等研究,为我们的结论提供了有力支持,并帮助我们设计出切实可行的培训方案。

1. 学校层面

重视心理健康,建议营造重视和关爱师生的健康校园氛围:心理咨询室;

从满足教师的需求(安全、关系、成就)出发,主要包括学校氛围:评比制度;公平;教学组:外出学习;长期校教沟通机制;定期组织运动外出。

2. 教师层面

聚焦于教师,基于助学助教,对照访谈中提到的优秀教师特点,为教师在个人压力管理、学生管理及职业成长上提供支持,结合心理学专业特点,主要包括三个方面:身心健康、工作赋能和职业成长。例如,乡村教师支持计划通过提供教育经费、改善教师待遇、加强教师培训等方式,全面提升乡村教师队伍素质,进一步促进农村教育发展,实现教育公平。具体形式以研讨会、成熟教师经验分享、团体辅导、案例分析为主。

表 7-1　陕西省某县级中学教师心理支持整体方案

序号	主题	内容	具体活动安排
1	测评	现场访谈+施测	1. 对教师、学生和家长三个人群分别进行群体访谈。 2. 学校相关环境设施的考察,包括心理咨询室,办公室环境布置等。 3. 进行第一次问卷测评,内容包括:基本信息,人格,心理资本,应对方式四个部分。
2	启动	汇报+减压活动	1. 访谈以及问卷结果的汇报。 2. 中层管理干部研讨会。主题:方案,认知,原则及教师学校需求确定。 3. 减压团辅。
3	身心健康	情绪转化和管理	1. 情绪 ABCDE 理论主题讲座。 2. 教师研讨会。主题:学生管理。 3. 团辅(情绪放松和管理)。 4. 技能练习(呼吸放松和身体放松方法)。
4	身心健康	减压	1. 压力管理主题讲座。 2. 心理沙龙。主题:日常心理减压方法。 3. 团辅(绘画:压力的形状+OH 卡牌)。 4. 技能练习。
5	工作赋能	如何有效沟通?	1. 沟通主题讲座(非暴力沟通和关键对话)。 2. 心理沙龙。主题:关键对话在学校和家庭场景中的应用。 3. 团辅(倾听和表达)。 4. 技能练习(非暴力沟通)。
6	工作赋能	怎么保持共情	1. 非评判态度与共情主题讲座。 2. 心理沙龙。主题:共情疲劳的身心表现以及自我护理策略。 3. 团辅(五项思想帽)。 4. 技能练习(正念学习)。
7	工作赋能	如何激励学生	1. 动机和需求主题讲座。 2. 研讨会。主题:课堂上怎么合理安排开放性问题和趣味性问题? 3. 团辅(学会发现)。 4. 技能练习(欣赏式探寻经典话术应用练习)。

(续表)

序号	主题	内容	具体活动安排
8	职业成长	职业生涯管理	1. 教师职业生涯发展主题讲座。 2. 心理沙龙。主题：当前职业发展困境以及不同类型的教师在工作中的优势和不足以及如何提升。 3. 团辅（OH 卡牌自我探索）。 4. 优秀教师经验分享。

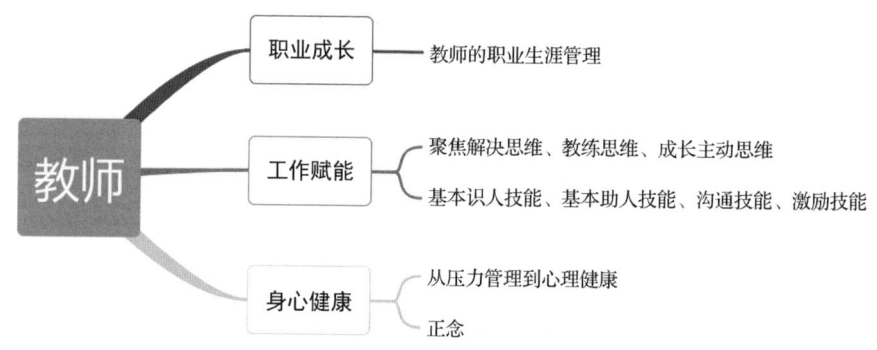

图 7-1　基于组织健康干预基本原理赋能中学教师方案

实施培训计划旨在提升教师和学校管理人员识别学生需求的能力，并提供恰当的干预策略与方法，从而全面促进学生的发展。同时，加强团队合作与沟通，共同为学生创造一个更具支持性和包容性的学习环境。

五、具体工作-团体辅导

团体辅导（Group Counseling）是一种在团体情境下进行的心理咨询形式，它通过团体内人际交互作用，促使个体在交往中通过观察、学习、体验，认识自我、探讨自我、接纳自我，调整改善与他人的关系，学习新的态度与行为方式，以发展良好的人际关系，增强个体的社会适应性。

（一）团体辅导在 SAP 中的应用

团体辅导作为学校常用的有效手段，在学校帮助计划（SAP）中发挥着举足轻重的作用，其多样化的应用方式不仅丰富，而且成效显著。以下是团体辅导在学校帮助计划中的具体应用：

1. 心理健康教育

学校可以组织团体辅导活动,针对学生的心理健康问题进行干预和指导。例如,通过讲座、讨论、角色扮演等形式,结合团体心理辅导,帮助学生了解心理健康的重要性,并掌握应对压力、焦虑、抑郁等心理问题的有效方法。

2. 社交技能培养

团体辅导通过富有创意的活动和团队合作,不仅能够帮助学生提高社交技能,增强人际交往能力,还能提升彼此间的信任感,促进沟通,减少误解。通过小组活动、团队合作等形式,让学生学习如何与他人建立良好的关系,解决人际冲突,增强团队协作意识。

3. 学业辅导

学校可以组织针对学习问题的团体辅导活动,如学习方法指导、学习动力激发等。团体辅导可助学生找到适合的学习方法和策略,提升效率,增强动力。

4. 行为矫正

对于存在行为问题的学生,学校可以通过团体辅导进行行为矫正。制定明确行为规范,引导行为训练,可纠正学生不良习惯,并建立良好习惯。

5. 生活技能培养

团体辅导还可以帮助学生培养生活技能,如时间管理、情绪调节、自我认知等。实践活动、经验分享可教学生更好地管理生活,提升生活质量。

(二) 团体辅导设计

设计一个团辅方案时,需要关注以下几个要点:

1. 明确目标与目的

确定团队的核心目标和目的,例如提升团队合作能力、加强沟通技巧、解决特定问题等。目标需明确具体、可量化评估,且与参与者需求及组织目标高度契合。

2. 分析参与者

了解参与者的背景信息,包括年龄、性别、职业、教育程度等。明确他们的需求和期望,据此设计贴合其兴趣和需求的团辅内容。

3. 设计活动与内容

根据目标和参与者需求，设计多样化的活动，如角色扮演、小组讨论、互动游戏、案例分析等。确保活动兼具趣味性和互动性，充分激发参与者的兴趣和热情。

活动应该围绕主题和目标展开，确保参与者能够从中获得有价值的学习体验。

4. 设置时间与场地

合理安排团辅时间，确保参与者有足够时间全程参与。精选场地，确保其安全舒适且满足活动各项需求。

5. 制定流程与规则

规划清晰的团辅流程，涵盖开场白、活动介绍、实施及总结反馈等关键环节。制定明确的规则，确保参与者了解并遵守团队的秩序和纪律。

6. 准备材料与工具

根据活动需要，准备相应的材料和工具，如纸张、笔、投影设备、音乐设备等。确保材料和工具的质量和数量满足活动需求。

7. 培训领导者与助手

如果需要，为团辅领导者提供必要的培训，确保他们具备领导团辅的能力和技巧。为助手分配任务，确保他们在团辅过程中能够提供必要的支持和协助。

8. 评估与反馈

团辅结束后，首要任务是收集并整理参与者的反馈意见，全面了解他们对团辅活动的具体评价及宝贵建议。随后，需对团辅效果进行客观评估，细致总结经验教训，以期为未来团辅方案的优化提供有力依据。

9. 安全与保密

在团辅过程中，务必确保所有活动的安全性，严格防范任何可能引发伤害或不适的行为及活动。同时，严格遵守保密原则，确保每位参与者的个人信息及讨论内容得到妥善保护，绝不外泄。

下表是对陕西某县级初级中学教师进行的一次团体辅导方案：

表 7-2 陕西省某县级中学教师自我探索主题团辅方案

主题	自我探索-未完成图形测验		地点	团辅室
时间	60 分钟		人数	15
活动目的	1. 通过未完成图形绘画,自我探索,解读绘画者真实情绪、情感、态度、信念、个性特点等心理活动。 2. 学习自我解读,深入探索。			
活动准备	1. 人员:主持人:1 位;助理:2 位 2. 材料:未完成图形每人一张,水彩笔 3 套 3. 场地:5 人一组,每组一张桌子			
活动过程	1. 指导语:2 分钟 　　早上我们听了沟通主题的讲座,我们想跟学生、跟家人、跟同事、跟领导沟通好,但是不可避免会出现沟通问题,如果我们想更好地沟通,那么我们是否觉察到自己对于沟通是什么信念。同样看待一件事物,我们跟自己想要沟通的对象是否存在分歧。觉察别人的想法很难,所以我们先来觉察自己。 　　首先,我们要在 10 分钟之内完成一个未完成图形的绘画。现在请大家静下心来,开动您的想象力,为每幅图加上一些内容,形成六个新的图形,不用为绘画技巧担心,只是随心所欲地画出您想表达的东西就可以了。 　　完成之后记得给您的每幅画都起一个名字,叫"＊＊的＊＊"。 2. 绘画:10 分钟 　　强调单独完成,无须讨论,不要被别人干扰。 3. 分组解读:30 分钟 　　每组 5 人,1～2 位解读人员进行群体解读 　　解释:说明六张图分别代表跟"他人,自己……,家庭",可多位老师围成一组,我们逐一去解释每一幅画,多提问老师创作时候的内心感受,少给出确定性内容。因为自己是最了解自己的过往经历和内心想法的,我们做解读也只是帮助大家进行自我探索。 　　具体解释的时候,色彩比较浅的,亮的说明对这一部分是充满希望的,色彩暗淡,深沉可能是比较悲观的;较大程度依赖原有图形,说明创新性不高,比较保守;重新加工较多说明有新想法;描述性的词语和所画图形结合这一点要多提问,让绘画者解释创作过程中的想法,结合绘画者的说明给出可能解释。 4. 小组讨论:10 分钟(5 分钟讨论＋5 分钟分享) 　　讨论主题: 　　你认为他人眼中的自己跟别人对你的评价是否一致(找队伍中跟你相熟悉的老师)? 　　若有差别,问题是出在哪里? 5. 结语:8 分钟 　　请两位老师总结今天团辅的内容和整体感受。			

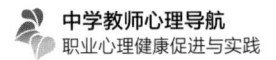

六、效果评估

学校帮助计划(SAP)的效果评估是一个系统性的过程,目的是衡量该计划是否达到了预期的目标,以及评估其对学生、教师和整个学校的积极影响。

评估 SAP 是否达成预定目标,需对比实施前后的数据,涵盖学生行为、学术成绩及心理健康等方面的改善情况,以验证计划的有效性。以下是一些常见的目标达成度评估方法和指标:

学生满意度调查:采用问卷调查、访谈等手段,收集学生对 SAP 的反馈,评估其满意度及计划对学生的实际帮助。这有助于评估计划的接受度和实用性。

教师评估:教师作为 SAP 的重要执行者,他们的观察和反馈对于评估计划的效果至关重要。可以通过问卷调查、访谈等方式了解教师对 SAP 的看法、实施过程中遇到的困难以及对学生的变化等方面的信息。

数据分析和比较:收集并分析 SAP 实施前后的出勤率、违纪行为、学术成绩等数据,以评估其影响。这有助于了解 SAP 对学生行为和学习成果的具体影响。

长期追踪评估:对 SAP 的效果进行长期追踪评估,了解学生在接受帮助后的长期表现和发展。这有助于评估 SAP 的持久性和长期效果。

成本效益分析:旨在评估 SAP 实施成本与效益的比例,以明确计划的经济性和可行性。

反馈循环机制:建立反馈循环机制,定期收集并分析学生、教师、家长等利益相关者的反馈,据此调整 SAP 内容及实施方式。这有助于确保计划的持续改进和优化。

在进行效果评估时,需要注意以下几点:确保评估方法的科学性和客观性,避免主观臆断和偏见;收集多方面的数据和信息,以确保评估结果的全面性和准确性;遵循伦理原则,确保评估过程对学生的隐私和权益得到充分保护;及时将评估结果反馈给相关利益方,以便他们了解计划的实施效果和可能的改进方向。

有效的效果评估能助力 SAP 不断完善，更好地满足学生需求，进而提升学校教育质量和整体环境。

我们的教师职业幸福感提升方案的具体流程是一个系统而全面的过程。该方案从需求评估出发，经目标设定、流程规划，通过培训、教练咨询、团体辅导等环节实施，最终经效果评估确保有效性和持续优化。我们相信，这一流程将为教师的职业成长和幸福感的提升提供有力的支持。

第三节　未来趋势：技术革新与干预创新

随着教育技术领域的快速发展，我们见证了技术革新与干预创新的融合。例如，人工智能与机器学习正在提供个性化学习体验、智能辅导、自动化评估和数据分析。增强现实（AR）与虚拟现实（VR）技术为学生提供沉浸式学习体验，而 5G 技术的普及将使远程教育和在线学习变得更加流畅。自适应学习平台根据学生的学习进度和理解能力自动调整教学内容和难度，而区块链技术在教育领域的应用可能包括数字证书、学术记录的存储和验证。此外，游戏化学习、开放教育资源、编程和计算思维教育、数据驱动决策以及终身学习平台等趋势，都在重塑未来的学习方式。

随着科技的迅猛发展和社会的不断变迁，中学教师职业幸福感的研究正步入一个崭新的时代。新兴的技术和理念，如人工智能（Artificial Intelligence，AI）、区域心理支持网络以及学习网络等，正在为教育研究带来前所未有的机遇和挑战。例如，人工智能技术的应用已经能够为学生提供个性化的学习体验，通过智能辅助教学工具提高教学质量和效率，以及通过智能评估系统改变传统的教育评估方式。同时，随着对教师职业幸福感的深入理解和重视，其提升趋势也日益成为关注的焦点。

第一部分，我们将探讨 AI、区域心理支持网络和学习网络等新技术和理念如何影响中学教师职业幸福感的研究。

第二部分，我们将关注中学教师职业幸福感的干预趋势。随着社会对教育质量的不断追求和对教师职业幸福感的日益重视，未来的研究将更加注重教师的个人成长和职业发展。期待更多研究深入探讨教师的心理健康、工作满意度和职业成就感，以期为提升教师的职业幸福感提供更全面和深入的指导。

中学教师职业幸福感研究的未来趋势将是一个融合了新技术和理念，以及注重教师个人成长和职业发展的综合过程。通过深入探讨这些趋势和挑战，我们有望为中学教师职业幸福感的提升和教育质量的改进提供更为有力的支持和指导。

一、技术发展趋势与中学教师职业幸福感

（一）人工智能（AI）

人工智能（Artificial Intelligence，AI）作为尖端的技术科学，专注于探索、开发能够模拟、扩展乃至超越人类智能的理论框架、方法体系、技术工具及应用系统。作为计算机科学的分支，AI 涵盖机器学习、计算机视觉、自然语言处理及专家系统等众多研究领域，旨在赋予机器执行复杂任务的能力，这些任务传统上需要人类智能的介入。

AI 的应用领域广泛，涵盖了自动驾驶、智慧生活、医疗健康、教育服务、物流运输、金融服务等多个行业。在教育领域，特别是在中学教师职业幸福感的探索中，AI 展现出巨大的潜力与广阔的前景。

随着 AI 技术的持续进步与应用的深化，它能够为教师职业幸福感的研究提供更加全面、精确的数据与分析工具，进而促进教师幸福感的提升与教育质量的飞跃。具体而言，AI 在教育领域的作用主要体现在以下几个方面：

首先，AI 通过深度挖掘教育大数据，揭示了影响教师职业幸福感的多元因素，包括个人因素、职业角色认同、学校工作环境和社会广泛认知等。通过综合分析教师的教学行为、学生成绩、工作环境等多维度信息，AI 能够精准识别出与教师幸福感紧密相连的关键要素，如工作量、师生互动、职业晋升等，为提升教师幸福感提供坚实的科学依据。

其次，AI 能够为教师提供个性化的职业发展规划指导。通过深入剖析教师幸福感的影响因素，结合 AI 技术，可以为教师量身定制职业发展蓝图。例如，AI 能够提升教学效率，通过整合大量教学资源节省备课时间，并通过智能分析学生数据实现教学个性化。此外，AI 技术还能够促进教学创新，如通过

虚拟实验室和多媒体技术丰富教学内容。同时，AI 为教师提供在线培训课程和学习资源，帮助教师提升专业素养，实现个性化的职业发展路径规划。这些措施有助于教师明确职业发展方向，增强职业满足与幸福感。

再者，AI 通过智能助手等形式，为教师提供情感关怀与心理支持。在教育岗位上，教师时常面临种种挑战与压力，而 AI 智能助手，利用情感识别和语音互动等先进技术，不仅能够提高教学效率，还能为教师提供个性化的情绪管理支持。例如，智能教辅助手可以模拟人类教师的角色，通过分析教师的语言和行为模式，及时发现潜在的情绪问题，并提供相应的建议和解决方案，有效缓解教师的心理压力，提升工作满意度与幸福感。

最后，AI 显著推进了教育技术能力，出现了一些开创性的发展，提供便捷高效的教学辅助工具与平台，如智能备课、监测和个性化精准指导、自动化评分、课堂管理系统，助力教师轻松完成教学任务，提高工作效率，减轻负担，增强满意度和幸福感。当然，在推动 AI 在教育领域应用的同时，我们也应关注其可能带来的数据安全、隐私保护、算法偏见及伦理道德等挑战，制定相应的法规与规范，确保 AI 技术的健康、可持续发展，为教师职业幸福感的提升与教育事业的繁荣贡献力量。

对于教师职业幸福感的研究，AI 有望提供有力支持，提升教师职业幸福感和教育质量。然而，我们也需要关注 AI 技术的局限性和潜在风险，如数据隐私、算法偏见等问题，确保技术的健康发展和应用的安全性。

（二）区域心理支持网络

区域心理支持网络是一种专门为某一地区或社区的成员提供心理支持、援助和资源的组织或服务体系。该网络由多元化的专业人士构成，包括心理健康专家、心理治疗师、心理咨询师、社会工作者、教育工作者及志愿者等，他们通过紧密协作、资源共享、信息互通和专业支持等，致力于为区域内的个体和群体提供全面、及时的心理支持和心理健康服务。

区域心理支持网络主要功能涵盖：通过协同管理，及时了解心理健康状况，发现潜在问题，及时进行干预；提供心理咨询服务，助个体应对情绪、压力及创伤；区域内共享心理健康教育资源，提高心理健康教育的质量和效果，增强公众心理健康意识与自我调适力；实施专项心理援助项目，满足特定群体需求；构建心理支持社区，提供持续关怀与支持网络；并开展心理研究与评估，为政策与服务改进提供科学支撑。

随着教育领域对教师心理健康和职业幸福感的日益关注，区域心理支持网络将成为研究和实践的关键领域。以下是该领域未来发展的几个方向：

更加精细化的需求分析：未来研究将深入探究教师职业幸福感的具体影响因素，通过细致调研，明确不同地区、学校及教师群体的需求与问题，提供更具针对性的心理支持。

创新的心理干预策略：依托区域心理支持网络，未来研究将探索高效创新的心理干预策略，如线上咨询、团体辅导、工作坊及职业规划指导等，以满足教师多样化需求。

技术应用的拓展：随着科技的发展，未来区域心理支持网络可能会利用更多的技术手段来提升心理支持的效果。例如，借助大数据分析、机器学习等先进技术，我们能够更精确地识别影响教师职业幸福感的关键因素，并据此为他们量身定制心理支持方案。

多部门协同合作：区域心理支持网络不仅仅涉及教育部门和学校，还需要卫生、心理、社会等多部门的协同合作。未来的发展方向在于构建更为健全的跨学校跨部门合作机制，携手促进教师职业幸福感的提升。

长期跟踪与评估：对于心理支持的效果，需要进行长期的跟踪和评估。未来的研究将更加注重对心理支持效果的长期追踪，以了解其对教师职业幸福感的长期影响，并根据评估结果不断调整和优化心理支持策略。

跨文化视角研究：不同地区和文化背景下教师职业幸福感的差异性。牛津大学福祉研究中心的研究指出，教师幸福感受到个人状态、职业角色认同、工作环境和社会认知等多方面因素的影响。未来的研究将更加注重跨文化视角，以深入理解不同文化背景下教师职业幸福感的特点和需求，从而为全球范围内不同地区的教师心理健康提供更有力的支持。

(三) 学习网络

学习网络是一个涵盖了计算机网络、教育资源和学习活动的综合概念。

它是指利用计算机网络开展的学习活动,主要依赖自主学习和协商学习两种模式。该模式打破了传统学习的时空束缚,让学习者能随时随地通过网络获取丰富资源,实现个性化学习。

在学习网络中,学习者可以自主选择学习内容、学习进度和学习方式,实现自主学习。同时,学习网络也支持学习者之间的协作学习,通过在线讨论、协作完成任务等方式,促进学习者之间的交流和合作,提高学习效果。

此外,学习网络还可以根据学习者的兴趣和需求,推荐相关的学习资源和课程,为学习者提供更加个性化的学习体验。同时,学习网络亦提供学习评估与反馈功能,助学习者实时掌握学习状况,进而优化学习策略与方法。

学习网络在教师职业幸福感研究方面的未来发展具有巨大的潜力和重要性。随着网络技术的持续进步与广泛普及,学习网络已成为推动教师职业发展的核心工具和关键平台。以下是学习网络在教师职业幸福感研究方面未来可能的发展方向:

个性化学习路径:未来的学习网络可能会更加个性化,根据每位教师的需求、兴趣和能力,为他们定制专属的学习路径和资源。这将极大地促进教师的学习效率与成长速度,进而提升其职业幸福感。

互动式学习环境:学习网络将强化互动性设计,借助在线讨论、协作学习及实时反馈机制,深化教师间的交流与合作。这种互动式的学习环境有助于教师建立更加紧密的学习共同体,分享经验和知识,从而提升职业幸福感。

持续的专业发展:学习网络将成为教师持续专业发展的重要平台。通过在线课程、工作坊、研讨会等形式,教师可以不断更新知识和技能,适应教育领域的快速变化。这种持续的专业发展不仅有助于教师保持职业竞争力,更能显著提升其职业幸福感。

情感支持和心理援助:学习网络能够为教师提供必要的情感支撑与心理援助,助力他们有效应对工作压力与挑战。通过在线心理咨询、心理健康课程等方式,学习网络可以为教师提供心理支持和帮助,缓解职业倦怠和压力,提升职业幸福感。

数据驱动的决策和分析:学习网络将更加注重数据驱动的决策和分析。通过收集和分析教师的学习数据、行为数据等,学习网络可以为教师提供更加精准的学习建议和发展规划。例如,一项针对南京某学校英语教师的实证研究表明,网络学习行为的五个维度(参与、社交、交互、认知、元认知)对于优化教师网络学习过程具有重要意义。此外,影响教师职业幸福感的因素包括个人状态、职业角色认同、工作环境和社会认知等,这些因素共同编织成一张影响教师情感体验的网络。因此,学习网络不仅能够帮助教师更好地了解自己的职业成长路径和方向,还能通过提供针对性的建议和规划,提升教师的职业幸福感。

跨界合作和创新:学习网络通过促进不同领域、不同行业之间的合作,可以有效推动教育创新,正如多个成功案例所示。通过与其他行业、其他领域的专家、学者、实践者等进行交流和合作,教师可以拓宽视野、激发创新思维,从而提升职业幸福感。

(四) 教师成长平台

基于上述技术发展和实地走访观察,我们构想和推动教师成长平台的发展。这是一个旨在促进教师专业发展、个人成长和职业健康的在线平台。它可以提供各种资源、工具和支持,帮助教师提高教学技能、拓展知识领域、分享经验和交流思想,主要输出为教师成长和师生关系。

教师成长部分主要包括四部分:

个性化评估:对教师的个性化评估,主要包括身体健康(身体健康、睡眠等)、职业心理健康(心理健康、思维方式、应对方式等)、职业发展和成长(组织承诺、工作价值观等)。

职业发展资源:主要包括**教育资源库**:汇聚海量教学资源,包括课程计划、教学视频、教材资料等,为教师备课与教学提供坚实支撑,助力提升教学质量与成效;**在线学习课程**:平台提供了一系列在线学习课程,涵盖教育心理学、教学方法、教育技术等多个方面。这些课程助力教师掌握新颖的教学理念与技能,进而持续提升其专业素养;**教师社区**:平台建立了一个教师社区,整合各校资源,教师可以在这里与其他同行交流、分享经验和解决问题。该社区强化了教师间的合作与互助,有效提升了教师的教育水准及影响力。

个人成长规划:平台可以帮助教师制定个性化的个人成长计划,明确自己的发展目标和行动计划。教师依据个人需求与兴趣，精选课程与资源，定制个性化学习与职业发展蓝图。

心理健康平台：平台通过正念冥想、心理读书会、朋辈互助、心理咨询、工作家庭平衡、心理培训和讲座等，帮助教师减轻工作压力、做到工作家庭平衡，提升心理健康水平和职业幸福感。

二、干预趋势

中学教师职业幸福感的干预趋势可能会受到多个因素的影响，包括教育技术的发展、学生需求的变化、社会对心理健康的重视程度，以及教育政策的导向、学校文化的塑造、教师个人职业发展规划等。这在未来在干预特点和干预趋势上都会有所体现。

（一）干预特点

未来的干预可能会表现出以下特点：

个性化与精准化：随着教育技术的不断进步，未来对中学教师职业幸福感的干预将更加注重个性化和精准化。通过大数据分析和人工智能技术，可以深入了解每位教师的职业需求、心理状态和幸福感水平，从而提供更加针对性的支持和帮助。

多元化与综合化：未来的干预措施将不再局限于单一的方式或手段，而是会更加多元化和综合化。这包括提供心理咨询、职业培训、团队建设、工作生活平衡指导等多种形式的支持，以满足教师不同方面的需求。

持续性与动态性：职业幸福感的提升是一个既需长期投入又需灵活调整的过程，未来的干预策略将着重强调这两点。这意味着需要建立长期的跟踪和评估机制，及时调整干预策略，以确保教师能够持续感受到职业的幸福和满足。

（二）干预趋势

中学教师职业幸福感的干预提升趋势可能表现在以下几个方面：

从被动到主动：未来的干预趋势将从被动应对问题转向主动预防和提升。通过预判教师可能遭遇的职业压力与挑战，并据此采取主动干预措施，助力教师构建有效的应对机制,进而提升其自我调节能力。

从单一模式转向协同合作:未来的干预将更加注重整合各方资源,形成多方协同的合力。学校、家庭、社会以及政府部门等各方需要共同努力,形成合力,为教师提供良好的工作环境和支持体系,共同促进教师职业幸福感的提升。

从关注结果到关注过程:未来的干预将更加注重过程管理和体验优化。在关注教师职业幸福感水平的同时,亦需重视其在职业发展过程中的实际体验和内心感受,确保干预措施能够真正满足教师的需求,提升他们的职业满意度和幸福感。

小 结

本章详细探讨了构建与提升教师职业幸福感的综合方案,从理论基础到实施流程,再到未来趋势,全面而深入地分析了这一重要议题。

在理论基础部分,我们深入剖析了教师职业幸福感的核心要素,以及学校帮助计划(SAP)在提升教师幸福感中的重要作用。常用技术部分详细列举了焦点解决短程治疗、动机面询、家庭治疗等多种实用方法和工具,它们为有效提升教师的幸福感提供了坚实的支撑。同时,我们也指出了实施过程中面临的保密问题、体系建设挑战以及文化背景差异等难点,并针对这些问题探讨了切实可行的解决方案。最后,我们提出了一个具体的干预计划方案,旨在通过系统的干预措施,全面提升教师的职业幸福感。

在第二节实施流程中,我们详细阐述了构建与提升教师职业幸福感的实施流程。实施流程从需求评估入手,我们着重强调了准确了解教师真实需求的重要性,因为这是制定切实可行干预措施的关键前提。接着,我们设定了明确的目标,并规划了详细的流程,包括培训、教练和咨询技术、团体辅导等环节。这些环节相互衔接,形成了一个完整的干预体系。最后,我们强调了效果评估的重要性,通过科学的评估方法,可以客观地反映干预措施的效果,为后续改进提供依据。

第三节，我们关注了中学教师职业心理健康领域中技术发展和敢于创新两个重要方面。随着教育科学技术的不断进步，我们可以预见，未来将有更多高效、便捷的技术手段被应用于教师教学和职业幸福感的提升中。同时，干预趋势正朝着更加多元化和个性化的方向发展，旨在精准对接不同教师的实际需求。这些新兴趋势无疑将加速学校帮助计划（SAP）的迭代升级，为增强教师职业幸福感注入更为强劲的动力。

（陈悦，宋国萍）

参考文献

[1] https://www.apa.org.《11 Emerging Trends for 2023》. https://www.apa.org/monitor/2023/01/trends-report.

[2] 刘笑梅.幼儿教师心理压力状况调查及对策[J].中小学心理健康教育,2007,3(1):19-21.

[3] 徐勇,彭雯.悟"道"修"术"——教师教学研究能力的养成[J].湖北成人教育学院学报,2024,(04):29-33.

[4] 林灵.浙江省高校青年教师心理健康现状调查及对策研究[J].宁波教育学院学报,2024,26(01):73-77,84.

[5] 肖宏,孙建华.影响高职音乐教师工作积极性的因素及对策[J].岭南师范学院学报,2021,42(03):75-80.

[6] 张立志,徐延宇,张聃丹,等."双减"背景下教师工作积极性的现实困境与提升路径——基于三元交互决定论[J].兵团教育学院学报,2024,34(01):79-84.

[7] 傅小兰,张侃,陈雪峰,陈祉妍.中国国民心理健康发展报告(2021—2022)[M].北京:社会科学文献出版社,2023.

[8] 李广,盖阔.中小学教师职业幸福感调查[J].教育研究,2022,43(2):13-28.

[9] 魏淑华.教师职业认同研究[D].西南大学,2008.

[10] 黄莹.扎根理论下中学教师职业幸福感的影响因素——基于84个访谈文本的质性分析[J].集美大学学报(教育科学版),2019,20(2):19-24.

[11] 白计明.告别三个"分离"才能避免教师职业倦怠感侵袭[J].人民教育,2021,(20):21-22.

[12] 宋志斌.中学教师职业认同、职业倦怠与幸福感状况及其关系研究[D].河北师范大学,2016.

[13] 王雪梅.中学教师工作与家庭冲突的成因及对策研究[J].延边教育学院学报,2022,36(1):91-93.

［14］于莹.组织支持、家庭支持与中小学教师的工作—家庭冲突、工作—家庭增益及职业幸福感的关系研究[D].济南大学,2023.

［15］钟晓玲.初中教师工作负担调查研究——以L市L中学为例[D].湖南科技大学,2021.

［16］高敏.针对苏州市TL中学的中学教师职业发展现状进行深入调查,并提出相应的对策与建议[D].华中师范大学,2019.

［17］曾抗.中学教师幸福感研究[D].天津师范大学,2008.

［18］戴舜利,陈先哲.从组织视角出发,对高校教师评价制度改革的模式分化及其内在逻辑进行深入剖析[J].教育发展研究,2024,44(9):21-28.

［19］徐文涛.基于职业幸福感的视角,探索农村中学青年教师激励策略的有效性与实施路径[J].人才资源开发,2014,1(12):88-90.

［20］陶桂玲.中学教师职业幸福感现状调查研究[D].天津师范大学,2021.

［21］王洪席,孙雯雯.中学教师社会情绪能力对职业认同的影响:教师幸福感的中介作用[J].当代教师教育,2023,16(4):57-63.

［22］卢可人.中学教师自我效能感、应对方式与职业倦怠的关系及个案研究[D].广西民族大学,2020.

［23］李飞.M中学教师激励存在的问题及对策研究[D].四川大学,2022.

［24］刘忱.中学教师工作-家庭平衡的相关研究及促进建议[D].华中师范大学,2017.